▨ 2020年教育部高校思想政治工作精品项目："以最多跑一次为契入,构建全过程网络育人平台"

▨ 2022年度浙江省高校思想政治工作研究文库项目"新时代高校网络育人研究——以浙江省三全育人网络育人试点高校为例"

高校网络育人的探索与实践

基于浙江省网络育人试点高校的实证研究

GAOXIAO WANGLUO YUREN DE TANSUO YU SHIJIAN

JIYU ZHEJIANGSHENG WANGLUO YUREN SHIDIAN GAOXIAO DE SHIZHENG YANJIU

陈 巍 著

上海交通大学出版社
SHANGHAI JIAO TONG UNIVERSITY PRESS

内容提要

本书阐述了高校网络育人的背景、意义，剖析了高校网络育人的必要性、可能性，明确了高校网络育人的目标、功能、原则，通过对杭州电子科技大学、浙江理工大学、嘉兴学院、浙江开放大学、宁波卫生职业技术学院等浙江省网络育人试点高校的实证研究，结合这些高校在网络育人方面的创新、探索与实践，总结了他们在智慧学工建设、数字画像育人、大规模在线育人、网络文化育人、精准思政一体化平台等方面育人的新鲜经验，为促进浙江省高等教育跨越式发展奠定了坚实的基础，为网络信息化形势下全国其他高校的网络育人、教育模式的更新换代、转型升级提供了有益的参考与借鉴。

图书在版编目(CIP)数据

高校网络育人的探索与实践：基于浙江省网络育人试点高校的实证研究/ 陈巍著. —上海：上海交通大学出版社，2022.6
ISBN 978-7-313-26906-5

Ⅰ.①高… Ⅱ.①陈… Ⅲ.①互联网络-应用-高等学校-思想政治教育-研究-浙江 Ⅳ.①G641-39

中国版本图书馆 CIP 数据核字(2022)第 139104 号

高校网络育人的探索与实践：基于浙江省网络育人试点高校的实证研究
GAOXIAO WANGLUO YUREN DE TANSUO YU SHIJIAN：JIYU ZHEJIANGSHENG WANGLUO YUREN
SHIDIAN GAOXIAO DE SHIZHENG YANJIU

著　　者：陈　巍			
出版发行：上海交通大学出版社		地　　址：上海市番禺路 951 号
邮政编码：200030		电　　话：021-64071208
印　　制：苏州市古得堡数码印刷有限公司		经　　销：全国新华书店
开　　本：710 mm×1000 mm　1/16		印　　张：14.25
字　　数：237 千字		
版　　次：2022 年 6 月第 1 版		印　　次：2022 年 6 月第 1 次印刷
书　　号：ISBN 978-7-313-26906-5		
定　　价：59.00 元		

前　言
Foreword

　　"网络空间是亿万民众共同的精神家园,网络空间天朗气清、生态良好,符合人民利益。"当前,随着大数据、互联网等技术发展,网络信息无所不及、无处不在、无人不用。网络已成为思想政治工作的最大变量,高校的思想政治工作过不了网络关,就过不了时代关。在网络背景下,高校许多新情况、新问题因网而生、因网而增、因网而聚,迫切需要高校利用网络新技术,推动思想政治工作传统优势同网络技术深度融合,使思想政治工作联网上线,增强网络空间的正面宣传,不断提升青年大学生的网络道德素养,充分发挥高校网络育人的功能。

　　提升高校网络育人的效果,必须搭建网络育人平台。高校必须促进"网上网下、课内课外"多维互动,用好校内外网络平台,营造良好的育人生态。高校必须建立各类网站、微信、微博、公众号等网络平台,打造指尖上的教育平台;要建好学院网站、网络社区、QQ 等平台,提高内容供给质量,开设微党课(团课)、时政之窗、好人好事、学先进当先进、说身边人和事、青年之声等专栏,创建网络党建与思想政治教育园地;要加强"易班"推广与应用,促使教师加强使用"易班"平台进行班级管理,提升青年大学生运用"易班"黏度和运用"易班"积极性;要实现校园网络、载体、平台的优势互补、同频共振,着力打造内容丰富、形态丰富、具有吸引力的新型主流媒体,构建交叉融合、纵横到边的校园传播体系;要架构起多层次的传播矩阵,完善融知识性、服务性于一体的网络阵地,延伸青年大学生思想政治教育触角;要推动校际网站联盟的建设,建立大学生在线引领工程,构建"一体两翼"网络阵地新格局,形成全国性的大学生网络互动社区和教育网站。

　　提升高校网络育人的效果,必须强化网络育人的思想引领。高校要结合青年大学生的成长成才和时代特点,提高网络育人的内容供给质量,不断开展国家大事、时事政策的宣讲,引导大学生积极互动讨论;充分利用"数字图书馆"作用,促进课程思政与思政课程的同向同行,打造丰富多彩的"网络思想政治理论课";开展传统文化、红色文化进课堂、进校园等活动,运用师生关心的社会热点问题开展网络育人教育,回应师生关切;用"网言网语"讲述青年大学生愿转发、爱点赞、听得懂、喜欢看的新时代社会主义建设故事,帮助学生解决情感困惑、入学教育、专业养成、就业择业过程中遇到的难题;要遴选一批网络优秀作品,如精要评论、热点追踪,通过研究社会现象、社会热点,厘清青年大学生关注的思想理论热点问题,形成一批优秀"微"作品,遵循"内容为王"的规律,结合时代热点、时代精神,积极凝练大学生喜闻乐见的网络文化精品,通过线上线下联动,创新活动形式、凝练产品特色,力求把网络育人工作"做到家""入心田"。

提升高校网络育人的效果,必须优化用户体验。优化用户体验首先必须使网络平台服务接地气。当前,青年大学生的网络平台使用呈现"双核多维"的特点,"双核"是指微信、QQ,多维主要是指豆瓣、A站、B站、贴吧、微博、知乎等。高校必须遵循网络信息时代的发展趋势和青年大学生成才成长的规律,突出校园网的教育性、互动性、服务性,不断促进高校门户网站、教育网站、学术网站与"双核多维"平台的高度融合,扩大网络育人的覆盖面。要注重提升校园微信、微博平台的架构风格、视觉体验、互动体验,增强校园育人平台的召唤感、亲和力;遵循网络传播规律和思想政治教育发展规律,坚持受众导向、互动原则,突出趣味性、科学性,做到包装时尚、标题新颖,让师生受众亲近网站,悦纳信息。

提升高校网络育人的效果,必须促进校园网络文化繁荣发展。互联网改变了文艺形态,催生了文艺新类型。高校要引导全体师生积极参与网络文化生产,传播正能量,弘扬主旋律,共同守护网上精神家园;要根据形势发展,在内容、形式、手段等方面,创作出有深度、有温度的名篇佳作,讲好中国革命故事,讲好榜样的故事,不断弘扬网络正能量;要搭建平台,引导广大师生开展"大学生网络文化节"等活动,丰富网络文化产品的供给;要尊重青年大学生的创意创新,激发青年大学生的积极性、创造性,用通俗的语言阐释深刻的理论,用熟悉的案例阐释不熟悉的规律;要使网络文化产品应需而作、应教而作,把握时代脉搏,体现时代特征,做到文风明快、标题凝练、蕴涵深刻,同时又极具感染性、便捷性,切实提高青年大学生的点击浏览的愉悦感和接受度。

提升高校网络育人的效果,必须加强网络工作队伍建设。网络育人队伍既包括网络研究队伍,又包括网络安全队伍等。高校要精心培养一支专门从事网络评论、网络研究、网络技术、网络管理、网络创作等方面工作的网络育人骨干队伍,加强网络育人工作队伍的培训培优,引领带动队伍的综合素质、应变能力建设;增强网络育人工作队伍的马克思主义理论修养,不断促进这支队伍运用马克思主义的立场、方法分析问题和解决问题的能力,要加强网络工作队伍网络技术能力与应用水平,研究网络空间信息传播与发展的规律,掌握新媒体、网络新技术应用,不断培育互联网思维,洞悉网民的心理需求,"因势而谋、顺势而为",在思想交锋中凝聚共识,在掌握网络育人的话语权中唱响主旋律;要坚持以习近平新时代中国特色社会主义思想为指导,以"共建、共享、共融"为思路,让青年大学生成为网络育人的主人,使互联网这个育人工作最大变量变成最大增量,构建健康文明、蓬勃向上的网络育人空间。

近年来,浙江省各高校牢牢把握立德树人根本任务,紧紧围绕"培养什么人、怎样培养人、为谁培养人"这一根本问题,对网络育人进行了大胆探索和尝试。当前,浙江省各高校都建成了综合性门户网站、主题性教育网站、专业性学术网站、互动型学生社区、移动性网络育人平台,但总体上看,各网络平台之间、各地各校之间互联互通还不够,没有形成聚合优势。高校要推动网络平台和网络资源整合,加强沟通与协调,同频共振,开创全新的高等教育的新模式与新格局,从而进一步掌握高校网络育人工作管理权、主动权、话语权。本书就是基于浙江省高校网络育人实践的理论思考与总结。

本书也是 2020 年教育部高校思想政治工作精品项目《以最多跑一次为契入,构建全过程网络育人平台》、2022 年度浙江省高校思想政治工作研究文库项目《新时代高校网络育人研究——以浙江省三全育人网络育人试点高校为例》阶段性成果。作为浙江省网络育人试点高校之一,杭州电子科技大学充分利用电子信息特色突出、多学科交叉融合的优势,逐步实现了教学、管理、服务等与现代信息技术之间的深度融合。在学生思想政治工作方面,该校以建立学生管理服务一体化网络平台为起点,不断在实施路径与数字化网络平台功能实现的交互点上下功夫,并进一步构建起包括数据采集、数据处理、数据分析与应用服务为一体的"四精型"(精准教育、精细管理、精准服务、精准评价)网络育人模式和多跨协同集成创新的系统育人场景;利用数据赋能,实现从精准思政到智慧思政转型升级,在深化"最多跑一次改革"做到学生事务一网办理,以"小程序"形成学风建设的大合力、搭建精准思政大数据一体化平台、构建学生"杭电成长指数"等方面进行了较有成效的探索。

全书共分八章,各章主要研究内容如下:

第一章,研究背景与研究意义。从国际、国内以及网络信息化等社会形势方面分析高校网络育人的必要性、紧迫性,从丰富现有的相关学科的理论如高等教育理论等方面剖析了高校网络育人的理论价值,从人才培养等方面论述了高校网络育人的实践价值、应用价值。

第二章,阐述高校网络育人的目标、功能、原则。从高校的历史使命、立德树人等角度阐述高校网络育人的目标,从引领功能、激励功能等方面阐述高校网络育人的功能;从主导性原则、方向性与科学性相结合的原则、虚拟性与现实性相结合等方面阐述高校网络育人的原则。

第三章,精准思政平台建设。界定精准思政的内涵、概念、特点,精准思政平台建设存在的主要问题,杭州电子科技大学精准思政大数据一体化平台新鲜经验、启示。

第四章,"数字画像"个性化育人。明确"数字画像"个性化育人的时代背景、特点,厘定了数字画像概念,剖析"数字画像"个性化育人面临的问题,总结浙江理工大学网络育人的"数字画像"的经验、启示。

第五章,网络文化建设。阐述与分析网络文化的概念、要素、特点,网络文化建设面临的主要问题;嘉兴学院网络文化建设的新鲜经验、启示与借鉴。

第六章,智慧学工。梳理高校"最多跑一次"的发轫与应用,智慧学工的概念、面临的问题;总结宁波卫生职业技术学院智慧学工建设的新鲜实践经验、启示、借鉴。

第七章,网络育人矩阵建设。网络育人共同体产生的社会背景、作用、面临的主要问题,总结中国计量大学网络育人矩阵建设的新鲜实践经验、启示。

第八章,大规模在线育人。在线教育技术的特点、优势,厘定了在线教育的概念、现状;总结浙江开放大学在线教育的新鲜实践经验、借鉴与启示。

目　录
Contents

第一章

绪　论

第一节　研究背景与研究的意义

一、研究背景

21世纪以来，人类社会出现了信息技术革命。互联网已成为社会生活的最大变量，许多社会新问题因网而生、因网而增，迫切需要我们运用网络技术，推动思想政治工作同网络技术的融合，使思想政治工作联网上线，提升大学生网络素养、发挥育人功能。高校育人工作必须兼顾虚拟网络空间和现实空间，实现虚实同频共振，必须紧紧围绕巩固全国人民共同的思想基础，为实现中华民族伟大复兴提供舆论支持，不断增强思想政治教育工作的时代感、吸引力，将大学生"网起来"，提升大学生网络安全意识、网络素养，增强网络空间的价值引领。

（一）高校网络育人面临的国际形势

在网络信息化形势下，网络已经成为"第四媒体"。随着网络技术的不断发展，国际上思想领域的斗争、话语权的博弈也从现实空间扩展到网络空间，习近平总书记曾经指出："大国网络安全博弈，不单是技术博弈，还是理念博弈、话语权博弈。"①在网络信息化背景下，增强我国的网络技术实力、建设网络强国是实现中华民族伟大复兴的必由之路，增强网络育人效果、掌握网络育人话语权是迫在眉睫的任务。

目前，我国是世界上网民数量最多的国家。但是，与西方发达国家相比，我国

---

① 习近平.在网络安全和信息化工作座谈会上的讲话[N].人民日报，2016-4-26(2).

的网络建设仍需加强。当前,西方利用网络技术的优势地位,不断向外推行网络霸权,西方国家一直把网络作为意识形态、价值观念、社会思潮宣传与渗透的重要渠道,他们不断编造各种诱惑性的政治议题,妄图对社会主义国家实施"颜色革命"。在网络形势下,国际上两种社会制度之间的制度博弈和意识形态领域的冲突持续不断,受西方国家网络渗透的影响,国内一些网站、自媒体和平台的少数言论在一定程度上削弱了主流意识形态的影响力,高校网络育人面临的形势日益严峻。在这种国际形势下,"我们过不了网络这一关,就过不了长期执政这一关。"①高校的思想政治工作必须正确认识网络意识形态斗争的长期性、复杂性,认清网络形势下我国面临的新情况、新挑战,在网络空间形成高校思想政治教育的"最大公约数",凝聚共识、唱响主旋律。

(二) 高校网络育人面临的国内形势

习近平总书记高度重视思想政治教育工作,对思想政治教育工作发表了系列重要讲话和重要论述,明确高校思想政治教育的中心任务、战略定位。这些战略性思想是高校网络育人的重要依据。

党中央高度重视意识形态工作。2013 年,习近平总书记指出,"经济建设是党的中心工作,意识形态工作是党的一项极端重要的工作。"②2016 年,习近平总书记强调,"党的新闻舆论工作是党的一项重要工作,是治国理政、定国安邦的大事。做好党的新闻舆论工作,事关旗帜和道路,事关贯彻落实党的理论和路线方针政策,事关顺利推进党和国家各项事业,事关全党全国各族人民凝聚力和向心力,事关党和国家前途命运。"③2016 年 5 月,习近平总书记指出,"必须旗帜鲜明地坚持马克思主义,继续推进马克思主义理论的中国化,牢牢把握意识形态工作的话语权。"④2017 年,习近平总书记在党的十九大报告中多次着重强调意识形态问题,并提出"牢牢掌握意识形态工作领导权,建设具有强大凝聚力和引领力的社会主义意识形态,提高新闻舆论的传播力、引导力、影响力、公信力。"⑤这些论述提出的新部署、新要求,为网络形势下高校紧跟时代发展、切实发挥网络育人功效,实现思想政治

---

① 习近平谈治国理政(第二卷)[M]. 北京:外文出版社,2017:331.
② 习近平谈治国理政(第一卷)[M]. 北京:外文出版社,2014:153 - 156.
③ 习近平谈治国理政(第二卷)[M]. 北京:外文出版社,2017:331 - 334.
④ 习近平谈治国理政(第二卷)[M]. 北京:外文出版社,2017:338 - 347.
⑤ 习近平. 决胜全面建成小康社会夺取新时代中国特色社会主义伟大胜利——在中国共产党第十九次全国代表大会上的报告[N]. 人民日报,2017 - 10 - 19(1).

教育的创新提供了指南。

随着网络技术的飞速发展,网络对大学生的学习、生活等方面都产生了重要的影响。网络技术增强了高等教育搜索、传递信息的能力,对促进教育现代化具有重要意义,网络育人在一定程度上弥补了传统的思想政治资源滞后、模式单一、形式枯燥等短板。高校肩负培养社会主义接班人的光荣使命,这就要求高校紧紧围绕立德树人这一环节,着眼于网络信息化的新环境,充分认识到网络育人在高校思想政治教育过程中的重要作用,顺势而为,不断推进高等教育的网络化,不断创新网络育人的方式。

我国正处于社会转型期。在这一时期,一些社会矛盾不断凸显,经济体制和经济结构、思想观念也发生了深刻的变动,这种状况在网络空间得到一定的呈现。西方国家利用网络的隐蔽性、便捷性,以大众文化、影视作品为载体对青年大学生进行价值观的渗透。网络的组织、凝聚功能在社会动员方面发挥着越来越重要的作用,但是网络的去中心化、虚拟性,也给社会主义核心价值观的传播带来了严峻挑战。社会转型期多变的社会心态,对青年大学生的成长产生了一定的消极影响,一些舆论生态借"网络民意",在一定程度上影响了舆论导向,使得社会矛盾对广大青少年的影响比以往范围更广、程度更深。网络育人是思想政治教育话语在网络空间的彰显,研究网络育人有利于传播社会主义核心价值观、传播主旋律、避免马克思主义空泛化、弱化、虚化的困境,展现中国力量、中国精神、中国效率,提升我国在国际社会的感召力,使网络空间成为汇聚民意的重要场域,为实现中华民族伟大复兴的中国梦汇聚力量。

(三)高校网络育人面临新的教育对象

中国互联网络信息中心(CNNIC)发布第 47 次《中国互联网络发展状况统计报告》显示,截至 2020 年 12 月,我国网民总数高达 9.89 亿人,在我国网民群体中,学生最多,占比为 21.0%。我国网民的学历结构与职业结构如图 1-1 所示。

在网络形势下,当代青年学生的精神需求图景呈现出新的特征,主要表现在以下方面:一是情感需求的强烈性。当前我国社会正处于转型时期,人们生活的节奏加快,个人发展面临着一些不稳定性,对青年大学生的社会认知都会产生一定的影响,他们更加需要情绪疏导。在社会激烈的竞争下,一些青年学生存在孤独茫然的消极情绪,尤其是面临人生重要选择时,他们的无助感更加强烈。如果不及时排解这些负面情绪,就可能引发空虚、抑郁等心理反应,形成巨大的精神压力。二是

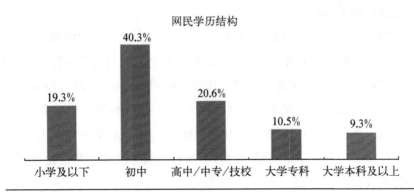

来源：CNNIC 中国互联网络发展状况统计调查(2020.12)

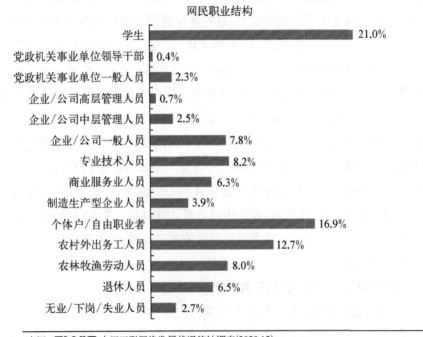

来源：CNNIC 中国互联网络发展状况统计调查(2020.12)

图1-1 我国网民学历结构与职业结构

不平衡的交往方式加剧了精神孤独感。网络技术带来交往方式的深刻变革,使得零距离的交流分享成为新常态。但这种方式也容易带来"宅"的状态,即空间上疏离的状态,由此而引发"心理孤岛效应"。① 线上交往无论如何也无法取代"身体在

---

① 操菊华.精准思政理念下青年学生的精神需求图景及其引导[J].湖北社会科学,2021(6):75-81.

场"的交往方式。在网络背景下,网络已逐渐渗透到教育领域,教育环境发生了重大改变,给育人工作带来了深层次的影响。高校育人必须面对教育环境的变化、大学生的特点,因时而变、因势而进。

二、研究意义

(一) 理论意义

开展网络育人的研究,具有重要的理论与实践意义。不但有利于丰富发展我国的教育理论、创新教育模式、改善教育方法,同时,作为新时代一种新的育人方式,开展网络育人的研究,也有利于拓展育人的范围,对教育学科、教育改革都起到重大的推动作用。

第一,有利于厘清网络育人的概念与范畴。

网络育人的范畴有不同的准则,已经形成了主体与客体、内化与外化等共识,研究高校网络育人能够解决关于网络育人基本范畴研究不足的问题。网络育人系统性研究有助于更好地反映网络育人的历史变迁、经验教训、发展规律。研究网络育人的概念与范畴,还可以探索网络育人的内在结构,只有充分研究网络育人的内涵与结构,才能将网络育人的机制、运行规律、内容和受众状态有效地融合为一体。当前,我国网络育人比较关注网络资源等外部供给,对教育内容转化为内在稳定的认知较为忽视,是造成网络育人效果不佳的原因之一。

第二,有利于转换网络育人理论研究范式。

对于网络育人研究,一些学者常常被网络社会变迁等问题"牵着鼻子走",而缺乏引领性。这一问题必须依赖于网络育人理论研究范式的解决。网络育人的研究范式转换体现了网络育人相关研究多年来形成的积累的突破,托马斯·库恩指出:"在任何一门科学的发展过程中,最先接受的范式,通常会让人感觉到它对于科学研究者容易理解的大多数观察和实验。"[①]网络育人的范式无法预先设计,新的研究范式要着重处理好网络技术与网络育人规律的交叉与融合,要更多地体现思想政治教育内容入脑入心的问题,以及大学生心理需求与网络思想政治教育同向同行的问题。网络育人研究范式转换中直接回应现实问题,必须把握"中国立场"和"世界眼光",厘清网络育人继承与创新等问题,不断拓展网络育人研究范式转换创

---

① 唐登芸. 网络思想政治教育内化问题研究[D]. 成都: 电子科技大学. 2018.

造的空间,进一步加深网络育人问题和基本性规律的认识和把握。

第三,有利于完善高校的育人体系。

人是一切社会关系的总和,人类在现实中的社会关系错综复杂,而网络人际互动更是虚拟多样。在多样化的网络关系中,高校思想政治教育如何准确把握育人的基本目标、内涵、本质特征尤为重要。在已有的研究中,一些学者将有关网络育人的研究重点放在关注网络育人的路径和对策上,忽略了网络育人的规律性等本质问题。① 因此,在网络信息化形势下,高校思想政治教育如何把握网络育人的规律、本质,以及推动网络育人的整体统筹尤为迫切。在我国社会主义现代化建设的新征程里,高校育人工作也会出现不平衡现象,必须构建新时代的网络育人体系。随着网络的普及,网络已成为青年大学生生活的一部分,网络对大学生的影响也进一步加深,开展网络育人的研究,有利于不断促进高校育人体系不断完善。

(二) 现实意义

第一,有助于实现思想政治教育的生活化。

网络育人以青年喜闻乐见的形式进行思想政治教育,以鲜活的实例取代了刻板的说教,以网络互动讨论代替了单向灌输,育人方式更加直观形象,增强了对受教育者的吸引力。网络育人使教育与现实紧密相连并将教育信息融入生活之中,把抽象的理论形象化,改变了青年大学生的受教育方式。网络育人不再局限于传统的课堂教学,在网络形势下,大学生网民可以尽享各种教育资源,通过网络共享、沟通、学习、获取信息,可以感受到网络技术带来的便利和乐趣。网络育人将网络教育与大学生的生活有机结合,构成了生活化教育模式,减少了青年大学生的逆反情绪,有利于形成大学生主动、积极的学习习惯。

第二,有助于实现教育的现代化。

网络作为时代的产物,它有效地利用现代高科技使教育不断趋于现代化。网络将文字、图画、视频、影像有机结合,并通过终端设备传递给大学生网民,使大学生网民随时随地接受教育,还通过聊天室、学习屋等引导受教育者学习,改变了传统的课堂教育模式,逐渐成为受教育者最受欢迎的教育方式之一。从网络的特性而言,网络不仅让信息传播更加便捷,也使受教育者学习更为便利,从而进一步推

---

① 史丽花. 新时代高校网络育人研究[D]. 成都:电子科技大学,2021.

动教育方式的现代化。因此,随着网络技术的不断发展,高校思想政治教育者必须打破传统的教育理念,由被动式的教学向主动学习转变,树立平等的教育理念,逐步改变传统育人方式、内容,在教育的过程中融合现代网络技术,将教育目标与内容不断扩展到虚拟的网络世界。

第三,有助于提高网络育人实践活动的有效性。

在网络信息时代,教育对象的个性化需求比以往更加凸显。马克思曾经指出:"大工业则把科学作为一种独立的生产能力与劳动分离开来","随着科学作为独立的力量被并入劳动过程而使劳动过程的智力与工人相异化。"①科学技术不仅是生产力,也是影响文化的一种力量。近年来,在网络环境下,党中央多次强调要增强思想政治教育的有效性,重视与加强网络技术和思想政治教育的融合。曼纽尔·卡斯特指出,"网络社会由点与点之间联结而构成,同时网络信息的发展应用极大地促进了网络社会的形成发展"。② 网络技术的迅速发展,对高校思想政治教育不断提出新的要求。从某种意义上来讲,高校网络育人工作仍然是以主导性的宣传为主,没有真正转变为一种全新的教育与工作模式,也不能充分满足青年大学生成长的迫切需要。在网络信息时代,思想政治教育的工作方式不能够仅仅停留在灌输,也能不仅仅是教育内容供给,更要关注的是学生的认同、接受、内化。内化是大学生将高校的要求转化为内心体验的过程,是培养价值观的前提和基础。内化如何展开,如何评估和检验,是网络育人的逻辑起点。内化过程需要将人文性、真理性、价值性、情感性融入教育过程中,从而使大学生产生内在性的共识,这正是思想政治教育的本质力量体现。内化必须紧扣时情、世情,围绕立德树人的各个环节,在实践工作中找准问题,提出有针对性的策略。

第四,有助于提高大学生的网络道德素质。

网络育人的主要内容是主流意识形态的灌输,并且在网络信息环境下发挥青年大学生的主体意识,这就决定了大学生的网络素质和社会进步的内在统一性。网络育人研究有助于帮助青年大学生处理网络空间中出现的错误认识与矛盾,以社会主义核心价值体系为大学生网民提供理论化武装,并进一步把这些思想转化为情感认同和行为习惯,在这个过程中,高校通过把育人的价值观念内化为信仰,

---

① 马克思恩格斯文集,第5卷[M].北京:人民出版社,2009:418.
② 曼纽尔·卡斯特.网络社会的崛起[M].北京:社会科学出版社,2006:31.

从而实现网络道德素质的提升。网络育人的过程也就是引导人们坚持和发扬先进文化、维护健康文化的过程，从而满足社会主义先进文化传承、创新的需要，从根本上推动网络社会的全面进步。高校通过对大学生成长的需求分析，找准网络育人存在的问题，进一步探索网络育人内在逻辑，明确育人的方向。

第五，有助于提升教育者的工作素养。

网络工作者是网络育人的主力军，面对网络环境的复杂多变，理论工作者必须具备过硬的理论素养，才能及时回应网络工作中的新挑战。因此，面对网络育人环境的严峻挑战，思想政治工作者只有增强理论素养，才能有效地开展教育工作，才能在网络育人规律的研究中，梳理网络育人的历程，为网络空间的思想政治教育提供理论基础，才能对思想政治工作的任务、方式、方法有一个总体性的把握。高校只有发现现有的育人体系当中存在的问题和短板，明确思想政治教育未来发展的目标，进而才能有针对性地开展教育实践活动。

第二节　国内外研究现状

在中国知网数据库中，以"网络育人"为主题进行文献检索，共搜索到 1 582 篇相关文献，其中学术期刊 1 098 篇，学位论文 148 篇（其中博士学位论文 27 篇），两者占比接近 80%。以"高校网络育人"为主题词进行检索，共有 632 篇相关文献，其中学位论文和发表在学术期刊上的文献仍占绝大多数。这些文献中涉及较多的关键词主要有网络育人、三全育人、思想政治教育、育人功能、高校网络、网络文化、高校网络文化、新时代等。通过分析这些文献资料，我们可以窥见截至目前关于高校网络育人的研究现状。

一、国内研究现状

查找和分析相关文献资料发现，自 20 世纪 90 年代以来，学术界就已经开始对网络思想政治教育、网络育人等内容进行了研究。经过梳理，我国关于网络思想政治教育、网络育人的相关研究主要围绕以下主题开展。

（一）关于网络思想政治教育的内涵研究

从笔者能够搜集到的资料中可以看出，目前对网络思想政治教育这一概念较早进行研究的学者是刘梅,她在论文《思想政治教育的现代方式》中,对网络思想政治教育进行了定义,刘梅认为"网络思想政治教育,是根据传播学原理和思想宣传的理论,利用计算机网络所进行的思想政治教育。"①曾令辉认为,"网络思想政治教育是现代思想政治教育在网络社会中的延伸,也是思想政治教育与现代网络信息技术的结合的产物。"②也有学者认为,网络思想政治教育是抓住网络本质,利用网络对网民施加影响,"使他们形成符合一定社会发展所需要的思想政治品德和信息素养的网上双向互动的虚拟实践活动。"③网络思想政治教育是思想政治教育工作者根据时代发展趋势和青年大学生的身心特点,"基于网络平台开展一系列的虚拟实践活动"。④ 但张再兴在《我国高校网络思想教育的十年历程与发展》中指出,关于网络思想政治教育的概念应该有网络环境下的思想政治教育和基于网络的思想政治教育这两种理解,即从广义和狭义两方面对网络思想政治教育进行理解。从近年来学者们的研究可以看出,对于网络思想政治教育概念的认识基本相同,更加偏向于狭义的层面,即把网络视为开展育人工作的媒介和平台。

(二) 关于网络思想政治教育主客体及其关系的研究

主客体及其关系是教育领域研究的"元话题",是网络思想政治教育研究的重要内容。杨立英认为由于网络生存方式对人的主体性的拓展,在网络思想政治教育中"表现为教育主体的'去主体化'、教育客体的'主体化'和主客体关系的平等性、相对性。"⑤学者曾令辉认为网络思想政治教育活动的高效开展必须依靠教育者和受教育者形成合力,同步协同推进,因此,他提出网络思想政治教育主客体之间的关系是协同关系的论断。学者骆郁廷通过"三问三答",即网络思想政治教育主客体是否存在? 何以特殊? 如何转换? 深刻系统地阐释回答了困扰网络思想政治教育主客体研究的一些争论焦点和问题,并指出"网络思想政治教育主客体转换表现为主体客体化和客体主体化,它是主客体在网络思想交往实践中"互动的结果。⑥ 丁科等人则提出了网络思想政治教育主体间性论,他提出了网络

① 刘梅.思想政治教育的现代方式[J].河南师范大学学报,2000(02):43-45.
② 曾令辉.论网络思想政治教育的理论基础[J].高教论坛,2003(06):35-38.
③ 韦吉锋.关于网络思想政治教育界定的科学审视[J].学校党建与思想教育,2003(02):51-53.
④ 李高海.大学生网络思想政治教育研究[M].北京:中国言实出版社,2008:65.
⑤ 杨立英.论网络思想政治教育的主客体关系特性与教育创新[J].思想理论教育导刊,2005(11):62-67.
⑥ 骆郁廷.论网络思想政治教育的主体与客体[J].马克思主义与现实,2016(02):1-7.

人机、网络人际和网络自我的互动,"这三种关系范畴是网络思想政治教育主体间性的新见解。"①通过上述分析,在关于网络思想政治教育主客体及其关系的研究中,大体形成了相对主体论、主客体协同论、主客体融合论、主体间性论等基本的论断。

(三) 关于网络思想政治教育话语权的研究

关于这一主题的研究,主要是围绕和聚焦于网络思想政治教育话语权的基本概念、主要特征、构成要素、生成机理以及话语权的重塑和效能提升等方面,简单地说就是探讨了网络思想政治教育话语权是什么、有什么、为什么、怎么做的问题。华东师范大学崔海英通过厘清网络思想政治教育话语权"是什么""有什么"与"要什么",对其内涵进行了界定,同时指出了网络思想政治教育话语权具有"主客体的交叉性、'话语权利'的多变性、'话语权力'的象征性、'话语权效'的潜隐性"等特征。② 东北师范大学李丽的博士学位论文《网络思想政治教育话语权研究》对网络思想政治教育话语权的基本概念、主要特征、构成要素、生成过程进行了分析阐释,并针对新情况、新挑战,提出了相应的提升对策,应该说对网络思想政治教育话语权研究是较为深入和详细的。中南大学丁梅君等人在《论网络思想政治教育话语权效能的提升》一文中提出,要从网络教育传播主体的组织领导、主流网络思想文化吸引力和保障网络信息资源安全等方面着力提升网络思想政治教育话语权效能。电子科技大学丁科、福建农林大学郑元景、大连理工大学魏晓文等人也都分别从基本内涵、生成机理、提升策略等方面对网络思想政治教育话语权进行了研究。应该说,这些相关的研究对于新时代高校增强与掌控网络思想政治教育话语权具有一定的指导和借鉴意义。

(四) 关于网络思想政治教育特征的研究

任何事物都有其独特的性质,网络思想政治教育也不例外。为了更好更深入地开展网络思想政治教育,学界关于网络思想政治教育特征的研究也不断地展开。经过搜索,笔者目前查找到的关于网络思想政治教育特征的较早研究是姚德利,他在 2003 年发表的论文《论网络思想政治教育的特征》中,从形式特征、内容特征、方法特征、价值特征等四个方面对网络思想政治教育的特征进行探析。2004 年,曾

---

① 丁科,胡树祥.网络思想政治教育的主体间性新论[J].毛泽东思想研究,2013,30(04):144 - 150.

② 崔海英.网络思想政治教育话语权探析[J].思想理论教育,2017(08):85 - 90.

令辉从教育者与受教育者主体关系、网络思想政治教育功能、教育环境、教育方式等方面进行阐释,提出网络思想政治教育具有平等性、民主性、互动性、多样性、开放性、快捷性等特征。宋元林在《论网络思想政治教育的特征及其有效运用》一文中从网络思想政治教育目的、教育主体、教育信息、教育方式、教育过程和教育效果等6个方面分析,提出网络思想政治教育具有政治性和隐蔽性、虚拟性和平等性、开放性和丰富性、交互性和多样性、选择性和渗透性、即时性和广泛性等特征,并指出"由于对网络思想政治教育的特征把握不够,在其运用上存在着明显的缺失,从而严重影响了网络思想政治教育的效果。"[①]吴满意提出"价值引导与网民个体自主建构、确定性与非确定性、生成与转化三方面的统一,构成了网络思想政治教育过程的基本特征",他认为对网络思想政治教育过程基本特征的解析,实质上是对这一过程中所蕴含的动态复杂性关系的深层揭示。[②] 唐亚阳等人对大学生网络思想政治教育的基本特征进行了探析,他们认为网络思想政治教育的主客体关系、教育内容、教育环境、教育方法等分别具有交互主体性特征、技术性特征、耗散结构特征和连续统特征。可以看出,学界关于这一问题的认识基本达成了共识,学者们只是从不同的角度,以不同的视角对网络思想政治教育的基本特征进行了深入的阐释和分析研究,他们对网络思想政治教育的特征的认识和所得出的结论也基本相同或类似。

(五) 关于网络育人功能和价值的研究

教育的根本任务是立德树人,育人是教育的永恒主题。网络思想政治教育的效果如何也要通过育人的成效进行检验。在网络引入思想政治教育后,学界关于网络育人的功能和价值的研究不断涌现,成果颇丰。当前关于这一主题的研究主要围绕网络育人功能判断、现实困境和优化路径等方面展开,而优化路径主要从育人机制创新构建、育人队伍建设、平台优化、内容优质、素养提升等角度进行阐释。黄燕认为,"网络文化蕴含价值引领、文化传承、思想渗透、实践教育等育人功能,能够引导人们的价值认同、价值判断与价值选择",[③]要以社会主义核心价值观为引领,加强网络阵地建设和行为自律教育,在传承和弘扬中华民族优秀传统文化中实

① 宋元林,黄娜娜. 论网络思想政治教育的特征及其有效运用[J]. 马克思主义与现实,2010(05):195-198.

② 吴满意. 论网络思想政治教育过程的基本特征[J]. 毛泽东思想研究,2012,29(04):86-91.

③ 黄燕. 高校网络文化的育人功能及其实现路径探析[J]. 思想理论教育,2018,(09):82-86.

现网络文化的育人功能。张鹏远、李庆华对网络德育的育人价值实现途径进行了探索,分析了网络德育育人对学生、学校和社会的价值。顾京军指出要利用好网络的信息多元化、交互性强、直观形象、传播速度快等特点,主动地开展实时性网络思想政治教育,提升教育实效。韦吉锋等人认为网络思想政治教育具有一般功能和特殊功能,网络思想政治教育的一般功能包括导向功能、保证功能、育人功能和开发功能等,其特殊功能包括沟通互动功能、覆盖渗透功能、预测预防功能和营造氛围功能。① 陈涛等人对高校网络文化的育人功能的意义进行了探究,并提出要用社会主义先进文化、正确的网络道德、优秀的人才队伍等来保障网络文化的育人功能的实现。宋元林对网络思想政治教育的功能和价值有较深入的研究,他认为网络思想政治教育功能是思想政治教育借助网络所呈现出来的特性和能力。他还对网络思想政治教育的个体价值、生活化价值、政治价值、文化价值及其实现路径进行了深入的研究,提出了自己的见解。例如,他认为网络思想政治教育的政治价值"主要体现在促进政治发展、推动社会精神生产、维护社会稳定和深化民族认同等方面",可以通过培育网民的国际政治视野、构建先进政治文化的网络传播体系等路径实现。② 还有的学者认为,网络思想政治教育的价值是思想政治教育对网络时代社会进步和人的全面发展的效应、网络对思想政治教育的效应。③ 网络思想政治教育价值实现的实质就是网络思想政治教育价值客体主体化。④ 董兴彬、吴满意则认为"网络思想政治教育的价值实现既是客体满足主体的需要,也是一个过程的存在""客体满足主体的需要并不是一个应然的存在,它是一个共时性与历时性的过程。"⑤随着网络思想政治教育的深入开展,人们对网络思想政治教育的功能和价值实现问题的探讨也越来越深入细致,这对进一步提升网络育人实效大有裨益。

(六) 关于网络思想政治教育方法及其体系建构的研究

学界关于网络思想政治教育方法的研究成果颇多,笔者以网络思想政治教育方法为主题,在中国知网中搜索到相关文献 558 篇,其中不乏发表在马列领域权威

---

① 韦吉锋,韦继光,徐细希,张辉.浅谈思想政治教育功能[J].广西大学学报(哲学社会科学版),2005,(03):90-94.
② 宋元林.论网络思想政治教育的政治价值[J].当代世界与社会主义,2012,(02):138-141.
③ 胡树祥.网络思想政治教育研究[M].成都:电子科技大学出版社,2005:22.
④ 鲁宽民.网络思想教育价值论[M].北京:社会科学文献出版社,2014:190.
⑤ 董兴彬,吴满意.关于网络思想政治教育价值实现问题的思考[J].重庆邮电大学学报(社会科学版),2014,26(05):72-77.

或重量级期刊上的论文。2018 年,唐登云、吴满意等人对我国网络思想政治教育方法研究的状况进行了深入梳理,从网络思想政治教育方法基本内涵、实践运用以及运用中相关问题及其溯源的研究状况等三个维度进行分析,他们认为当前关于网络思想政治教育方法的研究日益清晰、逐步深入、愈发科学,"总体上以网络社会观的角度阐释、探索网络思想政治教育方法的含义以及实践运用的实效""不再仅仅从工具手段的视角,而是更加深刻地探索网络文化育人、大数据助力思政提升精确性、新媒体新技术融入网络思想政治教育方法的多重维度等命题",两人关于网络思想政治教育方法研究状况的总结全面,分析也很到位,对进一步开展这一主题的研究提供了很好的成果借鉴和思路梳理。① 正如两人所述,学界关于网络思想政治教育方法的研究日趋成熟深入,相关的著作、论文也不断问世。郑永廷的《思想政治教育方法论》、刘新庚的《现代思想政治教育方法论》都是大家耳熟能详的关于这一主题研究的重要著作,从中也可以清晰地看出两人关于网络思想政治教育方法的阐述和分类。郑永廷认为,可以将网络育人实施方法分为基本方法、一般方法、特殊方法和综合教育法。② 刘新庚认为,思想政治教育在网络空间的开展主要包括:"平等交互式""多维立体式""虚拟情境式""现代开放式"等四种基本方式。③徐建军则认为,网络思想政治教育的方法主要有主体交互法、虚拟现实法等。④ 宋元林和唐佳海认为网络思想政治教育方法"包含信息库法、信息隐匿法、主体交互法、虚拟现实法和网上与网下结合法等五种基本类型。"⑤并提出了网络思想政治教育方法的优化路径,即从提高技术含量、整合优势、建立完善科学体系三方面着手。

还有些学者从创新的视角对网络思想政治教育方法开展研究,探析方法体系的构建,比如曾令辉尝试从网络与现实环境中思政教育方法融合、跨学科的方法移植再生等两个维度视角,探讨了网络思想政治教育的方法创新,他在其他文章中还对网络思想政治教育方法的内涵及其体系构建进行了有益探索。刘显忠、代金平阐释了如何在网络虚拟群体、网络舆情监控、网络手段与传统方式结合、网络心理

---

① 唐登芸,吴满意.网络思想政治教育方法研究状况述评[J].毛泽东思想研究,2018,35(02):146-152.
② 郑永廷.思想政治教育方法论[M].北京:高等教育出版社,1999:56.
③ 刘新庚.现代思想政治教育方法论[M].北京:人民出版社,2006:89.
④ 徐建军.大学生网络思想政治教育理论与方法[M].北京:人民出版社,2010:80.
⑤ 宋元林.唐佳海.论网络思想政治教育方法的特征、类型及其优化[J].重庆大学学报(社会科学版),2010(3):151-154.

咨询与教育等四个具体方面开展网络思想政治教育的方法创新。2007 年,杨直凡、胡树祥提出要在实践中"创立和实施一系列的有效方法,包括'眼睛对屏幕'的信息获取方法、'思路对问题'的教育指导方法和'键对键''心对心'的沟通交流方法。"①赵建超提出要"积极推动'提问式'教育法与自我教育法相结合、虚拟实践锻炼法与网络心理调适法相结合、舆论领袖引导法与榜样示范法相结合",从而推动网络思想政治教育方法体系的建构。②有些学者还指出了网络思想政治教育方法在实践运用中存在的一些问题,比如李爱民曾指出网络思想政治教育方法运用手段单一,李德福指出网络思想政治教育工作者对信息技术的认识存在"知—觉"上的较大差距,等等,在此不再一一列举。总之,学界对网络思想政治教育方法的研究越来越注重方法的建构性和发展性,已经呈现出向体系化建构方向发展的趋势。

（七）关于网络思想政治教育矛盾的研究

矛盾反映了事物之间相互作用、相互影响的一种特殊的状态。根据马克思主义哲学原理,任何事物都存在矛盾,网络思想政治教育也不例外,在实践推动中也确实出现和产生了相关的问题。对此,学界也敏锐地捕捉到这一现象并开展了相关研究。通过查阅资料得知,虽然当前揭示网络思想政治教育矛盾的研究还很少,但也值得引起我们的重视。早在 2010 年,谢玉进、胡树祥就发现存在网络人机矛盾,并分析了网络人机基本矛盾和具体矛盾。2019 年,谢玉进与赵玉枝又提出新时代网络思想政治教育出现了新的矛盾,"即网络空间中人们日益增长的美好精神生活需要与网络思想政治教育不充分不系统不灵活的信息供给之间的矛盾"。③黄永宜等人指出,网络思想政治教育过程中存在内部、外部矛盾和具体矛盾,其中虚拟与现实的矛盾、主导性与自主性的矛盾分别是其外部矛盾和内部矛盾,同时,"还存在着一元与多元、规范与自由、凝聚与开放、他律与自律等具体矛盾。"④李扬、王璐对网络思想政治教育的矛盾进行了分层研究,他们认为在核心层、责任层、外围层等不同层次,"思想政治教育的基本矛盾通过'人—机'、主导性与多样性、一

---

① 杨直凡,胡树祥.网络思想政治教育方法的构建与创新[J].思想理论教育导刊,2007(07):35－39,42.

② 赵建超.网络思想政治教育方法体系的建构探析[J].思想政治课研究,2020(04):74－78.

③ 谢玉进,赵玉枝.新时代网络思想政治教育的新矛盾及其新要求[J].思想政治教育研究,2019,35(01):149－153.

④ 黄永宜,魏钢,黄燕.论网络思想政治教育过程中的主要矛盾关系[J].理论学刊,2011(11):74－77.

元与多元等矛盾展现出来。"①学者们从不同的角度对这一问题进行了较为深入的研究,也产生了新矛盾论、内外矛盾论、分层矛盾论等"矛盾论"提法,这些研究也进一步深化了人们对网络思想政治教育的认识。

(八) 关于网络思想政治教育研究现状的研究

从 1994 年我国接入互联网开始,网络在我们国家的发展十分迅速,应用也更加广泛深入,高校利用网络开展育人工作的实践也越来越多,因此关于高校如何开展网络思想政治教育的研究也如雨后春笋般涌现。有学者就对一定时期内我国网络思想政治教育的研究现状进行了认真梳理分析,并总结归纳存在的不足,提出下一步改进的对策和建议。潘敏等人 2006 年在《高校理论战线》发表文章《高校网络思想政治教育研究综述》,从网络思想政治教育概念界定、网络对高校思想政治工作的影响(从正负两方面)、网络思想政治教育的方法和途径、研究存在的不足等四个方面做了详细地梳理。谢玉进、胡树祥在《网络思想政治教育研究的现状与新走向》一文中,通过数据分析揭示了网络思想政治教育研究数量与质量水平的严重不对称状况,指出"研究的简单重复、浮躁化、空洞化、形式化、边缘化,这对网络思想政治教育研究的长远发展极其不利。"并尝试归纳了问题产生的三点原因,提出研究对象的深刻把握与重新定位、研究领域的深化与基础化、研究层次向学科层次的提升与发展等三个研究新走向。② 2016 年,胡树祥通过运用大数据分析了我国网络思想政治教育研究现状并指出,伴随互联网的新发展,我国 20 多年来的网络思想政治教育研究存在"三个滞后",提出深化网络思想政治教育的思考与对策,即从拓展教育对象、深化教育内容、善用大数据的研究方法、壮大研究队伍等方面发力。2021 年 9 月,谢玉进、王苗等人基于 CNKI 期刊文献,利用 Cite Space 计量分析软件进行分析,对 20 多年来我国网络思想政治教育基础理论研究的现状和热点进行数据化分析和可视化呈现,指出以往的"研究热点集中在网络思想政治教育主客体、特征、方法、矛盾和话语权等方面",下一步要在学术共同体打造、学科跨界沟通、学科发展目标和网络实践研究等方面做出更多努力。③ 总的来说,这些研究都

① 李扬,王璐.基于网络思想政治教育分层的矛盾与方法研究[J].思想政治教育研究,2017,33(05):144-150.
② 谢玉进,胡树祥.网络思想政治教育研究的现状与新走向[J].思想理论教育导刊,2010(01):92-98.
③ 谢玉进,王苗.网络思想政治教育基础理论研究的现状、热点与展望——基于 CNKI 期刊文献的计量分析[J].思想教育研究,2021(09):23-28.

能较为准确地对之前的研究情况进行梳理归纳,找到研究存在的不足及原因,并提出了进一步的思考和探索,对更好地开展网络思想政治教育及其研究有很好的借鉴和启发作用。

除以上八个方面研究热点外,关于网络思想政治教育的研究还涉及网络育人规律的研究、网络育人场域的研究、网络育人机制的研究、大学生网络素养的研究等诸多方面,也有关于高校网络育人工作的系统思考与实践探索研究,"院系节点"建设的探索与思考等。总的来说,这其中大部分研究成果对推进我国高校网络思想政治教育向纵深发展起到了很好的理论指导作用。

二、国外研究现状

网络和信息化让世界联系更加紧密,推进了经济全球化和区域集团化的深度发展,世界各国家和地区间的交流沟通日益深化,领域也不断拓宽。网络最先产生于西方发达国家,他们将网络应用于教育领域也有很多值得学习和借鉴的经验,中华民族自古以来就善于学习先进,取其精华。因此,当下开展网络思想政治教育研究,深入了解国外关于这一问题的研究现状就显得尤为必要。通过搜集文献资料,笔者将国外网络思想政治教育的研究大体归纳为以下几个方面。

（一）国外关于网络影响的研究

随着互联网技术和思想政治教育的融合,意识形态的教育已经影响到社会的各个领域。在世界上,许多国家都十分注重运用媒体来强化人民的意识形态,借助媒体传播自己的政治观、文化观和价值观,而网络则是传播媒介的一种行之有效的方式。尼葛洛庞帝的《数字化生存》一书中,"数码生活"是指人们生活在一个"虚拟世界"里,人类利用数码技术（资讯科技）进行资讯交流的数码生活空间,交流、学习、工作等。迈克尔.汉姆认为,互联网最宝贵的特征之一,就是它对人类和人类之间的联系的发展。① 近年来,面对网络文化的冲击,各国都不约而同采用立法来完善其网络文化监管体系。近年来,在网络文化冲击下,各国纷纷通过立法来完善自己的网络文化监督制度,如《电子契约法》、日本《个人信息保护法》;英国安全网络

---

① [美]迈克尔.汉姆.从界面到M络空间——虚拟实在的形而上学[M],上海:上海科技教育出版社,2000:81.

分级制、《举报、问责协定》、《美国网络管理条例》、《计算机安全法》、《儿童在线隐私保护法》等 130 多条网络管理法规。

(二) 国外关于网络育人作用的研究

国外也十分重视网络在学生教育方面所发挥的作用。[1] 网络远程教学是美国几所大学首创的,其主要形式有网络公开课、网络讲座和网络教学团体等。[2] 美国杜克学院开设了一门名为"伦理与国际性互联"的课程,网上教学的发展给美国高等教育带来了全新的变化。[3] 网上教育是以布鲁斯·帕尔(Bruce Pall)为核心的网上教育方式,而网上公开课程则是美国大学建设"全球学术力量"的战略。[4] 有的学者探讨互联网在学校中的作用,其中斯洛(Snow·C)相信,现在的大部分学生都是在学习语言,数字化、网络化和科技化对他们的思维方式有很大影响。[5]格林伯格(Green berg)发现互联网在大学生的学习中起到了很大的中介功能,它不仅可以提高大学生的思想素质,而且还可以在一定程度上改变大学生的思维方式。[6] 贝(Bay·D)指出,目前大学教学要继续提高素质和质量,互联网已深入到人民的日常生活和学习中,应当使之成为人民服务的一部分。[7] 阿姆斯特朗 H L 认为,在移动互联网的今天,资讯技术将对企业管理、教育方法以及人们的日常生活都有很大的冲击,而随着网络技术的普及,人们的日常工作也将面临许多的矛盾和冲突,因此,在充分运用网络技术的同时,尽量减少与之相关的研究。[8] 可见,国内外学者关于高校网络育人的研究探索随着信息时代的发展不断深入。

---

① 王明辉,郑晋维,何佳利. 新时代高校网络安全面临的挑战及建设路径[J]. 学校党建与思想教育,2018(19):88 - 90.

② Capelle A V D, Lil E V, Theunis J, et al. Project Driven Graduate Network Education[C]// International Conference on Networking. 2011.

③ Guan S. Network Education and New Ideas for the Reform of College Physical Education[J]. Procedia Engineering, 2012, 29:3562 - 3566.

④ Bruce Pall. Research on network education technology used in teaching of PE in colleges[J]. Journal of Hebei University, 2015:214 - 217.

⑤ Snow C, Pullen J M, Mcandrews P. Network Education Ware:an open-source web-based system forsynchronous distance education[J]. IEEE Transactions on Education, 2016,48(4):705 - 712.

⑥ Green berg, Katherine And Others. The Cognitive Enrichment Network Education Model (COGNET). [J]. Academic Achievement, 2017:22.

⑦ Bay D M D. An Art Education Network:A Brazilian Experience[J]. International Journal of Art & Design Education, 2017,18(2):217 - 220.

⑧ Armstrong H L, Jayaratna N, Dodge R C. Evaluating an IA virtual network education program [C]//Information Assurance & Security Workshop. 2017.

(三) 国外关于网络育人平台的研究

在 20 世纪 90 年代,国外一些高校采用了网上课堂,并以互联网为媒介进行大学生的道德修养。从 2012 年开始,慕课引进的 Coursera、edX、Udacitys 三个主要的网络平台逐渐成形,并且在美国有很多著名大学与之有良好的合作。① 保利逊、卡恩和罗斯首先开始对网上教育的平台进行了系统的构建。保利逊认为,有八个主要的学习平台:网上教学、作业、注意和通知、个人网页、互动交流、测验、课程管理和课程的内容;②卡恩从多个视角对网上教育进行了研究,并从 28 个方面对网上教育进行了分析,并将其划分为"关键性"和"额外性"两大类型,罗斯认为,"学习工具""协同"是"网络教育"的七大要素;包括管理和安全,测试和记录等。③ 美国莲花公司的学习空间、加拿大西蒙弗雷泽学院研发的虚拟 U 和智能 3 黑匣子、SYBA 等,这些产品在全球范围内都有着相当的客户基础和很强的影响力。约翰·丹尼尔把国外的网上教育平台划分为三个发展时期:第一个时期以课程为主,由老师协助;第二个时期注重学生的学习,注重学生的服务;第三个时期强调学生的综合素质,倡导个性化的教育。④ 美国学者杰克逊提出了"隐性课程",强调在德育工作中要重视各个方面的"载体作用"与"渗透作用"。

(四) 国外关于网络视频教育的研究

菲利普(Philip D. Long)指出 MIT OCW 是新的学术共享模式,是教育领域的"开源运动"。⑤ 戴维(David Diamond)介绍了麻省理工学院开放教育资源项目的启动背景、网站的整体结构、发布之后的效果与影响。⑥ 安妮(Anne H. Margulies)详细论述了开放教育资源运动的内涵、相关案例、规划组织协调管理、知识产权保护、发布流程等各个环节的种种要素,总结了麻省理工学院取得的相关经验。⑦ 威廉(Wliliam J. Salter)从减少网络资源的限制、提高教学服务的支撑、提高教学互动能力、提高学生的个性化要求等方面进行了探讨,并提出五个对策:自

① 王丽华."慕课"的新发展及对中国的启示——基于对斯隆联盟系列调查评估报告的解读[J].高校教育管理,2014,8(05):34-72.

② 辛娜敏.远程教育中交互的理念与派别[M].北京:中央广播电视大学出版社,2004:56.

③ 国际论坛:现代远程教育的理念与实践[M].北京:中央广播电视大学出版社,2003:102.

④ [英]约翰.丹尼尔.技术运用与远程教育:信息与通信技术在教学及管理中有效运用的原理之探讨[J].中国远程教育,2002(08):7-12,78.

⑤ 廖晓明.精品课程推广与利用中的院系作用研究总报告[D].江西:南昌大学,2011.

⑥ David Diamond. MIT Everywhere [J]. Wired Magazine, 2003(8).

⑦ Anne H. Margulies. Implementing Open Course Ware: Executive Summary [R]. Massachusetts:MIT, 2004.

定义和调整高质量的教育资源;增强站点的互动能力,实施技术创新和大规模的数据库建设,实施教学改革以满足学生的学习需要;建立权威认证机构。① 亨克·胡伊泽尔(Henk Huijser)对受教育权概念进行了讨论,并对其所支持的理论基础进行了探析,并着重指出了数字鸿沟、不同社会背景、民族背景对麻省理工开放教育的影响。奥拉夫(Olaf Resch)着重探讨了如何充分利用麻省理工开放教育资源项目获取更大的收益。② 萨利约翰(Sally M. Johns tone)总结了开放教育资源运动的起源、发展过程、发展目标,阐述其重要意义在于为广大教育落后地区提供了教育发展契机,促进了世界教育公平的发展。③ 玛丽亚姆(Maryam Al-Ali Abu Dhabi)分析了开放源代码课程管理系统的使用的初步应用原理、特色、优势与不足,并从教育评估的角度,详细介绍了教职工对开放源代码课程管理系统的态度。④ 查尔斯(Charles M. Schweik)与玛利亚(Maria T. Fernan dezason B. Huett)与艾森(Ason H. Sharp)回答了自由和开放源码软件的概念及其对教育的影响,并强调指出其在教育传播中的运用将塑造教育的未来。⑤ 杰姆士(James Laffey)与 Matthew Schmidt 系统地探讨了如何开发一个面向全社会的电子学习的源软件。⑥

三、研究述评

通过对国内外关于高校网络思想政治教育研究现状的梳理分析发现,有关高校网络育人的理论和实践研究成果颇为丰硕。对网络育人的研究,我国学者倾向于从网络育人的内涵、特征、方法、功能、价值、话语权以及如何创新优化等方面进行诸多积极的探索,并取得了一些较好的研究成果。而国外学者的研究

① William J. Salter. How MIT's Open Course Ware Will Change E-Learning[J]. Learning Circuits,2002(6).

② Olaf Resch. Can You Benefit from Open Course Ware? [J]. Electronic Learning,2008(4).

③ Andrea Edmundson,Mimi miyoung Lee. Globalized E-Learning Cultural Challenges[M]. Hershey PA:Information Science Publishing,2007:374.

④ Maryam Al-Ali Abu Dhabi. Essment Of Faculty Attitudes Toward The Open Source Course Management System From An Educational Perspective [R]. Massachusetts:MIT,2008.

⑤ Jason B. Huett,Ason Sharp. What's all the FOSS? How Freedom and Openness Are Changing the Face of Our Educational Landscape[J]. International journal of open source software and processes,2010(1).

⑥ James Laffey,Matthew Schmidt. Open for Social:How Open Source Software for E-Learning can Take a Turn to the Social[M]. London:Macmillan,2010:42-45.

则大多着眼于网络文化这一大的范畴,研究的重点也大多聚焦于网络本身,注重从宏观上对网络育人的指导。客观上说,国内外这些研究成果的涌现,丰富了网络思想政治教育研究文库,为我们进一步开展高校网络育人提供了理论与方法论的借鉴与参考,对推进新时代我国高等教育研究的发展也具有积极的促进作用。

然而,任何事物都不可能是完美无瑕的,国内外关于网络育人的研究都还存在一些不足的地方,比如我国学者目前的研究大多是在借鉴国外学者研究的同时,采用概念分析法及文献分析法的一些理论进行分析,对网络育人实践的探索研究相对缺乏。而国外也缺乏对网络育人精神塑造等方面的研究,关于网络与育人功能相结合的研究则更少。本书以高校三全育人网络育人为研究对象,通过文献分析、调查研究、样本跟踪访谈,构建校园网络育人模型,以期能够进一步优化高校校园网络育人功能与价值的实现。

第三节　本书的主要内容及创新

在网络信息时代,网络对当代青年大学生的思想观念和价值观的形成产生了深刻而复杂的影响。新时代高校网络育人必须坚持从学生视角出发,将网络教育"溶解"到学生喜爱的内容、形式、榜样等各方面,大力提升思想政治教育的吸引力和有效性,构建全新的网络育人、思想政治教育的新样态。

一、本书的主要内容

本书共分八章,各章主要研究内容如下:

第一章,研究背景与研究意义。主要内容包括:在背景方面,本书从国际、国内以及网络信息化等社会形势方面分析高校网络育人的必要性、可能性、紧迫性,并从高校的立德树人的使命揭示高校网络育人是应然与必然的统一;在研究意义方面,本书既重视理论的阐述,更注重实证研究与实践的验证。从丰富现有的相关学科的理论如高等教育理论、思想政治教育理论、教育学理论等方面剖析了高校网络育人的理论价值,从人才培养、学生管理、高等教育改革等方面论述了高校网络育人的实践价值、应用价值。

第二章，阐述高校网络育人的目标、功能、原则。主要研究内容包括：从高校的历史使命、立德树人等角度阐述高校网络育人的初级、次级、中级、高级目标，主要包括巩固主流意识形态的主导地位、培养合格的社会主义建设者与接班人等。高校网络育人的功能主要包括：思想渗透、文化教育、价值观塑造、陶冶情操等。高校网络育人的原则主要有：主导性原则、方向性与科学性相结合的原则、虚拟性与现实性相结合的原则等。

第三章，精准思政平台建设。主要内容包括：界定精准思政的内涵以及高校精准思政平台的概念、特点，剖析当前我国高校精准思政平台建设存在的主要问题，总结杭州电子科技大学精准思政大数据一体化平台新鲜、宝贵经验，揭示精准思政大数据一体化平台建设对高校网络育人的启示，等等。

第四章，"数字画像"个性化育人。主要研究内容包括：明确了"数字画像"个性化育人形成的时代背景、特点，厘定了数字画像概念的内涵与外延，剖析了当前高校网络育人过程中"数字画像"个性化育人面临的问题，总结了浙江理工大学网络育人的"数字画像"的新鲜实践经验，阐述"数字画像"个性化育人对新形势下高校网络育人的启示。

第五章，网络文化建设。主要内容包括：阐述与分析网络文化的概念、要素、特点以及高校网络文化的特征；结合已有的研究，分析我国部分高校网络育人的过程中，校园网络文化建设面临的主要问题；重点介绍了嘉兴学院网络文化建设的新鲜经验，集中关注了红船文化在网络育人过程中的引领作用；根据嘉兴学院等高校网络文化育人的有益经验，揭示其对高校网络育人的启示与借鉴。

第六章，智慧学工建设。梳理"最多跑一次"政策的背景、高校"最多跑一次"发轫与应用，智慧学工平台的建立及其应用、智慧学工的概念；当前我国尤其是浙江省智慧学工的学生管理服务平台建设面临的问题；总结宁波卫生职业技术学院智慧学工建设的新鲜实践经验；归纳智慧学工建设对全国以及浙江省其他高校网络育人的重要启示与借鉴。

第七章，网络育人矩阵建设。主要内容包括：网络育人矩阵产生的社会背景、教育背景，网络育人共同体概念、作用；分析当前我国高校网络育人矩阵建设面临的主要问题如育人主体单一、条块分割、孤岛现象等，总结了中国计量大学网络育人矩阵建设的新鲜实践经验，从制度、平台、队伍等方面揭示了网络育人矩阵建设对新时代高校网络育人的重要启示。

第八章，大规模在线育人。主要内容包括：在线教育技术的发展历程，疫情背景下在线教育的特点、优势，厘定了在线教育的概念；分析了我国高校在线教育的现状；总结了浙江开放大学在线教育的新鲜实践经验；揭示了在线教育建设对大规模在线教育有效开展的借鉴与启示。

二、本书的研究思路

高校网络育人的构建是高校思想政治工作研究的热点问题，体现了当前思想政治教育发展的实践导向和价值追求。本书针对当前高校网络育人队伍不强、网络平台建设不够等现状，网络育人的针对性、实效性、时代性不足等问题入手，按照"理论阐述→新鲜经验→归纳总结"的思路，对高校网络育人研究进行实证分析和理论论证。首先，对我高校网络育人的时代背景及现状进行了深入的分析，明确当前高校开展网络育人工作的必要性、必然性；其次，通过对高校网络育人及高校网络育人的目标、原则及功能进行分析和探讨；最后是浙江省高校网络育人的建构，从队伍建设、平台构筑、网络文化、智慧学工等方面科学地构建网络育人体系。聚焦网络育人的历史逻辑和现实意义、实践逻辑，切实提升高校网络育人工作的有效性，推动我国高校思想政治工作的跨越式发展。

三、主要研究方法

本书坚持以马克思主义和中国化的马克思主义为指导，坚持马克思主义立场、观点和方法、坚持辩证唯物主义和历史唯物主义方法、以习近平新时代中国特色社会主义思想为指导，主要采用文献研究法、历史与逻辑的研究方法、多学科交叉的研究方法等研究方法，具体方法如下：

（1）文献研究法。文献研究法是本书最基本的研究方法，也是将最新研究成果、最新理论成果融入研究内容的最优方法。通过网络育人的经典文献和马克思主义、马克思主义中国化最新研究成果的系统梳理，通过对习近平关于网络强国战略、网络育人、意识形态工作、思想政治工作等重要论述的梳理，凝练与刻画了高校网络育人的时代性、必然性；通过对中国知网、万方等中文数据库等文献平台的有关网络育人的文献进行搜索，整理了大量与网络育人相关的期刊、学位论文，通过对有关文献的整理、分析，在分析研究已有成果的基础上，客观地分析了当前我国高校网络育人的理论研究和实践工作中存在的问题,结合新时代浙江省高等教育实际,进一步研究并寻找与这一论题相关的突破口。

(2)历史与逻辑的研究方法。历史分析方法就是以历史考察为逻辑起点,把具体的现象和实践放到特定的历史背景中考察和研究,为当下的问题研究提供参考和借鉴的研究方法。对于任何事物和社会现象的演变规律,我们都从历史性和逻辑性两种理解方式,形成历史与逻辑相统一的思维方式与研究方法,即历史研究方法和逻辑研究方法。所谓历史研究方法,就是依照从过去到现在再指向未来的线性时间顺序,对某一事物的发生演化过程进行一种客观观察、记录和描述,遵循"从最简单的关系进到比较复杂的关系"的顺序,从萌芽到成熟的发展过程进行全面的记录和分析。同时,为了克服历史研究方法的局限,我们还要采用逻辑的方法,所谓逻辑的方法就是以逻辑的方式对事物的发生演化进行逻辑化归类和总结的研究方法,它可以摆脱对该事物的发生演化的断裂性和曲折性,能够选择性地围绕事物本身内外部矛盾,揭示事物在历史进程中的逻辑化规律。研究网络育人,必须回归历史,必须分析我国高校育人历程的时代化进程,尤其是高等教育的变革和话语转换,总结出历史经验和教训,在回顾历史、把握现实的过程中,在动态的研究中抽象出高等教育尤其是网络育人演进的历史规律。

(3)多学科交叉的研究方法。高校网络育人涉及传播学、教育学、心理学、社会学、思想政治教育等多学科领域,必须采用跨学科交叉研究法,进一步为网络育人研究打下坚实的理论基础;而各学科之间不同的、广阔的研究角度、研究视野,传播学、教育学等学科丰富的学术资源在网络育人这一主题的相互交流碰撞,可以形成既有交叉学科背景,又呈现思想政治教育特色的研究成果。多学科融合研究法的运用,体现了多学科融合的研究价值,为分析网络育人的现实问题、理论解读提供不同的学科视角,增强了本书研究的科学性和学理性。同时,网络育人的研究是一个跨学科、立体式、多视角的研究领域,进行多学科的交叉研究和多角度透视,既可以了解不同学科对同一个问题的研究程度,又有利于对网络育人进行全面、立体和丰富的了解和把握。本研究通过运用和借鉴相关学科的理论和方法,以期能够对高校网络育人的动态发展提供理论分析框架和方法论指导。

(4)理论与实践相结合的研究方法。实际问题的根本前提是要正确认识问题,尤其是能够从理论的层面科学、全面、准确认识问题。基于此,本书也采用理论与实践相结合的方法进行研究。在理论探讨方面,本书既全面分析了高校网络育人的时代背景,对网络育人的相关概念规律都进行了阐述与探索,为新鲜经验的总结、案例的汇集奠定了理论基础。同时,本书通过对杭州电子科技大学、中国计量大学等高校网络育人创新与探索的新鲜经验的总结,在实践中一步步验证理论,不断拓展网络育人的理论研究视域。本书前两章聚焦理论研究,从理论层面弄清楚网络育人"是什么""如何生成"的问题,通过理论创新为基础进入实践层面,通过第三章到第八章等章节聚焦新时代网络育人的现实境遇,探究在网络场域育人载体、平台、文化、内容等,不断深入探讨实现理论指导实践、实践映衬理论、理论与实践交相呼应的研究标的与图景。

(5) 归纳与演绎相结合的研究方法。在研究过程中,本书较好地处理了个别与一般、特殊与普遍之间的关系,即在研究浙江省高校网络育人的过程中,通过对个别高校的经验分析总结、演绎,如大规模在线育人、精准思政一体化育人、智慧学工建设等各具特色的实践经验的剖析,在此基础上,力图从个别到一般,再从一般回归到个别,重点归纳与阐述这些新鲜经验对其他高校网络育人的参考、借鉴、启示。本书通过对我国高校尤其是浙江省高校网络育人平台的开发与利用、网络育人的有效性等现状的分析,归纳高校网络育人的本质及特征,从而为探索网络育人建构方法与路径打下良好的基础。

(6) 比较研究方法。高校网络育人的研究既要坚持马克思主义的指导,又要有中国特色、民族情怀、国际眼光,才能明确研究理论基础和思想源流。只有通过不同的对象之间进行比较研究,才能找到问题的真谛所在,如本书通过对浙江三全育人、网络育人的试点高校进行比较研究,充分挖掘各个高校的特色与优势,在发掘问题、探索思路的基础上,将网络育人同传统的高等教育的教育方式进行比较,结合新时代青年大学生的性格特点、成长环境与其他年代的教育对象的差异,总结高校网络育人的必要性、可能性、可行性。

四、本书的学术特色和主要创新

(一) 本书的学术特色

(1) 注重理论性。理论是实践的升华与总结,同时又对实践具有能动的推进作用。本书在探索浙江省各高校网络育人实践经验的同时,非常注重理论探讨,不仅深刻剖析了当前网络信息化形势下高校网络育人的必要性、可行性,还阐述了网络育人的目标、功能、原则,并把高校网络育人置于新时代高等教育的改革与创新这一时代语境之中,并通过对智慧学工、精准思政一体化、"数字画像"等概念的解读与界定,进一步深化了高校网络育人的理论基础。

(2)突出实践性。根据《浙江省全面深化高校"三全育人"综合改革实施方案》文件精神,杭州电子科技大学牵头浙江理工大学、中国计量大学、浙江中医药大学、嘉兴学院、台州学院、浙江开放大学、宁波卫生职业技术学院等8所"三全育人""网络育人"试点高校,先后开展了网络育人、三全育人的实践活动和有益探索,本书以此为基础,汇集了其中优秀案例与新鲜经验,对于不断提升浙江省高等教育的思想政治工作实效性,具有较高的理论价值与较强的实践性意义。

(3)体现多样性。在深入推进浙江省高校三全育人、网络育人的过程中,杭州电子科技大学、浙江理工大学、中国计量大学、浙江中医药大学、浙江财经大学、台州学院、浙江农林大学、宁波卫生职业技术学院等高校,立足于善谋、善建、善管、善用,着力打造具有浙江特色的网络思政一张网,立足于本校的特色与优势,分别在智慧学工平台建设、大规模在线育人、精准思政一体化育人、"数字画像"个性化育人、网络文化建设等方面,进行了积极的探索与大胆的创新,既呈现一枝独秀风景,又展现百花齐放的局面。

(4)凸显时代性。在网络信息化时代,如何进行高等教育的改革与创新,如何体现在新的形势下,教育主体的教育地位和教育角色的转换,这些都是高等教育面临的时代性问题。在三全育人、网络育人的过程中,杭州电子科技大学、浙江理工大学、宁波卫生职业技术学院、嘉兴学院等,立足于立德树人教育目标,紧紧围绕着"为谁培养人""培养怎么样的人""如何培养人"的问题,结合网络信息化条件的时代需求,为我国高等教育的跨越式发展、努力开创高等教育的育人新篇章打下了坚实的基础。

(二)主要创新之处

首先,本书对网络概念内涵、目标定位等相关理论内容进行了探讨和明确。针对已有研究成果的不足,本书对网络育人的概念、目标、功能、要素、规律、结构等理论性内容进行了尝试性分析和探索,在一定程度上丰富了高校思想政治教育基础理论。本书不仅以"优化、细化、深化"为目标建构了逻辑框架,而且根据一些高校的实践经验归纳了一些对策建议,增强了问题与研究对象的针对性和前瞻性。在必然性分析方面,本书将网络育人的研究置于新时代中国特色社会主义思想和中国共产党加强改进思想政治工作的新理念、新思路、新战略中来审视和把握,即网络育人的开展因党和国家对思想政治工作的新认识、新要求而创新,因网络信息化的时代潮流而跟进,因网络思想政治工作实践变化而变化。

其次,对浙江省三全育人、网络育人的实践进行了深刻的分析和把握。在已有的研究成果当中,学者们关于网络主要注重理论研究,实证研究与案例分析较少,而在理论研究方面,诸多的成果都较少涉及网络育人及其构成要素(主体、客体、载体和平台)的具体特征及其互动作用。本书通过外在的网络技术特点对网络育人的发生发展的机理进行了分析和研究,涉及网络育人的各个要素的基本特征及不同构成要素之间的互相作用的机理和运行规则,在某种程度上增强了对网络育人理论研究、实践运用的具体图景的切实把握。

最后,本书深刻阐述了网络育人的内涵、特征等基本属性。目前,一些学者对网络育人的研究较少涉及内涵、特点、价值定位等问题,一般的研究成果大多把网络育人归结于"内化于心"的实践指向,而往往忽略研究实践工作中的实际问题。本书对网络育人的概念进行科学的界定,分析了网络育人的特征,从主客体关系、教育信息的传递、网络及大数据环境、知识的传递与内化等维度突出了网络育人教育信息内化的过程与特质,从而将网络育人与传统思想政治教育区分开来。

(三) 研究的不足及展望

本书虽然具有一定创新性,也为高校网络育人提供了有效对策,但仍存在一些不足。社会的发展日新月异,网络育人又是一个比较新的论题,对高校网络育人的研究,学术界还没有一个较为系统、非常明确的研究,因此,本书还存在一些不够深入之处,需要日后进一步探索和思考。

第一,本书在理论研究方法虽然概括了网络育人的演进轨迹,分析了网络育人的主体、对象、内容、技术等诸要素,同时强调网络育人以互联网技术为教育环境的支撑、以客体的互动为教育过程的桥梁、以满足对象的需要为供给的导向的基本特点,探究了网络育人的矛盾和规律,但是,一些研究结论都较为分散,没有总结与归纳网络育人矛盾、规律的总体性观点,不能够从总体上揭示网络育人的基本矛盾及规律。

第二,对新中国成立以来各个时期网络育人发生的具体情况把握有所不足。在研究过程中,本书虽则对网络育人的主体、客体、介体和环体等要素、特征及其互动作用做了一定程度的阐述,但对于网络育人的发生要素的阐述都只能择其要者而言,这样虽能抓住网络育人个别要素的基本特征,但从全面性来看,难免失之偏颇,而不同要素之间互动作用的研究内容同样有不足之处,有关研究需在日后进一步完善。

第二章
高校网络育人的目标、功能、原则

第一节 高校网络育人的目标

目标反映了网络育人的性质和方向,明确目标是网络育人的根本问题。关于培养什么样的人、如何培养人,始终是党和国家发展建设高等教育事业的基础问题。科技水平的提高,综合国力的增强,对中国的高等教育发展提出了新的要求。自改革开放以来,特别是进入互联网时代以来,党高度重视教育目标的正确方向,并随着时代的进步不断进行发展和完善。改革开放初期,邓小平在谈及育人目标时曾提出"四有新人",即"有理想、有道德、有文化、有纪律"。在 20 世纪 90 年代末,他又提出培养在中国特色社会主义新时期具有良好素质的社会主义建设者和接班人,即德、智、体、美全面发展的综合素质人才,实现国家的振兴。由此可见,人才培养体系与时代发展背景息息相关,网络育人目标的制定也应充分体现时代印记,呈现时代特色。

随着中国特色社会主义进入新时代,网络通信日益繁荣发展,社会对思政育人提出新目标、新要求,尤其是在网络思想政治教育工作方面。目前,在线上线下相融合的新时代,思想政治教育在教育系统中的重要性越发凸显,网络育人工作必须引起高度重视,高校必须承担起新时代网上育人的责任和使命。开展网络育人、加强大学生的思想政治工作和网络素质教育,是高校思想政治网络教育的改革与创新、实现思想政治教育现代化的必然要求,[1]更是全面提升素质的必然要求。高校网络育人的主要目标有:

---

① 王宝鑫. 新时代青年马克思主义者培养研究[D]. 长春:东北师范大学,2018.

一、促进高校思想政治教育与网络信息技术的深度融合，拓宽思政教育渠道，改进教学模式。

在信息技术日新月异发展的时代背景下，思政与网络技术的结合是实现高校思政教育改革的有效途径。2005 年，国家提出了以科技为第一生产力、以教育为本、推动科技与教育发展的"科教兴国"战略。网络信息技术的发展，是现代科技发展的一个重要板块。随着网络技术的蓬勃发展，成功的教学实践活动、先进的思政工作理论和优秀成果与网络技术相结合成为必然。同时，学生也可以通过网上平台获得更多的知识和信息。2017 年，中共中央印发了《关于加强和改进新形势下高校思想政治工作的意见》提出，要加强网络思想政治工作载体建设。高校要充分利用网络信息技术，拓展思想政治教育的途径，更新思想观念，改进教学方式，使学生在轻松愉快的氛围下学习思政内容。①

要搭建多样化的学习平台，运用网络课程、微课堂、直播互动等方式进行教学互动，不仅可以提高学生的学习实效性，还可以借助新媒体的声像传播技术，激发学生学习积极性。在新媒介时代，教师可以充分发挥大学生对移动通信工具的依赖，通过微信、微博、新闻客户端等即时通信技术，基于手机等移动端加强对大学生思想意识进行潜移默化的影响。

将网络技术和思政有机地结合起来，能够有效地改变传统的思想政治教育模式，增强其互动性、趣味性，激发学生主动学习的积极性。在"互联网＋"的背景下，随着网络技术的不断普及和思想政治教育的不断发展，高校可以将两者有效结合，使思想政治教育更加灵活、实用、多元化。由于思想政治教育的内容比较广泛，将高校思想政治工作与网络信息技术融合，使思想政治工作一体化、信息化、网络化，有助于让学生充分理解和掌握思想政治教育的内容。由于网络教学针对性更强，教师可利用微课、慕课等线上平台，针对学生个体特点进行教学，促进学生整体成长。运用网络授课可以使思想政治内容更贴近学生的真实情况，便于学生对思想政治内容的掌握和实践，增强学生对思想政治教育的理解，便于网络育人工作的进一步发展。高校思想政治课的教学以教书育人为目的，通过与网络信息技术相结合的方式开展。网络教学方式具有以下四个方面的特点。

---

① 张小涛."互联网＋"背景下高校思政育人体系探究[J].大学,2021(1)：45 - 49.

（1）网络可以聚集大量的教学资源，帮助学生进行基础的学习与思考。利用网络激发学生的学习兴趣和提升学习效果，是一个值得深入研究的问题。大学教育倡导的是个体发展，而互联网是一个具有丰富内容的学习平台，可以让学生在网上获取海量的信息。学生可以根据自己想要的内容扩展和深化学习，丰富学习内容，促进学生思维体系的完善，提升学生个性化发展。更重要的是，网络是作为一个免费的公共信息平台，整合和组织各种信息，能使学生在课堂上自主地进行选择与学习，更能够激发他们的积极性，从而促进他们的理论基础和思想发展。

（2）网络信息的及时更新，能够拓展学生的知识面。互联网上的资讯更新非常迅速，大学生们可以在网上及时地了解到最新的资讯，并且能够迅速地查阅自己所需要的知识，从而增强他们的主动性，拓宽他们的知识面，帮助他们更好地进行学习和养成行为习惯。

（3）网络推动了高校课堂教学模式的创新，有利于促进学生自主学习习惯的养成。信息技术在现代高校中的应用，改变了原有的教育形式。在现代教学中，不再延续传统的教学模式，更注重以学生为主体的教育形式。教师除了要执行教学任务，更重要的是引导学生获取更多的知识，发展他们的思维能力。例如，教师越来越重视让学生在课堂上发表意见，通过对实际案例的分析与讨论，提高学生的主动性和思维能力。

（4）网络为大学生的生活、学习提供了便利，也为他们提供了丰富的人生体验。当前，随着互联网、移动通信技术的发展，通过移动通信软件多种形式的交流，可以为大学生的日常交往和发展提供便利。各种形式的信息丰富了他们的生活，丰富了他们的人生经验的积累。例如：运用网络技术，大学生可以在淘宝、京东购物，及时与商家沟通交流，可以查看到用户的评论反馈信息，增加对商家的了解，提高大学生沟通交流和辨别是非的能力。另外，大学生可以在知乎、小木虫、百度等交流学习、分享和借鉴他人经验，促进生活经验的积累和知识体系和综合素养的形成。

推进高校思想政治工作与网络信息技术的融合，可以实现高校思政育人工作的信息化、网络化、数字化。利用互联网，对优秀的教学成果、研究成果在形式上进行信息化、网络化、数字化创新，可以不断满足学生的多样化需求。依托"一校一品"，打造优秀思想政治理论精品课程，结合高校优势，发展社会主义先进文化等线上课程，拓展慕课、微博、微信公众号等线上线下互动方式。高校必须以有意义和有趣的方式有效地推广文化产品，通过各种网络社交平台、网络社区、网络课程、移动设备等媒体，增强时代感和吸引力，坚持做到"事变、时变、时新"。

网络信息现在已成为大学生日常生活和研究的重要组成部分，而思想政治课是大学生基础的理论学科，推动高校思想政治工作与网络信息技术的融合势在必行。在高校思想政治课程中，要合理、高效地运用现代网络技术与现实教育相结合，合理选择网络信息的内容，确保教育内容适合学生的发展。方便学生学习现代教育基础理论知识。同时，高校应不断提升学生的思维能力，引导学生言行，促进他们的健康和全面发展。

二、引导大学生的价值判断、价值认同与价值选择，树立正确的世界观、人生观、价值观。

目前，经济全球化、信息化、逆全球化的多种因素并存，高校网络文化育人的价值导向面临着新的挑战。

高校应积极开展网络文化教育，加大对高校网络文化的建设与监管力度，开发网络文化产品，守护好网络精神家园。网络文化在大学生日常生活影响中占据主要地位，特殊的网络环境对网络文化的形成起关键作用。[①] 网络文化是在网络空间框架内形成、产生和传播的文化活动、文化产品、文化方法和文化观念，是以网络信息技术为基础的实践活动的延伸，是与信息技术相结合的创新发展，具有其独特的网络行为特征和网络价值。网络文化是一种新兴的文化形式，它在互联网时代产生。网络文化必须立足于中国的优良传统，而且还要体现鲜明的时代性，并不简单是传统文化在虚拟空间里面的植入和原生态再现。推动高校思想政治教育理论与优秀网络文化的融合，要以互联网信息为媒介。要不断创新和发展中华优秀的传统文化，使大学生成为文化遗产的受益者和实践者，积极引领高校学生的文化认同和情感共鸣、价值判断与价值选择，促使学生树立正确的三观。发展优秀网络文化要与中国特色社会主义发展过程中形成的优秀文化相结合，增强高校网络思想政治工作的吸引力。同时，高校应从学生校园环境、需求导向、思维特点等方面加强网络育人在高校学生的引领，指导大学生的价值认同、价值判断和价值抉择。

党的十九大报告提出："要以培育具有民族复兴重任的当代新人为重点，把社

---

① 付玉璋.高校网络育人协同机制及其建构研究[D].武汉：武汉大学,2019.

会主义核心价值观融入社会发展各方面,转化为人们的情感认同和行为习惯。"高校必须以社会主义核心价值观为导向,引导大学生树立正确的三观,提高文化认同。首先,运用科技赋能提高大学生对网络文化的认同。高校要加大校园网络文化建设的主导作用,引导学生积极参与到网络文化建设中,鼓励学生积极参与校园数字化平台的建设,强化大学生的思想认同,如鼓励学生参与本科、研究生工作服务平台,以及青年之声等互动社交平台,搭建基于互联网技术和大数据技术的大学生成长成才的信息交流平台等,发挥学生的积极性,增强学生校园网络文化建设的参与感。同时,运用互联网思维,增强大学生对网络文化的认知价值;遵循网络文化传播的科学原理。以网络思维为基础,阐释社会主义核心价值观。通过网络思考,提高大学生对网络文化的价值定位;坚持以科学的网络文化传播理念,用网络思维解读社会主义核心价值观,结合典型案例、热点新闻和学生话题流量关注点,加强网络文化的整合力,引导大学生在多种价值观之间作出正确抉择,推动大学生的价值取向,通过网络传播提高大学生对网络文化的情感认同感。

信息和网络在当今高校思政教育中扮演着关键的角色。网络文化空间已经成为一种新的竞争战场,各种文化之间的竞争也在不断升级。首先,西方国家利用网络、信息和语言技术的优势,在传播网络文化、加强文化渗透方面对当代学生的传统生活方式、价值观和文化认同产生了一定的消极影响。个别学生由于缺少足够的文化自信心和辨别是非能力,容易被西方文化输出诱导,对西方的价值观念和生活方式盲目追逐。其次,高校在保存、传播和创新中华优秀传统文化方面还没有充分发挥互联网的价值。高校要充分认识到,网络文化的发展离不开优秀的传统文化,要以中华优秀传统文化为土壤,为网络文化的成长提供充沛的营养。

提高网络育人抵御网络消极文化冲击的能力。随着互联网的发展,我国高校面临的舆论、传媒、教育对象、传播技术等诸多问题都在发生着深刻的变革。由于当前网络文化有些方面还存在着鱼龙混杂、良莠不齐的一面,负面网络文化对青少年成长有着一定的消极作用,使教育更加困难。网络传播具有极强的互动性和广泛性,因此,在网络力量和网络推动者的支持下,网络文化的传播速度极快。在网络势力和网络促进者的幕后推动下,负面网络文化的传播往往超出合理控制。互联网的隐匿性让网民可以自由地表达自己的意见,互联网往往容易出现过度负面情绪。网络负面舆论增多、网络谣言四起等问题时有发生。网络的这些特点使得网络文化管理更加复杂化,增加网络育人的困难。另一方面,高校在发挥网络文化教育功能方面还存在不足。大学生网民作为互联网上积极活跃分子,具有极强的创造力,具有对互联网依赖性高、敏感性高、参与活动热情高的特点。但"去权威化""大众化"的网络话语体系中,大学生们容易质疑传统的思想政治教育方式。因此,高校在化解这些矛盾、加强育人能力方面的作用还需要进一步加强,要正确理解和掌握网络文化的内在规律,就要不断地进行思想的创新、手段的更新、形式的更新、内容的丰富。

三、推动高校思想政治教育活动与大学生网络生活的融合,规范高校学生网络行为

当前研究网络育人,必须要注意将理论研究与实际问题相结合。理论研究通过评估事物发展的历史脉络、各要素间的联系,明确概念的界线,把握网络育人发展规律,可以有效地总结现实世界的经验,是学术研究的重点。但网络育人更重要的是,网络教育从业者和研究人员应该能够将高校的思想政治教育活动与大学生的网络生活相结合,敢于面对新时代网络教育的现实问题,解决处理好这些问题。高校必须以解决问题过程中的经验和教训为基础,规范高校学生网络行为,促进思政教育综合全面发展。

随着信息技术的迅速发展,网络已经深入到了大学生的生活中。大学生利用网络休闲娱乐、看新闻、听网络课程等,网络生活越来越丰富,被网络占用的时间也越来越多。我们应当将高校思想政治活动与大学生网络生活充分结合,运用先进的手段和理念,让大学生在网络空间接受更多思想政治教育方面潜移默化的熏陶,又能通过多种方式将学习成果得以展现、分享与传播,从而有效提高网络育人的效果。

目前,随着受教育人口占比的增加,我国的高等教育已步入新的发展阶段。现在的学生普遍是随着互联网的发展而成长起来的一代,也可以称为互联网"原住民"。他们在思维方式、认知情绪、行为习惯和信息收集方式等方面受到互联网的高度影响。与此同时,他们既是网络的主要参与者,是信息反馈的主要来源,也是网络新技术的推动力量。高校运用各种各样的网络工具和新媒介进行教学工作,可以减少学生与老师之间的距离,增强亲切感,有助于教学信息的及时反馈和沟通。高校思想政治理论课是高校德育工作的核心内容,思想政治理论课要让传统的教学与现代的信息技术相结合,使之更具时代性和感染力,有助于满足学生不断

增长的需求和期望。思想政治理论课更需要创新网络育人新方式,增强高校思政育人工作的时代感和吸引力。

在信息时代,大学生的"主动性"在高校教学活动中的作用日益突出。高校思想网络育人与传统的思想政治教育专业有着本质的区别。网络给予所有人发言权,大学生在接受网络教育的过程中,有更多的选择和批评的权利,表现出相对的平等地位。面对网络上自由、开放和随机的信息,大量的内容鱼龙混杂,如何提升信息传播的有效性,优化大学生网络生活中接触的信息质量,高校需要将思想政治教育活动与网络生活相结合,提高大学生自主选择和信息素养能力,使大学生在作为教育受众,基于自身的价值判断,有很大的决策权和主动性来选择和重构各种学习资源和教育信息。

一些大学生习惯于在虚拟网络世界中进行交流的生活,与现实世界的交流和沟通相对减少。大学生的交际行为具有一系列新的特点,但主要体现在交际主体的个性化和多样化、交际方式的分散化和间接化、交际行为的直接化和便捷化、交际领域的全球化等方面。在现实和虚拟空间中,传播信息媒体的虚拟化、交互化或多边交互化,使大学生敢于展示自己的价值,敢于创新,敢于说话。网络技术的大发展,使学生有了更强烈的表达欲望。但是,由于当前信息社会尚未形成完整有效的法律规范体系,互联网的去中心化某种程度削弱了道德和责任感,信息主体的信息行为主要依赖于自律和道德责任感,因此,尽管大多数大学生上网的目的是享受现代技术带来的好处,但也有一部分学生由于缺乏对网络内容的辨别能力而感到困惑。在网络世界存在着某些不良的声音以及不道德的行为,造成一定程度网络道德的失范。在现实社会中,处在三观形成期的大学生,自己的理想常常会与现实产生矛盾,现实中往往对个体的行为有种种约束,无法做自己想做的事。而网络信息的隐蔽性、匿名性使得个体的个人化、自由化被放大,传统伦理的基本要求被削弱,使得个体行为没有约束,大多数情况下个体不必承担任何责任和义务,成为一个"完美理想"的自我。在信息网络所缔造的虚拟世界里,网络信息尚处于发展阶段,新的安全规范体系还未完全建立起来,网络上的公正、诚信、慈善、互助等诸多主流社会价值观体系有待完善,大学生在价值观、行为选择等方面存在着诸多矛盾,同时也存在着诸多的困惑。因此,对当前生活在各种文化和思想价值观交融的网络环境中的大学生,不仅要通过校园文化活动中加强对其思想政治教育的引导,还要加强思想政治教育活动与网络活动的融合。新时代的到来,让我们不得不重新审视教育的本质,包括教育的内容和方法。针对与各种信息媒体的激烈深入交流,要从信息传播的角度,准确把握和认识大学生的思想特点和大学生的自我发展特点,创新方式方法,实现理论培养与实践锻炼的提升,提高高校思想政治教育的实效性。

四、推动思政育人体系现代化建设,完善高校思政育人体系,培养高素质复合型人才

推进教育与数字技术的深度融合,是加强高校思想政治教育的现代化的必然要求。当今世界正在经历百年未有之大变局,实现中华民族伟大复兴进入了不可逆转的历史进程,[①]培养民族复兴时代的新人才,是高校教育的重要目标,因此新时代的教育目标和网络育人的目标是培养有志气、勤奋好学、敢于承担新时代责任的人。

人才培养贯穿于新时代网络育人工作的始终。高校是培育时代新人的主阵地,肩负着培育中国特色社会主义现代化建设者和接班人的重任和使命。对高校来说,要在新时期办好社会主义大学,就必须以立德树人为基本任务,顺应网络社会环境的变迁,以文化人、以文育人,从线上到线下贯彻落实党的领导,使之成为高校大学生的自觉认同。

随着我国素质教育的不断深入开展,在“互联网+”基础上构建高校思想政治教育体系的重要性日益凸显。由于我国高素质人才数量的不断增加,如何培养高素质的复合型人才已成为高校的一大课题。伴随互联网成长的新一代学生,深受互联网的影响,已经习惯于通过互联网获取知识。高校思想政治教育必须与互联网充分融合,可以更好地与大学生成长环境相适应,同时,网络教育可以增加思想政治教育的衔接,使思想政治教育更加有效。当前,高校网络思想政治教育体系面临媒体环境质量不高、内容生产效率低、平台建设不足等现实困难。高校教师要不断更新教学理念,推动互联网与思想政治教育充分融合。推进高校网络思想政治教育体系化,主要出于三个迫切需要:

一是某些网络信息良莠不齐,网络媒体质量欠佳,充斥着各种虚假信息、不实言论以及西方价值观念的渗透,影响了网络育人工作的顺利进行。由于大学生是

---

① 王宝鑫. 新时代青年马克思主义者培养研究[D],长春：东北师范大学,2018.

学生三观成长的关键期,容易受到各种诱惑而偏离正确的方向。在网络信息时代,信息产量大,如果信息量超过人们的承受能力,就会降低人们的学习和生活质量。信息过剩会给人们带来压力和恐慌,如何有效地获取信息、分析信息和表达信息,已成为人们的基本能力之一。随着通信、网络技术的不断完善发展,互联网逐步渗透到社会经济领域中,改变着人们的生活习惯,同时也为大学生提供了新的机遇与挑战。因此,高校需要加强对大学生的教育指导,提高他们对网络信息的识别、获取信息、加工信息和表达信息的能力,使网络成为学习的助推器、健康的精神家园。高校要加强思想政治网络思政体系建设,通过建立网络工作站,制定信息交流规则,杜绝低俗、负面信息的传播,及时减少不良信息、错误信息和消极信息的散布,要不断提高大学生辨别是非的能力,从根本上消除不良的信息和错误的思想。

二是网络思政教育内容形式较为单一,内容的制作缺乏针对性。首先,我国高校建立了大量的主题网站,以进一步推进网络育人工作开展。但是,由于没有对网络思想政治教育工作进行全面的统筹安排,各方面的互动不足、内容单一、形式陈旧、影响力不强,导致所建设的专题站点没有足够的吸引力和关注度。其次,内容的制作缺乏针对性。在"内容为王"的今天,高校思想政治教育在新媒体平台上要抓准主流发展趋势,掌握话语权。如果教育的主体不被理解,不关注学生的需求,只是根据以往的经验,发布多样化的非针对性的内容,而不能吸引学生的"流量",就存在"掉粉丝"的风险。在内容定位方面,很多高校新媒体平台不尽如人意。从学习的角度来看,新媒体的思想政治教育缺乏与学生专业相关的吸引力;从实践角度来看,很多教育学科因代际关系与话语系统的变迁,不能激起学生的学习兴趣,导致新媒体平台的教育作用无法有效深化。学校要注重价值引领,优化网络文化内容供给,用社会主义核心价值观引导学生正确辨别主流意识形态,营造积极健康的网络氛围,塑造启迪思想的源泉,推进网络育人与社会主义核心价值观有机融合;要加强网络文明建设,营造良好的人才培养环境,充分激发时代和社会正能量;要总结推广优秀网络典型作品,定期推荐文学、学术论文、时政、微博热点、优化网络文化内容供给;要加强高校意识形态领域理论创新,提升马克思主义的指导地位,强化主流舆论宣传引导作用,坚持将其融入校园网络文化建设的全方位、全过程。大力创建一批网络思想政治教育精品课程,推进网络思想政治教育教学资源库和案例库建设,创作大学生社会主义核心价值观网络诗歌动漫等文化作品,丰富校园网络内容,创新优秀网络文化产品。

三是网络育人平台开发力度不足,限制了网络育人的深入发展。新媒体的出现为高校网络育人工作开启了新的空间,开辟了新的渠道,新媒介与传统媒介的融合,推动高校思政工作网络化、智能化的发展是新时代的必然趋势。高校媒体要充分认识到媒体融合的重要性和紧迫性,要意识到融媒体在推进大思政工作中的重要作用,推进思想理念创新,树立融媒体、智媒体的理念。媒体融合的背景下,校园媒体必须从内容到形式进行创新变革才能获得长足发展和壮大。高校作为社会意识形态最重要的阵地之一,承担着为中国特色社会主义建设培育合格接班人的责任。在全媒体融合的新形势下,高校要因时制宜,顺应互联网时代发展要求,运用数字化思维、数字化技术、数字化认知对传统媒介进行重构,以用户体验、价值传播、自我实现为导向,以新兴信息技术为基础,推动校园传统媒体和新兴媒体的不断融合,主动适应互联网新媒体特点和规律,实现新媒体本质互补,运用新媒体传播模式,推动思政与育人领域媒体相互融合、全方位发展。

受多种因素影响,目前传统主流媒体存在一些问题,如管理体制不完善、运行制度不合理、资源存在浪费等。这些问题严重阻碍了主流媒体改革和转型的进程,亟须通过体制创新加以解决,高校需要顺应时代潮流,积极借鉴互联网媒体的建设、发展经验,推动高校融媒体、智媒体建设模式创新,发展建设高校特色的融媒体、智媒体"中央厨房",优化提升管理模式;通过持续优化网络环境,结合大学生特点,掌握网络思想政治教育指导的主动权,提高指导有效性。要发挥网络特色,积极探索高校网络思想政治教育的内在规律和发展趋势,丰富和创新网络思想政治教育的方式方法,激发学生的主动性,提高学生内在自驱力;在推动高校网络思想政治教育的过程中,要充分发挥教育者、家庭和社会环境的作用,形成多角度、多方面的合力,充分发挥网络对学生价值观形成的潜移默化的引导作用,促进高校思政活动的落实。

第二节　高校网络育人的功能

功能是指:"事物或方法发生的有利作用、效能。"[①]张耀灿教授等学者指出:在

[①] 中国社会科学院语言研究所词典编辑室. 现代汉语词典[M]. 5 版. 北京:商务印书馆,2005:475.

思想政治教育学科领域,"功能是指事物各要素的构成方式以及该事物与他事物发生联系时表现出来的特性和产生的效果。"①网络育人的功能,是指网络育人各要素的构成方式以及其与社会发生联系时所表现出来的作用。在网络发展的进程中,研究网络育人的功能与本质,必须准确分析与认识网络育人在社会发展进程中发挥什么样的作用。因此,立足于网络育人的理论和实践,对网络育人的功能进行准确定位,是深入研究网络育人的根本前提。具体而言,网络育人的功能主要包括认同功能、引领功能、辩护功能、整合功能和激励功能。

一、认同功能

认同,是心理学中的一个概念。它最早表示个体人格的一致性,其代表性的人物是弗洛伊德,他提出"Inner identity"的概念,并把它作为个体人格结构的核心。②后来,一些社会学家把它用来解释个体在社会群体的行为,即个体通过选择模仿角色人物行为以获得社会认可与归属的意识和行为。③ 网络育人的认同功能,是指网络育人在运行过程中发挥的促使说话者或者话语对象体悟、体认他人或组织的心理行为,进而获得的人格和心理归属情感的过程。

第一,政治认同功能。马克思曾经说过,人是生活在一定社会中的"现实的人",人不能脱离社会而存在,"它是一切社会关系的总和"④,政治关系是这种社会关系的最普通、最基本形式,政治关系同人们的其他关系一起,构成"现实的人"的现实性和完整性。罗伯特·达尔曾经说过:"无论一个人是否喜欢,实际上都不能完全置身于某种政治体系之外……处处都会碰到政治。政治是人类生存的一个无可回避的事实。"⑤人们社会的关系往往会受一种潜在心理倾向的牵引,激发一系列的政治心理、行为。网络社会是现实社会和虚拟空间高度融渗的社会,而这个虚拟空间中的个体——网民,是现实个体和虚拟个体融合与渗透的产物,但是,无论这种个体在虚拟空间中以什么样的形式存在,他都离不开人的本质属性,他仍处于

---

① 张耀灿等著. 思想政治教育学前沿[M]. 北京:人民出版社,2006:160.
② 梁丽萍. 中国人的宗教心理——宗教认同的理论分析与实证研究[M]. 北京:社会科学文献出版社,2004:12 - 13.
③ Edgar F. Borgatta and Rhonda J. V. Montgomery. Encyclopedia of Sociology Second Edition (Volume 2)[J]. Macmillan Reference USA, 2000:1253.
④ 马克思恩格斯文集(第1卷)[M]. 北京:人民出版社,2009:501.
⑤ 罗伯特·达尔. 现代政治分析[M]. 上海:上海译文出版社,1987:5.

一定的社会关系网络当中。高校网络育人进行内容传播的过程,也是建构网络育人认同的过程。在高校网络育人内容的渗透下,逐渐经历由好感到亲近、由亲近到追随的过程,这种网络育人认同的内容主要包括:国家政体、政策制度、政党、经济政策、人口制度等。

第二,社会认同功能。"社会认同"起源于群际关系的研究。泰弗尔和特纳共同将社会认同界定为:"个体对自己作为群体成员而属于某些特定的社会群体,以及对其伴随而来的情感意义和价值意义的了解。"[1]可见,社会认同本质上是一种集体观念,是群体成员的最大共识,它主要来源于个体所在群体与其他群体之间的比较而获得自尊感、优越感,从某种意义上来讲,社会认同是个体追求社会存在感的内在需要。[2]网络育人的社会认同功能包括:第一,体现自身价值。在网络育人的过程中,大学生网民也是特定社会群体的一员,他们也需要体现自身在群体的价值意义。网络育人的价值实现过程实质上是教育者和受教育者双方建构社会认同的过程。教育者和受教育者在言语行为中认知、情感、心理的改变,或者坚定群体的价值意义,或者对其他群体的价值意义产生好感,建构新的社会认同。第二,形成群体凝聚力。群体凝聚力是衡量社会认同强弱的指标。一般来说,群体凝聚力越高,社会认同度就越高;反之,群体凝聚力越低,则社会认同度也就越低。在高校网络育人的过程中,如果大学生网民对于教育的价值感浓烈,就非常容易形成大学生之间的交互感染,不断坚定信仰和价值意义,遵守组织规范。第三,优化群际关系。在某种意义上来讲,话语是意识形态的重要载体,在网络育人的过程中,教育者和受教育者表面上是信息交流,实际上却是话语双方价值观的交流和情感的共鸣。因此,网络育人的效果取决于两大要素:一方面,拥有话语权意味着教育者把握了表达机会,对表达方式具有决定作用,表达内容更加具有改变现实的力量;另一方面,在网络背景下,教育者的话语也必须更具有渲染力,话语的内容也必须更具有情感共鸣的力量,通过育人活动达成不同程度的心理共识,以缓和不同群体之间的冲突。

第三,网络育人的文化认同功能。文化是人类发展的诱因。[3]亨廷顿认为"文

---

① Tajfel, H. Turner, J. c. The Social Identity Theory of Inter group Behavior, Psychology of Intergroup Relations[M]. Chicago:Nelson-Hall, 1986:7.

② Tajfel, H. Differentiation between Social GROUPS:Studies in the Social Psychology of Inter group Relations[M]. London:Academic Press, 1978:14.

③ 胡孚琛. 宗教、科学、文化反思录[J]. 探索与争鸣,2005(2):42-47.

化认同对于大多数人来说是最有意义的东西"①,也是世界上不同的国家与民族用"最有意义的东西",是回答"我们民族跟其他民族有什么不同"的一个参照。"最有意义的东西"也就是一个国家与民族的价值观念、思维方式等深层社会意识结构和精神动力。我国学者认为文化认同是人们对某种文化在认知、情感和行为上的认可、接受和融入,其核心是价值认同。②

无论是个体还是群体价值观的形成都离不开文化的建构,是无数"文化场"与人不断发生作用的过程。③ 文化的发展也离不开个体和群体价值观的牵引。在网络空间,网络育人的内容核心之一就是价值观念,因为不同网民代表着不同的价值观念,代表着不同的文化理念和文化背景。网民接受、认同价值观念,就是接受该价值观念背后的文化世界。网络文化生活方式的推行,使浸润其中的网民在沿用网络文化话语符号进行沟通时也潜移默化地实现文化所建构的价值意识的承袭。具体而言,高校网络育人的文化认同功能具有三个特点。第一,连续性,高校网络育人的文化底蕴具有历史传承性,它能够在个体身上或群体中形成跨越时空的文化记忆与行为能力;第二,统一性,一般来说,人们往往对本民族的文化认同基本是向着一个方向,而在网络交往的过程中,也是向着一个核心、一个方向发声;第三,整体性,教育者基本上可以以本土文化为基础,对多元文化进行评析和扬弃,强化本土文化的认同,打造社会共同体。④ 否则,就会出现主流文化的沉沦、文化认同危机。

二、辩护功能

从权利的方面来看,网络育人具有维护大学生网民权利的功能,通过"权利的正当性"来维护大学生日常行为的正当性、合法性;从权力的角度来说,网络育人利用"权力的正当性"来巩固政治行为的合法性,实现维护政治合法性和批判异己的意识形态功能。

第一,维护大学生的话语权利。权利和义务具有统一性,享有权利就必须履行

---

① 塞缪尔·亨廷顿.文明冲突与世界秩序的重建[M].周琪等译.北京:新华出版社,2002:171.
② 吴欣遥等.大学生社会主义核心价值观教育的文化认同研究[J].思想理论教育导刊,2016(9):99-102.
③ 司马云杰.文化价值论[M].西安:陕西人民出版社,2003:8.
④ 杨建义.当代大学生文化认同:危机还是常态[J].福建师范大学学报(哲学社会科学版),2006(1):15-20.

义务,履行义务才可以享受权利。在网络空间中,由于"人人皆媒体"的话语场域,随着社会思潮的激荡,网民的话语日益渗透着价值观和意识形态因素。网民不仅要在网络互动中履行一定的义务,也拥有辩解评价等权利。具体而言,网络育人维护大学生权利的功能,主要体现在:一是维护大学生表达的权利,即"发声"的自由。在网络空间,在不违背网络道德的前提下,每个网民都有"发声"的权利。二是维护大学生话语内容选择的权利。在网络交流过程中,无论话语强势还是话语弱势的一方,都有选择话语内容的权利。教育者可以选择话语内容巩固自己的主导地位,受教育者也可以选择话语内容来实现话语格局的翻转。三是维护大学生辩解权利。在网络互动的过程中,当教育者与受教育者的价值观念不一致时,大学生拥有为自己的价值观念、见解等进行辩解的权利,在思想交流的过程中,可以根据自己的经验、体验去反思教育者的话语情感、观点,作出价值评价,形成新的认识。

第二,论证和维护政治的合法性。合法性是政治统治的重要前提。哈贝马斯认为:"合法性就是承认一个制度的尊严性。"[①]迈克尔·罗斯金认为,合法性是通过非暴力形式来牵引民众的目光,获得民众的接受和认同。[②] 卢梭也曾经指出,政治统治要想可持续,除了权力强制外,还需要论证其合法性的"软力量"。[③] 在网络空间,高校网络育人是线上、线下社会融渗背景下意识形态传输的新样态,高校用"赋予自己的思想以普遍性的形式"来诠释社会主义制度的合法性,达到被广大青年大学生拥护、追随的目的。网络育人的政治辩护功能通过以下方式来实现:第一,直接论证。高校网络育人的新样态历程、形式与传统教育方式大不相同,但在本质上却是一致的,是统治思想的集中体现。网络育人的内容包括政治生活的信仰体系等内容,可以直接为政治统治的合法性进行辩护。第二,间接论证。网络育人的内核是价值观念。价值观念对人们的价值选择具有导向作用。有什么样的价值选择就有什么样的实践行动。在网络社会中,如果高校能够有效地引导大学生网民建构与主流价值一致的价值认同,大学生就会作出相应的价值行为。

第三,批判异己的意识形态。在网络空间,一定社会集团通过争夺话语市场,不断实现对意识形态话语的支配,将主流价值渗透给广大网民,并通过网民的网络

① 尤尔根·哈贝马斯.重建历史唯物主义[M].郭官义,译.北京:社会科学文献出版社,2000:262.
② 迈克尔·罗斯金等.政治科学[M].林震等,译.北京:华夏出版社,2001:5.
③ 卢梭.社会契约论[M].北京:商务印书馆,2005:9.

化特征,实现对现实舆论的掌控。在网络育人的过程中,高校必须通过不断地批判西方错误思潮,把社会主义核心价值观传播给大学生,让大学生弄清楚哪些是正确的行为,哪些是错误的行为。高校不但要弘扬社会主义核心价值观,还要对中华优秀传统文化进行继承与创新,对资本主义价值观进行批判。

三、整合功能

整合功能是指通过制度、组织、价值体系等连接纽带,把各种不同的构成要素、互动关系及其功能结合成一个有机的整体,从而使社会更具有自我维持和适应新环境的能力。① 网络育人的整合功能,是指网络育人的过程中所体现出来各要素、互动关系及其功能结合成一个有机整体的能力。网络育人的整合功能包括凝聚型整合、规范型整合、强制型整合、包容型整合。

第一,凝聚型整合。作为一种观念的上层建筑,意识形态是一定的社会集团共同意志的体现,是一定生活共同拥有的价值体系和信仰体系。在网络交流的过程中,网络意识形态通过价值观念凝聚人心,推动组织的发展;在外部,网络意识形态通过话语的传播引导人们对社会信仰的认同,把人们黏合在一定的思想和旗帜下,推动社会发展。

第二,规范型整合。规范整合就是指网络社会中,一定的社会集团通过实施保证该集团的主流意识形态发挥作用的政策与制度,对违反制度的行为进行惩罚的整合形式。网络意识形态依托一些载体渗透在网络文化产品、科技产业当中,为我们对意识形态物化管理提供了条件。高校网络育人也是网络意识形态价值标准的物化体现,在一定程度上,大学生网民的行为必须按照意识形态的价值导向,形成规范整合力。

第三,强制型整合。强制型整合就是指一定的社会集团通过权力强制异质的话语思想行为,改变其不同的倾向性,使其与本阶层的意识形态保持一致的过程。强制型整合主要依靠震慑力去批判异己的意识形态;或者向教育对象灌输该社会集团的意识形态,使教育对象接受、执行。充分发挥强制整合功能,高校可以增强大学生网民的价值认同,规范与协同大学生的网络行为。

第四,包容型整合。包容型整合是指一定的社会集团通过包容其他的意识形

---

① 陆学艺.社会学[M].北京:知识出版社,1996:375.

态的发挥促进社会和谐的作用。在网络空间,由于社会思潮的激荡,形成了文化与思想的多元格局。除了主流意识形态以外,仍然存在一些借鉴的思想和理念。在高校网络育人的过程中,对于多元化的社会思潮,高校可以以开放的态度,进行自我调整和更新,在网络空间不断展示自身的先进性,增强主流意识形态话语的影响力,最大限度地提供精神文化需求,弥合因身份地位差别而形成的裂缝,以包容、补充的方式发挥着"水泥作用"。

四、激励功能

意识形态是吸引民众、激励民众和动员民众的一面旗子。正如毛泽东早年所指出的:"主义譬如一面旗子,旗子立起了,大家才有所指望,才知所趋赴。"[①]网络育人的激励功能是指高校在网络育人的过程中所发挥的调动大学生网民的积极性、创造性和潜能的作用,包括目标激励、奖惩激励、权利激励等。

第一,目标激励。目标激励就是通过践行社会主义核心价值观、树立理想信念,激发人们为实现理想信念而奋斗。理想信念,具有一定的目标性、方向性和目的性,指引着人们为到达目标而努力。网络育人的过程主要通过教育者的话语来实现,这种内核是价值观念体系,是人们共同的信仰和目标。通过高校网络育人,可以激励大学生的积极性、创造性、潜能,坚定理想信念。正如美国著名学者迈克尔·罗斯金说:"当理念变得更加实用、更为现实,意识形态就成为一个重要的凝合剂,能够把各种运动、党派、革命团体都聚合起来。为了更好地奋斗,承受牺牲,人们需要意识形态的激励,他们需要某些东西成为信仰的对象。"[②]

第二,奖惩激励。奖惩激励就是通过表扬、否定、批评等方式,激发人们的积极性和创造性。网络育人的内容在一定程度上反映了主流意识形态的地位和影响,维护意识形态不受侵犯。从这个意义上来说,高校网络育人的实现,是全体师生担负责任、履行义务的结果。网络育人的奖惩激励功能也主要表现为:以主流意识形态蕴含的价值观为杠杆,对符合社会主义价值观念体系的实践进行褒奖,对违背社会主义核心价值观的行为进行惩罚,培育网民的责任意识。

第三,权利激励。权利可以调动人们的主观能动性。卢梭认为:强者(统治

---

① 毛泽东.毛泽东早期文稿[M],长沙:湖南人民出版社,1990:554.
② 迈克尔·罗斯金等.政治科学[M].林震等,译.北京:华夏出版社,2001:105.

者）要保持统治的持续性，就要"把自己的强力转化为权利，把服从转化成义务"①网络育人蕴含的权利功能，赋予大学生网民现实的权利，让大学生敢于自我创造，体验主人翁的地位，进一步激发积极性、创造性。

五、引导功能

在网络形势下，高校以网络为载体，通过熏陶和渗透等方式，使大学生形成正确的人生观、世界观和价值观，养成良好的行为习惯和道德品质。在当今社会下，高校大学生通过网络来了解世界，获取互联网中的优质信息，但同时我们也需要警惕网络中负面信息和低俗内容所带来的负面影响。网络虚拟空间道德与规范的构建与创造的过程实际上也是当下人类对自身文明的创新与发展的过程。在网络育人的过程中，高校通过正确的引导不断增强大学生对负面信息的辨识力，从而趋利避害，让网络育人的效果更加符合高等教育的目标，不断满足社会发展的需要。

发挥网络育人的引导功能，高校必须改变传统思想政治教育模式，形成互动、平等的交流方式。在传统的思想政治教育模式中，受教育者掌握信息发布的主导权，是学生所接收信息的绝大部分来源。而在当下网络环境中，教育者与受教育者的互动能力得到了很大的释放，学生可以在网络平台畅所欲言，发表自己的观点和疑惑，不会受到太多因为现实社交压力所带来的限制，而老师也可以通过网络平台更好地了解学生们的学习情况和心理状态，了解学生的需求，并根据这些需求修改自己的授课模式和教学计划。因为互联网环境的平等性、虚拟性，在教育的过程中，教育者能够将传统填鸭式的、命令式的教学模式发展为启发式的、自觉式的交流教学模式，使老师对学生的指导不仅局限于知识层面，还扩展到了人生经验，从而引导学生培养独立的人格，达到育人的目的。

高校网络育人引导功能发挥的过程也是大学生网络道德标准内化的社会过程，是大学生社会价值取向不断自我调整的过程。高校作为思想引领的重要阵地，承担着培育社会主义接班人的重任，是弘扬中华优秀传统文化、开展爱国主义教育、弘扬社会主义核心价值观的重要阵地。高校要通过网络育人，可以充分发挥引导作用，通过塑造大学生健康的人格，构建清新、积极的校园网络环境，通过营造良好的校园文化环境，对当代大学生的思想和行为起到了很好的引导作用。高校网

---

① 卢梭.社会契约论［M］.北京：商务印书馆，2005：9.

络育人在对大学生进行思想引导的同时，也在引导着大学文化走向正发展，加强了大学生的文化意识和文化自信，对于抵制不良思想和消极文化观念的侵蚀具有重要的意义。

第三节　高校网络育人的原则

网络育人要始终坚持"以人为本"的教育理念，以网络信息化手段，确保现实课堂和网络课堂的协调统一，才能真正保证网络育人的实效。高校网络育人需要在遵循基本原则的基础上进行。

一、以人为本的原则

遵循以人为本的原则是网络教育的必由之路。在高校网络育人的过程中，坚持"以人为本"原则，就是"既要把人作为教育的对象，又要把人作为教育的主体；既要把人的全面发展作为社会和人的根本目标与根本利益，又要把人的全面发展作为社会发展的基础与手段；既要尊重人、关心人，又要培养人、教育人。"[①]

首先，建构起"以人为本"理念是高校网络育人重要价值导向。高校网络育人必须满足社会主义基本要求，坚守网络育人的政治主导性的一元化，但同时也要包容现实世界多元文化教育的背景，合理兼容网络育人个人发展目标，从而激发其参与网络育人的主动性。在教育理念上要把网络育人与人的自由和全面发展联系起来，关照学生、服务学生，使网络育人回归"人本"教育，而不异化为技术教育或器物教育。

其次，设立自我教育环节是网络育人以人为本的重要手段。从网络教育的规划源头，就破除机械被动的理论灌输等老旧的教育观念。充分在网络育人实施过程中激发学生自己的求知欲望，主动寻求网络教育的途径，主动寻求网络教育的施教者，化被动为主动，形成网络育人的良性循环。网络教育者也在此过程中摒弃自己是权威的惯有认知，以平等的姿态处理与学生的关系，用教育者的个人教育魅力感染当代大学生，用教育者的亲和力吸引大学生，这样才能充分了解每个学生的不

---

① 郑永廷，张国启.论网络育人学科建设与发展[J].思想教育研究，2006(2)：4-8.

同特点,开展具有个性化特征的网络教育教学,又让高校大学生乐意接受。至此,网络育人才能达到理想效果。

最后,满足当代大学生合理教育需要是实现网络育人以人为本的必然选择。网络育人得以蓬勃发展的内因之一就是它满足了当代大学生的发展需要。在全球化的当今社会,信息互联互通,已经形成你中有我、我中有你的信息共同体。因此,当代大学生网络教育需求,也呈现出多样、多方、多维等"三多"特征,且大学生的需求还会随着自身和时代发展变化而变化。因此,网络育人从当代大学生需求的特征出发,构建起新的教育内容、搭建好新的教育载体,创新出新的教育方法,从整个网络育人供给侧出发进行彻底的革新。

特别是进入新时代以来,当代大学生的教育需求远远超越了高校本身的教学范围,而在此过程中,网络育人施教者也面临着多维度的挑战。因此,要增强网络育人施教者的个人能力势在必行,只有增强了教育者的答疑解惑的能力,才能充分挖掘出当代大学生的潜力,对其进行引导,使得网络育人能够保持活力。与此同时也应当注意到,大学生的少部分需求存在不合理性,网络育人的施教者应当及时予以批判和纠偏,从而避免一味迎合学生,丧失网络育人的主导权,使得网络育人过度娱乐化,趋于庸俗,走向歧途。

二、与时俱进的原则

高校网络育人的活力源泉就是坚持与时代同频共振,不断让网络育人"接地气"、通"人心",让学生感到网络育人贴近学生生活的实际。因此,网络育人的与时俱进既是把握社会历史发展规律,顺应历史发展潮流的认识,也是满足时代发展需要、不断创新转化的过程。

第一,高校网络育人要充分认识社会历史发展趋势。网络育人要充分认识中国发展和世界发展的关系,从中国共产党发展中国特色社会主义道路的过程中,汲取营养,认清社会历史发展规律,从而把握网络育人在时代发展中的脉搏。只有这样,高校网络育人才能培育出满足中国特色社会主义需求的、为共产主义事业而奋斗的、符合新时代标准的人才。

在经济全球化的今天,西方发达国家依然保留着一定领域的发展优势,特别是在前沿科技、电子信息化领域。高校网络教育工作者要充分认识到差距,既不能妄自菲薄,也不能盲目自信,正确认清东西方发展历史背景和发展缘由。这样,网络育人工作才能激发起当代大学生的积极性和热情,让当代大学生有历史使命感。

第二,高校网络育人要有与时俱进的品格和驱动创新的勇气。高校网络育人必须顺应时代发展的需求,把现代社会发展的社会任务与育人环节相结合,因地制宜、实事求是,把高等教育目标任务与时代发展紧密衔接,实现创新性发展和创造性转化,为谋求高质量推进高校网络育人工作而努力奋斗。因此,网络教育工作者需要改进教育内容、提升教育方法和增强自身工作能力,这样才能使得网络育人成为解决当代大学生实际困惑的有效途径,从而让网络育人工作成为学生喜闻乐见的工作。

三、互联网思维原则

毋庸置疑,今天的时代是信息化的时代。因此,高校在网络育人的过程中,必须遵循互联网思维原则。高校网络育人只有坚持与创新互联网思维,才能不断提高新时代高等教育育人效果。

首先,网络育人遵循网络底线思维。遵守法律规范和秉承法制精神的思维方式将成为网络育人手段之一。针对当代大学生出现的新特点,网络育人在构建时就应当有开放共享的思维和大数据分析的端口。网络育人工作者要看到网络信息技术其实是一把"双刃剑",它有信息便利的一面,但同时各种思潮也在网络上激荡。网络育人工作者要充分考虑到当代大学生对事物分辨能力不足及面对多重诱惑抵抗能力弱的特征。因此,网络育人必须秉承中国现行的法律法规,构筑起法制网络的底线思维,拟定具有规则导向的育人目标。进一步来说,高校网络育人建造教育平台时应当屏蔽网络"杂音",让高校网络育人起到引领时代潮流的作用。

其次,顺应互联网发展的未来趋势,是构建网络育人的必由之路。在网络育人过程中纳入互联网的发展趋势,将会拉动整体青年群体的兴趣度。大学生是互联网受众中最多的群体,也是引领互联网发展趋势的群体。因此,互联网的流行趋势,必然也是当代大学生乐意见到的形式。所以,高校网络育人工作者要紧随网络时代的步伐,通过网络流行的新手段、新方式,创新教育内容和形式,使得网络思想政治工作活起来,改变传统思想政治工作的刻板形式,有助于建构良好的教育环境,尤其是抢占网络思想阵地,加强主旋律在网络教育领域的唱响,有效地减少各种不良思潮的侵蚀,切实提高网络育人的时代性。

四、整体协同育人的原则

网络育人不仅需要教育工作者发力,也需要多要素助推才能促使育人达到理想效果。因此,秉承整体协同育人原则,构建起网络育人的整体系统,在多向度上发力,又不会互相排斥,需要做到以下几个方面:

第一,党委统一领导是整体协同育人的重要保障。党的领导是高校网络育人的重要政治保障。习近平总书记指出:"办好我国高等教育,必须坚持党的领导,牢牢掌握党对高校工作的领导权,使高校成为坚持党领导的坚强阵地。党委要保证高校正确办学方向,掌握高校思想政治工作主导权,保证高校始终成为培养社会主义事业建设者和接班人的坚强阵地。"[1]加强和改进党的领导,一方面能把网络育人放在首要位置,依托党组织使各主要部门能够协同作战,促成齐头并进的大局。另一方面,高校要主动寻求地方党组织合作,努力形成高校与社会发展的共振,发挥社会协同效应。

第二,"三全育人"是整体协同育人的必然选择。高校每个职能部门的工作人员及每一位老师都肩负着育人的责任,要持之以恒地把立德树人作为每一位高校工作者的中心环节,使得网络育人贯通于高校教育的全过程之中,实现全过程、全体人员、全方位的"三全育人"新格局。

第三,协同机制是网络育人效果的必要手段。网络育人协同机制的建立不是一蹴而就的,而是一个长期、复杂的过程。在战略上,高校要建立以育人为核心的"网络大思政"宏大格局,构建起明确的分工,明晰各职能部门的职责,形成具有工作实效的办法和反馈机制,从而让高校网络育人常态化、制度化。此外,整体协同网络育人的运行,需要经费、办公条件等其他相关辅助的支持才能使得高校网络育人达到尽善尽美的实效。

五、继承借鉴的原则

提升网络育人工作实效性,高校必须遵循继承借鉴原则。习近平总书记说:"要坚持古为今用、洋为中用,融通各种资源,不断推进知识创新、理论创新、方法创新。我们要坚持不忘本来、吸收外来、面向未来,既向内看、深入研究关系国计民生

---

① 习近平. 高校立身之本在于立德树人[N]. 人民日报,2016 - 12 - 09(1).

的重大课题,又向外看、积极探索关系人类前途命运的重大问题;既向前看、准确判断中国特色社会主义发展趋势,又向后看、善于继承和弘扬中华优秀传统文化精华。"①因此,提高高校网络育人的实效,一方面要继承中国优秀的思想政治工作传统,另一方面,要借助别的国家的网络育人经验办法。只有这样,高校网络育人才能不断超越、实现理论和实践的有机统一。

例如,美国在网络教育中采取"新教育"理念,特别注意渗透方式,不提倡硬性的灌输。网络教育特别注意整合多学科的优势,注重大学生主体地位、培育大学生适应环境的能力、倡导生态环保的低碳出行方式等都值得我国高校网络育人借鉴。这样才能让我国高校网络育人取长补短、站在世界视角,让中国网络育人整个体系既不失去中国本有的传统特色又包容多元文化。只有让高校网络育人构建起全球化视野的品格,才能吸引来自全球的人才精英,壮大网络育人的力量,增强高校网络育人的魅力。

六、方向性与科学性相统一的原则

不断提高青年大学生的道德修养与道德素质是高校网络育人的目的,也是高等教育发展的必然使命,因此,在网络育人的过程中,高校应当具有一定的方向性和科学性。高校网络育人方向性指必须高举中国特色社会主义旗帜,积极培育当代大学生的"四个意识"和"两个维护",为实现"两个一百年"奋斗目标和中华民族伟大复兴的中国梦贡献自己的青春力量。

首先,高校网络育人必须遵循正确的政治方向。高校网络育人的底层逻辑就是社会主义方向,它是网络育人体系科学性的基础。历史唯物主义认为,资本主义必然无法实现人的自由及超越,只有社会主义才能实现人的全面发展,如果高校网络育人不遵循方向性原则,那么就难以把握教育发展的必然趋势,难以正确理解办学的宗旨,甚至偏离社会发展的实际。因此,高校网络育人坚持社会主义方向是历史发展规律的遵循,是大学生自由发展的最优选择。

其次,高校网络育人必须遵循客观规律。网络育人的发展有其内在的规律。其网络性说明要符合网络发展规律,其育人性说明要遵循教育发展规律。因此,网络育人过程不能超越教育和网络的发展条件和发展阶段,要有效避免"拔苗助长"

---

① 习近平.在哲学社会科学工作座谈会上的讲话[N].人民日报,2016－05－19(2).

的可能。当然,在规律面前网络育人也不是被动承受,高校要把握规律、运用规律,消除发展中出现的自发性、盲目性和随意性的负面作用。概言之,网络育人发展遵循的客观规律,既是目的性和规律性的统一,也是方向性与科学性的统一。

七、虚拟性与现实性相结合的原则

网络育人发展是凭借网络信息技术的长足进步衍生而来的新业态,非常适用于信息时代成长起来的大学生,是深受大学生欢迎的一种网络教育活动。

在此教育活动中,大学生可以隐藏自己的身份,避开面对面交流的尴尬处境,使得真实的情感得以在网络环境中表达出来,让高校老师能够真实、全面地掌握高校学生的思想态势。在教育过程中,教师可以真正做到"因材施教",并对其进行引导,增强大学生的思想政治品格。同时,网络教育者也应该注意到,网络上大学生之间的关系,并不仅仅只是数字和符号,而是现实社会人员关系的虚拟表征,就其实质而言,还是现实关系的表达。因此,网络教育者要正确认识虚拟和现实的对应关系,把握其实质特征。

总之,高校在网络育人的过程中,无论老师还是学生,还是教育内在逻辑和教育内容,或者奖励方法和惩戒制度都必须符合现在社会发展的需要,符合当代大学生社会发展的目标,而不是以虚拟的数字和符号为目的。而且,当代网络教育者应当"用现实社会中的网络育人去引领和统摄网络社会中的网络育人,更好地完成高校网络育人的目标和任务。"[1]

八、开放性与聚合性相结合的原则

在实施过程中,高校网络育人只有遵循网络的开放性特征,在建设过程中遵循聚合性特征,秉承共建共享、面向世界、面向未来的价值旨归,才能真正使得网络教育实现可持续发展,才能让教育内容和教育实践具有育人意义。

首先,网络育人应该遵循开放性原则。高校网络教育在面对纷繁复杂的社会及日新月异的信息爆炸的世界,只有不断刷新教育者自我认知能力,紧跟时代潮流,推陈出新,革故鼎新,才能符合当代大学生的实际生活状况。当然,网络教育者跟随时代潮流,不是一味地迎合大学生,而是根据网络时代发展守正创新,浇筑起

---

① 鲍中义.高校网络育人的发展历程、原则与进路[J].学校党建与思想教育,2022(03):77-80.

马克思主义意识形态阵地的坚固堡垒,帮助当代大学生用马克思主义哲学基本原理,通过时代现象看透本质属性,达到提升实际分析问题和解决自身实际问题的能力。

其次,网络育人应该遵循聚合性原则。高校网络育人必须面对的受众群体即高校大学生是多样性的,他们来自五湖四海,也会展现出不同的教育需求。这种情况下,网络育人单一的教育方法就可能无法满足当代大学生的需要。因此,高校育人应该借助网络育人平台,充分利用网络平台的空间和载体优势,把来自各个方面的教育资源整合起来,让大学生能够在网络育人平台中吸收自己喜欢的信息,选择自己喜欢的教育方式,做到有教无类、因材施教。

高校网络教育者在利用网络教育平台过程中可以利用大数据分析大学生的学习习惯、生活习惯,摸透大学生在现实世界中人际交往的心理,从而制定相应的方案,用潜移默化的方法引导大学生开展丰富多彩的网络教育活动,提高当代大学生对网络教育的认同感和归属感。网络教育者和当代大学生可以在网络教育平台上凭借多元整合的信息可以双向互动、充分沟通,极大地调动了大学生的积极性和主动性,从而促进大学生自我学习、自我认知、自我成长。

九、显性教育与隐性教育相结合的原则

首先,传统的思想政治教育经常使用的方法是灌输,通过基本的灌输,把教育内容传达给大学生。高校必须掌握当代网络信息的主导权,牢牢把握网络教育的阵地,凭借正确科学的网络教育内容,灌输给当代大学生,必须让符合社会主义发展的先进教育内容、先进教育文化、先进教育能力占据制高点。高校必须引领大学生树立共产主义的远大理想,培养科学的世界观、人生观、价值观,不断增强四个自信,坚定社会主义信念。网络教育者要提升当代大学生的自我意识,促使独立人格品格的塑造。网络教育者应该注意的是要掌握当代大学生对灌输教育时效性的反馈,阶段性、周期性地反复教育,避免当代大学生选择性地接受灌输教育,使得受教育的内容片面化。

其次,高校网络育人方法不仅有显性的灌输方法,也有隐性的润物无声的方法。利用大数据和网络教育平台的信息优势,针对当代大学生构建起一人一档的针对化教学模式,从个人偏好和个人喜好入手有针对性地推送教育内容。网络育人让高校教育者点对点的教学成为可能,让教育以潜移默化的方式浸润到当代大

学生生活的方方面面,在不知不觉中接受教育,在喜闻乐见中健康成长。总之,隐性教育原则就是通过相应的文字、图片、音频、视频等,潜移默化地引导他们逐渐接受网络育人内容并将其转化为自我意识和行为习惯,实现网络育人的目标要求。①

十、整合联动与优势互补原则

高校网络育人应该加强校际合作。在网络育人的过程中,高校不能各自为战,不能成为信息孤岛,必须整合起一定区域内的多所高校的信息网络,达到相互联动的效果。人的社会属性决定了人不可能脱离社会而存在。因此,教育也不可能脱离学生的社会关系而存在。高校必须利用网络信息的快捷优势,突破时间和空间的壁垒,形成上下联动、左右互动、相互交流、协作共同的网络育人新格局。

高校之间必须充分利用与共享网络育人的信息资源,定期召开座谈会交流育人的新鲜经验和有益探索,或者召开专家咨询会对网络育人的热点、难点问题展开讨论,集中力量对网络育人的常见问题互相交流。高校还可以不断整合网上的现有资源,强化联合意识、互通有无、加强协作,打破以往各个高校之间那种故步自封、各自为政、浪费资源的做法,形成网络育人的整体合力。

---

① 鲍中义.高校网络育人的发展历程、原则与进路[J].学校党建与思想教育,2022(03):77-80.

第三章

精准思政平台建设

第一节　精准思政平台的概念

一、背景

"精准扶贫""精准改革"等理念的提出,揭示了"精准思维"已成为新时代治国理政的新思路。党的十八大以来,习近平总书记对思想政治教育工作多次发表重要讲话,如"提升思想政治教育亲和力和针对性,满足学生成长发展需求和期待""把思想政治工作做在日常、做到个人"。不难看出,习近平总书记要求新时代高校思想政治教育亦要突出"精准"二字——教育模式从笼统化走向个性化、从宏观道理的说教转向日常活动的实践,这就要求新时代思想政治教育者必须运用"精准思维"开展工作。精准思政是指基于大数据、人工智能等前沿技术,在"精准思维"和理念的引导下,实现思想政治教育的精准育人活动。从一定程度上讲,"精准思政"是思想政治教育模式的系统性升级,表征着思想政治教育发展的根本态势和智慧化选择。[①]

二、大数据背景下创新人才培养是精准思政的现实依据

（一）精准思政是应对思想政治教育工作对象多元化需求的路径突破

当代大学生的学习动机、成长目标、兴趣志向、职业价值等呈现多元化发展,思想政治工作的对象日趋多元化。党的十八大以来,思想政治工作守正创新,我国辅

---

① 赵昂,杨鹏.精准思政视角下农林高校思政课教学体系创新探析[J].大学,2021(48)：45-47.

导员队伍建设配齐配强取得了显著成效。尤其是全国高校思想政治工作会议召开以来,由于党和国家对高校思想政治教育工作的重视,高校辅导员、思政教师队伍扩大,越来越多的90后、00后逐渐成为高校思想政治工作的生力军。截至目前,全国高校专兼职辅导员达24.08万人,比2019年增加了约5.2万人,师生比实现从1∶205到1∶171配置,31个省(区、市)辅导员配备实现整体达标①。对高校来说,思想政治工作的主体和对象都有了新的要求和期待,大学生日常思想政治教育也必须适应大学生的新特点,找准关键、精准有效,增强思想政治工作的针对性和实效性。

(二) 数字赋能大学生日常思想政治教育的迭代创新

在党和国家的前瞻性部署和推动下,国家大数据战略和数字中国建设不断深化。党的十九届五中全会提出,要"发展数字经济,推进数字产业化和产业数字化,推动数字经济和实体经济深度融合,打造具有国际竞争力的数字产业集群"。② 在疫情防控常态化背景下,一场颠覆人类各项生存、生活方式的新业态正以势不可挡的方式渗入方方面面,数字经济成为国家高质量发展和高效能治理新引擎。

大数据为精准思政平台建设提供了技术支持。大数据以其全样本分析、多维度描述、交叉验证、多样化处理和相关性分析等先进的技术性特征,为大学生思想政治教育工作提供了新手段,有效提升了育人工作的科学性和精准度。人工智能+物联网(AIOT)、智能云、边缘计算等技术为精准思政平台的技术实现提供支撑,摆脱了传统式平台建设中设备、数据、体验和服务割裂的问题,实现了智能设备真正的万物互联、万物智能化。

思政工作者可以利用大数据的海量化数据、动态采集和深度挖掘等天然优势,实现从宏观上掌握大学生群体多维画像,也能精准抓取学生个体的立体画像。以往困扰思政工作者的无法量化,以及掌握不全的"青年学生的思想倾向、价值观念、行为特征"等问题,可通过大数据的测量、统计甚至可视化的立体呈现得以有效解决。大数据对青年学生各类行为数据的记录、发现、跟踪、预警、分析、研判,为思政工作者决策、教育、服务、评价、引领工作和构建场景提供科学依据。

---

① 何蕊.高校思政课专兼职教师超12.7万名[N],北京日报,2022-03-18(3).
② 王震.数字经济驱动下传统企业转型问题与对策[J],中阿科技论坛(中英文),2022(1):40-43.

三、精准思政平台建设的时代要义与实践路径

（一）精准思政平台的工作机制

精准思政平台具有科学化、个性化、集成性、预警性、安全性和协同性等特点，能够有效整合大学生学习、生活、课外实践等各类数据、资源。精准思政平台将大学生日常思想政治教育等各类教育相关要素转化为数据的存在方式，有利于打破数据隔离、实现指标分析和应用场景落地。精准思政平台通过建立数据中心，集合各部门多项数据流，形成全链条的智能生态场，打造精准思政"智慧大脑"。

精准思政平台要实现智能预警、辅助决策、数据应用三大功能。精准思政平台的底层逻辑，在于打通各体系和数据间的壁垒，实现联接和智能化，以数据驱动实现数据互联互通、资源共享，对学生成长周期进行全时空数据的即时分析，有效调配校内外资源支撑环境，不断完善育人模式，实现思想政治教育提质增效。

（二）精准思政平台的实现价值

精准思政平台对于新时代思想政治教育工作有着不可替代的重要价值。一是有效推进思想政治教育信息资源的开放共享和优化整合。精准思政平台具有信息海量、交互平等、及时更新、跨越时空等特点，可以促进各类资源的共享和集成，帮助育人者高效识别、挖掘和发现有效信息。例如，通过对上课出勤率的统计，可以抓取学生平时成绩、生活作息、教师课堂授课效果等多层次信息。二是有效实现各育人主体协同联动和优势互补。精准思政一体化平台的构建，可以将学工部门、学生辅导员、专业教师、班主任、团委、后勤、保卫、公寓等校院两级多部门紧密联结，不仅促进第一课堂、第二课堂的深度融合，更有效推动教、管、服各主体联动，逐步实现家庭、高校、社会等多元主体协同育人共享、共治。三是有效形成思想政治教育工作全域生态场。精准思政一体化平台覆盖范围广、响应及时、万物互联、即时交流，打造教育主体、客体、环体、介体循环网络，线上与线下学习交流，校内教学与校外实践联结协同，有利于建立全人、全方位、全过程全域生态链，真正实现三全育人的"大思政"工作格局。

（三）精准思政平台的技术建构

精准思政平台主要利用人工智能深度学习算法，建立智慧思政各类预警分析模型，通过 AI 智能分析预测，结合各类因子打造核心智能辅助分析平台。基于不同业务部门数据，打通信息通路、建立标准数据链路和通道，实时更新。通过云计

算虚拟化技术,建立数据服务引擎,打造高校教育基座,实现互联打造数据中转和汇总机制,实现数据实时上传,数据有效下达以及钻取。精准思政大数据一体化平台技术架构如图 3-1 所示。

(四) 精准思政平台创新之处

精准思政平台集成四大创新。一是管理模式创新,将高校—学工部—辅导员—大学生联结,构筑扁平化、数字化、实时化的管理模式,进而有效科学决策。二是高校思政标准和规范创新,制定了高校思政业务认定和量化的指标体系。三是工作模式创新,利用大数据、人工智能技术,做到实时发现、主动服务。四是效能创新,体现为数字赋能提质增效。有效帮助学生工作者和管理部门提高效率,协助辅导员减少重复机械化的工作,集中精力专注对学生的人文关怀、思想引领。推进高校治理体系和治理能力的现代化。

(五) 建设精准思政平台的着力点

精准思政平台的构建需要教育工作者革新教育观念,主动求变,要对新的工作方式、业态、理念和思维秉持开放态度,积极接纳、适应、主动拥抱、创新。首先,思政工作者要树立"精准思维"的理念,注重经验总结、宏观判断和理性思辨,善用量化图式,精准研判工作方向,对各类工作现象和工作对象,细致观察、深入剖析、精准发力。其次,思政工作者要树立整体思维,大数据为全样本采集实现提供可能,思政工作者要善用数据从多角度系统把握问题面貌。更重要的是,思政工作者要同时树立批判思维。数据最终要为人所用,让数据活起来,发挥最大价值。思政工作者要深入思考数据结果的生成机理和内在逻辑,学会研判,加强理论学习,掌握青年学生的规律,把握教育教学的规律,对青年学生思想和行为偏好等复杂问题保持精准的认知。

四、精准思政的特征与价值意蕴

(一)"科学化":精准思政的题中之要

"科学化"是开展思想政治教育工作的重要因素,是精准思政的立足点和精髓。在过去,思想政治教育工作的开展更多依赖于教育者自身的教学经验。当对问题学生的思想、行为进行分析、还原的时候,由于受到条件的限制,教育者更多的是将复杂的思想、行为归因简化为受到一种或者两种社会因素的影响。然而,单从某几个部分很难把握住一个人较为全面的情况,所以科学地展开思想政治教育工作必

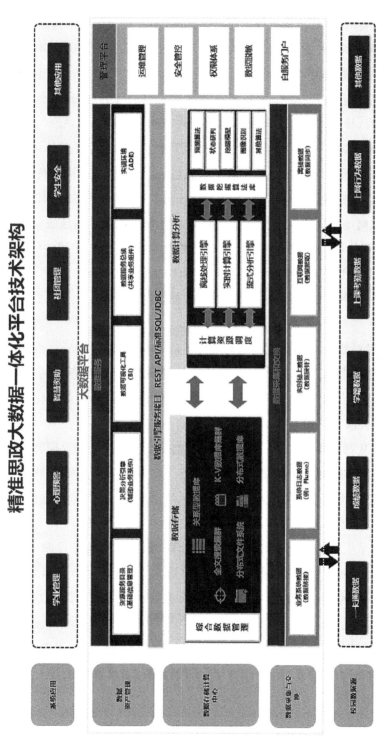

图 3-1　精准思政大数据一体化平台技术架构

须以对学生群体特征的精准掌握为基础。同时,由于传统的教学信息的搜集与反馈多局限于问卷调查、座谈会、访谈对话等经验性总结的形式,这些调查或访谈虽然能反映出学生群体的某些特征,但不能全面反映细节和过程,如被调查、访谈代表的选拔标准、调查者的暗示主导、被调查者的畏惧心理等,由此很难了解到最客观真实的信息,导致结果多带有主观性,不能够充分反映教育效果。

精准思政大数据一体化平台为我们提供了全面把握大学生整体思想、行为的有效工具。平台对教学过程中学生各类信息进行精细化算法,精准映射学生在教学活动中的心理特点,抽象出学生个体的特征信息,对学生群体的知识架构、学习习惯、价值取向等发展状况进行"数字画像"。学生的数据汇集形成一本"数字写真",呈现出学生个体的全貌,达到用完整的数据来反映细节、把握整体的目的,有助于剖析学习者的关键需要与核心诉求,从而找准教学的立足点和发力点,揭示了当前教育从"经验化教学"转向"数据化教学"的发展趋势,确保教学过程的科学性与客观性。

(二)"针对性":精准思政的应有之义

"针对性"是精准思政提升教育实效的关键所在,是精准思政的着眼点和灵魂。[①] 首先,传统的思想政治教育一般采用面向全体学生的大班化教学模式。虽然随着课程改革的推进,一些班级容量有所减少,但教师教学方式笼统化、学生评判标准制订统一化,"一刀切"的问题依旧存在。在大数据背景下,精准思政通过搜集和挖掘受教育者的"网络足迹",对学生群体进行"数字画像",解析学生群体"数据足迹"背后的思想行为特点,将学生群体的特点信息分类整合到不同的"标签合集",以此为基础按照"有虚有实、有棱有角、有情有义、有滋有味",对学生群体进行针对性的分类教育,如:根据精准思政大数据一体化平台所呈现不同专业的学生群体在思想行为上的差异性,对事情看待态度的迥异性,根据不同受教育群体的差异开展有针对性的教学活动,从而达到因材施教的目的。

精准思政的目的在于为党育人、为国育人。当前世界处于百年未有之大变局,多元思潮在社会上相互撞击,传统认知不断被解构,主流价值遭到一定程度的冲

---

① 于瑞红. 个性化教育视域下高校思政课实效性研究[J]. 吉林工程技术师范学院学报,2021(3):8-10.

击。高校通过精准画像,可以清晰地查看学生群体在社交媒体上的偏好,切实探析学生群体的真实心理,有效精准地掌握学生群体的思想共识,从而为对舆情的及时疏导以及日后思想政治教育工作提供条件。思想政治教育工作者必须在精确把握学生动态的基础上,采取有针对性的"多视域"的价值引领,增进学生群体的认同感。

(三)"预警性":精准思政的发展之需

"预警性"是精准思政结合大数据核心技术创新发展的显著特点,是精准思政的创新之处和关键所在,"一叶落知天下秋",长期以来,传统思想政治教育更多地致力于解释"为什么",追求"因果关系",即试图寻找一种广而用之的教育"铁律"。事实上,教育是包含学校、教师、课程、教学多个活动要素组成的有机统一的系统,不同要素有不一样的活动特点。教育处于开放动态的发展过程中,"因果关系"的思维模式是将复杂的教育线性化和简单归因,是一种走捷径的表现,且在归因过程中,会不可抗逆地忽视教育过程中某些看似不起作用的因素或放弃难以把握的环节。此外,在"因果关系"探究模式下的思想政治教育工作依旧停留在等待问题出现后,应对再解释的层次,没有实现预警引导。

"建立在相关关系分析法基础上的预测是大数据的核心。"无论是一个人的思想行为出现问题,还是一个舆论事件的爆发,都不是瞬间完成的,大都存在一个循序渐进、慢慢发展的过程。舆论事件爆发后的疏导不仅需要耗费大量的人力物力,造成的恶劣影响往往在很长一段时间内都无法消除,甚至会在下一次同类事件爆发时再次被人提及讨论。因此,精准思政工作应该完成从"危机应对"到"预警引导"的转型过渡,才能从根本上降低舆情对于学生群体的影响。高校必须通过计算机云端储存的个人数据,预先察觉某个人在一段时间内思想政治、价值选择等方面数据出现的问题信号,分析其数据之间的相关性,从过去经验中按照规律对其未来发展进行研判,即从"现在"演算出"未来",从而实现有"预见性"地开展工作,达到危机预警的效果。

(四)"个性化":精准思政的规划之道

精准思政实施的要义是针对学生成长需求进行差异化指导。精准思政的精准主要基于数据对学生个体的"差异分析",通过差异分析,可以发现明显不同于其他数据的对象。思想政治教育工作的个性化教育方向必须以马克思"人的全面发展理论"为基础。"个性化"是指尊重学生个体的独特性和差异性,为学生提供个性化培育的教育活动。马克思认为:"每个人的自由发展是一切人自由发展的条件",个性的发展是人的全面自由发展的基本前提。大数据为精准思政提供技术实现的可能,精准思政以每位学生个体的"现实的个人"为立足点和出发点,充分尊重学生的个性差异,以促进学生的全面、自由的发展为目标。从大学生德行成长的规律出发,大学生思想政治工作的落脚点和归宿是用差异化的指导引领学生个性化成长,基于问题导向的教育监测预警、异常学生识别等,通过个性化数据分析模型,进行学生画像。

当代的大学生处在日新月异的互联网、新媒体环境之下,接触的是多元、复杂的文化与信息,所以个性化教育是新形势下增强高校思想政治工作实效性的现实需要。从教育发展性来看,只有符合个性发展需要的东西才能更容易被接受和传承,也更能激发人的潜能,促进人的成长。对教育者提出更高要求,基于对大学生各类兴趣数据的聚类分析,及时反馈、追踪和更新,提高个性化服务的效率。个性化教育模式相比传统的群体教育,引导和渗透性更强。高校要坚定落实立德树人根本任务,坚持"以学生为中心"的育人理念,精准供给,建立科学的多维度评价体系。

从系统论的视角看,要实现这样的工作体系,首先要找到工作的最基本形态,以此为出发点,分层构建子系统,同时建立过程促查、效果评估和自我改进的工作流程。大学生思想政治工作最基本的形态是面对面的谈心谈话,这是所有工作落地落实的基础。从这基本形态出发,按照准确把握学生的成长需求、明确工作实施的标准与流程(过程优化)、实时掌握实施进展动态、对工作效能的评估反馈的工作程式,建立起学生工作基础性平台。在此基础上,构建起先进学生群体教育引领平台(党团建设)、学生成长氛围营造平台(学生自治组织和社团建设)等,与学生基础性工作平台有机整合,形成学校智慧思政工作体系。

(五)"安全性":精准思政的工作之基

安全性,是精准思政工作的基础和底线。精准思政工作的"安全性"包括数据安全与网络安全。数据安全是精准思政工作的基石。当前高校思想政治教育蕴含的数据价值越来越被人们所重视。精准思政工作中涉及各类数据提取、数据挖掘、数据共享及数据整合,虽然这些信息对于思想政治教育的网络化有不可或缺的价值,但在各个环节都涉及教育对象的个人信息和隐私,引发的伦理问题也不容轻视。

大数据时代,高校思想政治教育者能根据大数据提供的信息流对教育对象进行动态追踪和监控,借助数据的关联性获取教育对象的家庭背景、生活习性、行踪位置、人际网络等隐私信息。虽然这些信息对于思想政治教育的网络化发展的确具有重要意义和宝贵价值,但是全方位、全景式"监控"使教育对象的个人隐私面临着随时可能被泄露甚至滥用的风险。如果信息系统出现漏洞或管理不当,一旦这些信息被不法分子窥视与利用,很可能构成严重的人身威胁。因此,如何科学合理地界定数据采集、数据利用的权利和范围,如何创建和完善信息安全维护的长效机制,在充分挖掘学生的行为数据与更好地为其提供服务之间寻找平衡点,是大数据技术运用于高校思想政治教育领域亟待解决的首要课题。①

精准思政平台需要警惕的风险包括两类。一是学生个人信息安全。精准思政平台根据采集大数据提供的信息流,全方位地对教育对象进行动态追踪和监控,集成各个部门、平台,借助数据的关联性获取教育对象的家庭背景、生活习性、行踪位置、人际网络等信息。精准思政工作平台采集的数据通常涉及个体的生活、消费、健康、活动、行为习惯信息等。这些信息一旦被违法分子泄露,将造成个人隐私泄露,对教育对象的人格产生侵害。若被人主动或故意盗取数据信息,进行非法出售和倒卖,获取巨额经济利益,后果严重。二是高校网络信息安全。大数据涵盖了教育对象的各种详细数据,一旦被不法分子窥视、利用,严重威胁教育对象的身心安全。在应用过程中,如果信息系统关键环节出现漏洞或管理不当,就会产生类似黑客、病毒入侵等现象,共享信息将会快速广泛地泄露。当前,高校信息网络一般采用两种构建模式:一是由高校信息技术中心在校园内运行,二是委托校外第三方专业机构或公司搭建服务网络。信息篡改或破坏,将对数据安全造成严重威胁和冲击,对学校整体网络信息安全带来防范难题。

精准思政平台建设需要以信息隐私与信息安全规章制度为基石。个人隐私、信息保护等伦理和法律问题,在学生数据的运用过程中不可避免。在数据库建设过程中,依据《网络安全法》等相关国家法律法规要求,管理者应制定严格的大数据使用条例,科学合理地界定数据采集、数据利用的权利和范围,合理合法地开展数据分析、挖掘、使用。在技术层面,着力实现无感化采集,进行脱敏隐私保护,以"不

---

① 李楠.张凯大数据时代高校思想政治教育的创新[J].马克思主义理论学科研究,2019(4):131-140.

该公开的不公开,不成熟的结果不运用"为工作理念,切实保护好个人隐私和信息安全。大数据分析只是手段而不是目的,高校要进一步强化网络与信息安全意识,各种教育模式的最终指向应该是更好地为学生服务,为学生提供个性化的引导和强大支持。

高校应创建和完善信息安全维护的长效机制,既要充分挖掘学生的行为数据,也要更好地为学生提供精准服务,健全网络信息安全保障体系,完善数据安全保护的规章制度,增强信息安全保障能力,在确保技术先进性、可靠性、稳定性的同时,尽快建立健全智慧思政建设的标准和规则,不断提升网络平台和信息管理的制度化、规范化、系统化水平,为数字校园安全有序发展提供保障;高校应逐步完善网络安全国家标准,重视数据安全保护,切实发挥标准的指导和引领作用,提升数据保护能力和治理水平。高校信息管理部门要将"信息安全"列在工作规范首要位置,严格执行"前端—中台—监管"各环节的流程标准。对各类大数据业务,特别是新上线的应用场景,高校必须坚决落实上线前安全评估,对重点产品日常进行在线安全监测,对自我研发以及合作开发的各类产品开展定期的检查和不定期的抽查,注重工作闭环,对于发现的问题,及时督促整改,牢固树立法治意识,注重知识产权保护,防范法律风险。

网络安全是精准思政工作的重要屏障。在当前日益复杂的国内外环境下,网络安全成为事关国家命运、社会稳定、人民生活的重大战略问题。高校要秉承"以人为本"的大局观,逐步推行"网络安全为人民,网络安全靠人民"的网络安全观,坚决贯彻落实党中央对网络安全数字治理的各项要求。在以精准思政为抓手的数字校园、智慧校园的建设过程中,更离不开强有力的校园网络安全保驾护航。网络安全意识与网络安全行为是校园网络安全的系统工程基础,网络安全技术保障是核心,人的有效管理是关键。精准思政工作的安全性,离不开网络安全。高校要打破僵化的固有观念,适应新的变化,快速反应,积极应对,着力培养和提高校园网络安全意识与行为的安全水平,集中力量,融合资源,构筑校园网络技术、硬件基础设施,以更加科学、高效的行业标准,创新校园网络安全管理的制度,优化人员配置与方法,从而真正有效、稳定、持续地保障校园的网络安全。

（六）"协同性"：精准思政的运作之基

精准思政是一项系统性工程,"协同性"是精准思政工作的必然要求。1971年,德国学者 Haken 最早提出了"协同"的概念,"协同"是指各子系统的相互协调、合作或同步的联合作用及集体行为,产生 $1+1>2$ 的协同效应。[①] 协同性要求各子系统通过环境条件的改变,使新的序参量出现,从而形成各育人目标相互配合、各部门相互协调、资源实现优化配置的有序结构。协同育人就是要促进序参量的稳定化和常态化,实现内部目标统一、各子系统同频共振的育人机制。精准思政工作体系,需要内部与外部条件相互配合。作为一种育人新模式,需要把家庭、学校、社会结合起来,同时,要将教育目标、教育内容、教育方法、队伍建设和工作机制有机结合起来。通过多主体协同、多要素耦合、多资源融合、多空间嵌合,构建内外联动、创新的思政体系,三全育人格局,有效发挥育人整体效应。[②]

精准思政"协同性"要求坚定政治方向,坚持党的领导。精准思政模式既是思想政治工作思维模式、思维方式的革新,也需要建立党委领导下的管理协同和制度保障机制。精准思政要求从宏观领域向微观领域深化,从集体教育向个体关怀深入,让育人工作同国家发展的大局紧密结合。同时,精准思政是全员、全方位、全过程的思想政治教育,全面贯彻"三全育人"的实践路径,必须坚持党的领导、统揽全局,才能最高效调动各方资源。

精准思政"协同性"要求管理制度的协同。首先,高校要加强顶层设计,统筹全校一盘棋,将教务、招生、学工、就业等工作整合为一个统一的协同机构,构建一体化的教学服务管理体系。其次,搭建学生一站式服务平台,聚焦学生的真实需求,消除信息孤岛,全面整合分散在各部门的学生教育、管理和服务。最大限度地发挥思想政治工作队伍、专业课教师队伍和管理服务队伍的作用,推动各类育人资源相互衔接,形成整体性联动的思想政治工作体系。三是要成立专门的数据管理部门,统一数据端口和运行标准,打破数据藩篱,把共建共享共治的精准思维融入思想政治工作全过程。

精准思政的"协同性"要构建"大思政"格局的长效机制。大数据的一个重要特征是"样本=总量",它可以让思想政治工作者发现日常工作中被忽视的细节,无限贴近学生的实际需求。精准思政推进既需要遵循教育规律,重视教育诸要素之间的协同与合作,又需要突破传统单一教育形式的局限,整合教育资源,形成合力。构建四位一体的协同育人生态场,包括:将家庭、学校、社会等都纳入精准思政的

①［德］H. 哈肯. 协同学:大自然构成的奥秘[M]. 凌复华,译. 上海:上海译文出版社,1995:239.

② 邓晶艳. 基于大数据的大学生日常思想政治教育创新研究[D]. 贵阳:贵州师范大学,2021.

全场域协同。需要各类生活资源、红色资源、理论资源、实践资源供给协同，三是以数据共享、全样本采集为基础的大中小学德育一体化的体系协同，四是集结学生工作者、思政老师、学科专家等人才队伍的主体协同。

第二节　精准思政大数据一体化平台建设的问题

精准思政是思想政治教育活动融合大数据技术和思想政治教育精细化管理的崭新工作模式，是大数据技术在思想政治教育领域的新应用。精准思政大数据一体化平台的建设，极大地丰富和拓展了传统研究的边界和手段，但同时也面临着新的挑战和问题，主要表现在如下几个方面。

（一）数据分散不易整合

"数据大"不等于"大数据"。由于高校业务系统众多，职能部门数据库和系统不统一导致的"信息孤岛"问题普遍存在，又由于学生人数庞大，如果没有数据整合机制，高校难以进行数据协同。

（二）数据挖掘存在难点

一些高校数据系统在设计之初缺乏学校顶层的统筹设计，原数据类型多样，缺乏统一的原数据存储方式。同时，由于高校各业务系统之间的业务词汇描述无统一标准，导致了各业务系统之间的描述不一，以及在填写和录入的时候缺乏严格的数据质量检查，导致数据不一致问题。此外，一些高校数据质量参差不齐，数据分析存在优劣，导致数据挖掘的可行性和有效性难以确保。

（三）数据储存具有安全风险

由于高校学生信息存在泄露的风险，所以信息储存安全成为高校信息工作质量的重要指标。精准思政大数据一体化平台建设对数据量和更新速度的要求，必将对高校网络信息安全提出更高要求，对于海量的学生个人信息，高校必须依据数据来源情况分级管理，依据数据分级情况进行安全管理，通过技防、人防等加强大数据思政模式下数据隐私保护研究，建立数据隐私保护制，并纳入学生工作管理规章制度体系，这项工作的挑战性极高。

（四）思政队伍水平有待提高

尽管高校是智力集聚的场所，但思政队伍建设的科学性、系统性和专业性还不够,离精准思政一体化平台建设的要求仍有差距。一方面,高校思想政治工作人员自身的网络素养和数字化素养水平还有待提高,缺乏大数据思维,特别是专业背景决定了其不擅长用网络思维处理问题。部分工作人员只会借助传统技术手段去搜集学生在网络媒介中的表象信息,而对深层次的信息只能凭借教学经验进行预测,面对精准思政工作要求,只能被动跟跑而不是主动领跑。另一方面,掌握大数据技术的人才不一定是思想政治教育的专业人才,无法保证在工作中时刻遵循思想政治教育工作的规范和规律,无法熟练运用智能算法技术给大学生进行精准画像。一些高校缺乏既熟悉高校育人体系、组织架构、服务流程等工作内容,又精通技术架构、语言代码的复合型人才。

(五) 协同育人的合力有待强化

当前,协同育人尚未形成最大效能合力。思政队伍实施精准思政协同能力不足,尚未形成强融通的育人矩阵。近年来,高校不断加强思政工作队伍建设,总体数量和结构不断提升,但仍存在一些问题。首先,辅导员与专业课教师沟通不及时,协同育人工作交集较少;其次,受传统观念影响,部分教师认为思想政治教育属于思想政治专业课的第一课堂授课问题,与专业课教师和辅导员没有关系,专业课教师只负责科研和专业知识教学;再次,在育人过程中,存在重专业知识传授、轻思想引领,部分年轻辅导员缺乏经验,对所带学生的专业知识和思想动态了解不深,更谈不上示范引领;最后,当前协同育人机制不够健全,尚未形成科学的监督、考核、激励、评价机制,缺乏正确的指挥导向,增加了协同育人的难度,这些问题的存在导致辅导员与专业课教师协同开展育人工作难度增大。[①]

(六) 网络安全意识有待加强

当前,网络已成为人类生活不可或缺的部分,甚至已经成为新的生活方式。伴随着网络资源和业务的不断拓宽,网络安全事件也愈发频繁。网络安全形势愈发严峻,各种攻击手段呈现隐蔽化、复杂化、扩散化和智能化的特点,尤其恶意网络攻击层出不穷,对关键信息基础设施攻击急剧增加。网络安全意识教育的重要性愈发凸显,其中,人的安全意识是整个网络安全中最为重要的一环,也是要求最高的一环,因为再安全的网络设备离不开人的管理,再好的安全策略最终要靠人来实现。

[①] 潘治.高校实施精准思政:价值.困境.路径[J].中学政治教学参考,2021(20):63-65.

互联网的迅猛发展使虚拟与现实的边界变得模糊。人类社会正处于从传统走向现代、从工业文明走向信息文明的大变革时代。当前,我国高校大学生以 90 后、00 后居多,网络伴随着他们的成长过程,成为他们学习和生活不可分割的一部分。大学生网络安全意识是高校思想政治工作的重要内容,网络安全意识是信息安全防护的第一道防线。① 大学生的网络文明和网络行为对网络文明建设的影响很大,需要全面培育大学生的网络自律意识、能力,强化自我管理。提高大学生依法、安全、科学、文明使用互联网的意识和能力,不仅是顺应数字时代互联网发展趋势和规律的需要,也是保障高校学生上网的需要。大学生网络学习意识、网络安全意识和使用意识的培养,不仅影响大学生的网络社会行为,也影响大学生的心理发展和价值观的养成。

在数字化背景下,大学生信息安全意识包括心理、观念和思想三个维度。一般应涵盖四个层次:一是及时感知与防范。大学生对网络信息遭受不安全因素侵害时要有及时感知、戒备、防范的心理。二是主动维护。大学生个体在网络虚拟环境中,要能安全评价,自觉主动维护,保证信息的保密、完整和可用性。三是正确决断与应对。大学生在信息获取到使用的过程中,要有对各类网络资源负责任的态度、全局观的判断和正确的价值取向。四是超前的战略意识。国家安全,人人有责。网络安全战略意识是大学生网络安全意识的最高要求。

目前,大部分高校更多关注的是校园网建设,对其安全管理重视不够,网络安全意识培养尚未形成完整、标准、规范的教育教学工作机制。"当前,全社会的数据安全意识还没有达到应有的高度,对数据治理还没有科学的认知。"高校各主体的安全需求尚未得到满足,在技术使用、组织建设、制度完善、网络安全教育等方面仍有很大的完善空间。大学生群体作为网络信息社会的原住民,是目前占比最高的互联网使用人群。由于总体网络安全环境的复杂性,高校网络安全意识教育的实效性不足,家庭和社会缺乏足够的网络安全意识氛围。特别是青年大学生具有特殊的生理和心理特征,容易在群居性住宿环境中受到朋辈的影响,这既有积极的一面,也有消极的一面。电脑和手机等上网设备比传统的学习工具更具有娱乐性,一些大学生缺乏家长的监督和指导,缺乏抵抗能力,大多基于个人接触外界信息的认知,网络安全观念尚未成熟,容易动摇。

---

① 范映红.关于大学生信息安全教育问题的思考[J].学理论,2012(29):186－187.

根据有关学者对全国东、中、西部的 6 所高校的问卷调查和深入访谈,大部分大学生能认识到网络安全意识的作用及重要性,但保密意识和习惯欠缺。被调查者每天都参与网络行为,如登录网站和浏览网页。一些大学生用户有一定的保密意识,但在正常登录账号、网站(如 Shopify、QQ、微信等)时,用户的安全意识要低得多,仅有 10.85% 的用户表示,在使用网上银行或进行敏感操作前,他们会核对正确的地址。仅有 1.29% 的受访者表示,他们在使用公共 Wi-Fi 时没有登录任何账户,包括 QQ,①对于主动维护仍然缺乏应有的判断,缺乏应对网络安全威胁的知识、技能。也有一些同学网络安全防范意识较低、网络安全维护意识薄弱、网络安全责任意识不足、网络安全战略意识等方面有待加强。

(七)服务学生多元化需求水平有待提高

马克思指出,"任何人如果不同时为自己的某种需要和为这种需要的器官做事,他就什么也不能做"。② 随着改革开放的不断深入,经济与社会的持续进步,我国与世界各国家的经济、文化等的交流日益增多,影响着当代大学生的思想观念。当代大学生成长于中国社会剧烈变革、经济高速发展、文化繁荣多样、信息技术高度发达的新时代,他们的思想、生活、学习及心理上呈现出明显的需求多元化特征。新时代大学生所处的生存环境发生了极大变化,他们的生活方式、思维特点和行为习惯不断呈现多样化特点,对美好生活的需要标准更高,需要的形式不断更新,需要的程度不断攀升,希望能够获得符合自身实际的"定制式教育"。

习近平总书记在全国高校思想政治工作会议上指出,做好高校思想政治工作,要因事而化、因时而进、因势而新。高校要遵循思想政治工作规律,遵循教书育人规律,遵循学生成长规律,不断提高工作能力和水平。当前,思政教育内容同大学生日益丰富化、个性化的思想政治教育需求匹配度不高,亟待以供给侧思维精准供给,服务学生多元化需求,主要体现在:一是对大学生思想政治教育需求的识别不够精准。传统以教育者为主体的灌输方式,没有精准掌握需求,聚焦精准供给"靶心";二是大学生思想政治教育内容供给形式相对单调,教育者关注群体,理论讲授,没有凸显理论性、层次性和亲和性,沉浸式、互动式体验教学探索不足,无法满足学生对形式的喜好,进而激发他们对内容的兴趣,没有调动学生主动认知、理解、

---

① 朱海龙,胡鹏. 高校校园网络安全管理问题与对策研究[J]. 湖南社会科学 2018(5):98-109.
② 马克思恩格斯选集,第 3 卷[M].北京:人民出版社,1960:286.

记忆和践行的积极性和主动性;三是部分教育内容供给针对性不强,当代大学生精神需求日益多元化、个性化、复杂化,部分思想政治教育内容供给还存在"所供非所需"现象,难以真正满足大学生成长成才的现实需要,无法及时回应学生关切,解决学生最关心的复杂问题。

(八)"信息茧房"效应对思想政治工作带来挑战

"信息茧房"概念由哈佛大学法学院教授凯斯·R. 桑斯坦(Cass R. Sunstein)在《信息乌托邦———众人如何生产知识》中首次提出:在信息传播中,因公众自身的信息需求并非全方位的,公众只注意自己选择的信息和使自己愉悦的通信领域,久而久之,会将自身桎梏于像蚕茧一般的茧房中。① "信息茧房"效应是指随着现代信息传播技术的进步,网络自身利益的需要和个人主观信息偏好的满足,网络媒介及相关信息平台以用户的主观兴趣为导向,以大数据、协同过滤算法等技术为基础,不断向用户推送信息内容的同质化、单一性,造成信息空间封闭、信息窄化、观点趋同。② 当前,人工智能技术日趋成熟,通过"网络算法"推送个人感兴趣的信息,形成"信息茧",把受众变成"信息孤岛"上的"原住民",束缚信息的自由流动和传播,导致"沉默螺旋"增长,削弱"守门人"作用。计算机通过大数据将相似的信息与个人进行隐性匹配,并向用户推荐类似的传播方式,所有这些都会对主流意识形态产生一定的消解和隔离作用,个体慢慢地陷入他们编织的"信息茧房"之中。

精准思政的个性化也是一把双刃剑,"大数据""算法"等新兴技术得到广泛应用,为个性化、定制化的信息推送和获取提供了现实可行性,但个性化推送意味着限制性选择,容易导致信息茧房。精准思政以大数据分析为基础,抓取各类数据,形成各个学生的精准人物画像,例如,向考研意愿学生推送院校信息;根据学生偏好,差异化推送不同地区行业的就业招聘信息。网络使用的便捷性降低了学生对信息获取的耐心,学生更易选择裂变式的传播格局和碎片化的传播形态。大学生受"选择性接触心理"和"从众心理"影响,更倾向去关注和接受那些符合其自身兴趣偏好、价值诉求,具有趣味性,能带来愉悦感的既定认知的信息内容,对于其他信息则自动过滤或忽视、容易一叶障目。对个人主观价值诉求和兴趣爱好的过分强调,也导致了信息内容的片面化、信息渠道单一化和信息脉络的同质化。面对海量

---

① 凯斯·R. 桑斯坦. 信息乌托邦——众人如何生产知识[M]. 北京:法律出版社,2008:45-60.
② 刘泽峰,刘铭."信息茧房"效应对高校思政工作的负面影响及其突破[J]. 山东青年政治学院学报,2021(03):35-42.

信息,辅导员、学生管理部门容易以针对性、高效性为首要需求,达到师生对信息价值诉求的有效满足。信息空间封闭性、内容同质化、信息交互圈层化削弱了高校思想政治教育话语主导力,给高校思想政治工作模式带来挑战。

第三节　杭州电子科技大学精准思政大数据一体化平台建设的实践

杭州电子科技大学作为电子信息特色优势明显的高校,利用"学生事务最多跑一次"改革集成学生的大数据,以及"上课啦"小程序推动协同育人的大合力,创建精准思政大数据一体化平台。

一、精准思政大数据一体化平台建设的育人目标

1. 培养思想政治素养高的时代新人

思想政治素养是个人综合素养的重要构成要素,它是指人们从事社会活动中在思想政治方面所应具备的基本条件和品质,是个人素养的核心。在高校视角下,精准思政大数据一体化平台培养的时代新人所应具备的思想政治素养集中体现在理想信念、精神状态和使命担当三个方面。围绕时代新人的理想信念培育,加强理想信念教育就是要引导大学生认同共产主义远大理想和中国特色社会主义共同理想,在新时代背景下为社会主义建设添砖加瓦,让大学生在学习实践中坚定中国特色社会主义的"四个自信"。当代大学生作为时代新人的主体,时代新人的"新",不仅对当代大学生综合素质有了新标准,而且对当代大学生综合素质也有了新标准。围绕时代新人的精神状态培育,一个精神状态饱满的时代新人,必然是一个积极进取、永不言败的新人,必然是一个乐观向上、奋发有为的新人。围绕时代新人的使命担当培育,中华民族伟大复兴的历史使命责无旁贷地落在了当代大学生的肩上,在梦想的憧憬中和奋斗的流程上践行使命,不断完善自己、发展自己,让大学生在国家前途命运的选择面前,个人利益能够服从国家利益,做出正确的个人选择,积极投身于中国特色社会主义伟大实践中,成为敢想敢干的时代新人。

2. 培养实践创新能力强的时代新人

培养实践创新能力强的时代新人,主要是对时代新人两个方面的培养:一是

实践能力的培养,二是创新精神的培养。精准思政大数据一体化平台作为一个重要的工具,它能够系统运用现有的相关信息和关键点,成为高校全面掌握大学生思想行为出陈易新的重要载体。实践的观点是马克思主义最基本的观点,如今高校更侧重于课堂上的理论教育,主要是通过书本学习间接经验,但是这终究是纸上谈兵,高校更要注重对大学生的全方位培养,特别是对其实践能力的培养。对于高校学生实践能力的培养要领,应该让大学生回归自然,在亲身实践的过程中体会和感知,获得更加强烈的切身体会。除此之外,精准思政大数据一体化平台提供的实践教育在课堂内外都可以展开,注重教育的整体历练,传授德智体美劳的知识。由此看来,实践教育不但可以锻炼大学生的身体,还可以促进大学生培养优良品质、涵养健全人格等。创新精神也是一种推陈出新精神,它为国家的发展和民族的进步提供源源不断的动力,同时也是时代新人应该具备的基本素质之一。科学精神与创新精神是包含关系,创新精神与科学精神的其他方面是对立统一的关系,时代新人在追求创新精神的同时,要坚持用对立统一的观点看问题。创新精神是时代新人必备的素质,只有这样,时代新人才能在未来的发展中不断开辟新的天地。

3. 培养心理健康素养高的时代新人

"心理健康素养"的概念是从"健康素养"这一概念衍生出来的,其发展是一个由浅至深的过程。世界卫生组织认为,"心理健康素养"是指"帮助人们认识、处理或预防心理疾病的相关知识和观念"。精准思政大数据一体化平台专门设置心理危机干预系统,解决大学生在日常学习工作中带来的各方面压力问题,可以利用心理疏导的方式,疏解大学生的心理压力,有效预防校园极端暴力事件的发生,从而营造大学校园温馨舒适的气氛,还可以帮助大学生形成健全的人格,从而助推新时代大学生向时代新人蜕变的过程。培养心理健康素养高的时代新人,需要提供及时的心理疏导,心理疏导就是指专业心理咨询人员通过谈话的方式,帮助大学生解决现实存在的心理问题,最终使大学生心理状态得到较为明显的改善。精准思政大数据一体化平台是一种新型的思想政治工作方式,充分体现了对人的尊重和满足。就高校而言,基于精准思政大数据一体化平台,建立心理健康教育全覆盖体系,建立系统的心理工作网络体系,设立大学生心理健康辅导室,开设"大学生心理健康教育"必修课,定期对班级的心理委员进行专业培训,开展新生心理教育专题培训,辅导员多与重点学生沟通交流,及时反馈情况,必要时专业心理咨询师介入,进行单独疏导,全方位、多举措帮助时代新人培养积极健康的心态。

4. 培养社会适应指数高的时代新人

社会适应问题相对来说比较复杂,需要运用跨学科研究的方法,涉及政治学、社会学、人类学等。在社会环境以及个体认知相互影响下,每个个体都会形成自己的世界观、人生观和价值观,其中大学阶段就是其中比较重要的阶段之一,在此阶段大学生群体处于人生发展重要转折点,我们可以在这个阶段对大学生进行合理的引导。社会适应指数高是指个体面对一切社会环境中的刺激变化能够给出正常而恰当的反应,是个体随着环境的变化而不断改变自身的心理和行为的过程。无论是本科生还是研究生,当前高校处于扩招的状态,而且随着时代的发展,一些职业被机器代替甚至被取缔,使得目前就业形势相对严峻。现在的大学生大多在家长的呵护和学校的温室中成长,同时又处于叛逆期,有些学生希望自己独立生活,但是又没有足够的资金支持。大学的学习生活环境相较于高中的学习生活环境有了一个明显的跨越,大学环境是社会环境的一个缩影,在这一转变过程中部分人会因为各种问题产生焦虑和困扰,如生活自理问题、社交关系处理问题、自我约束问题、考前焦虑问题、就业择业问题、考研专业选择问题等。因此,上述这些问题可以有效利用精准思政大数据一体化平台,对每个问题精准击破,全面提高大学生的社会适应水平,培养出社会适应指数高的时代新人。

二、精准思政大数据一体化平台建设的实践

(一) 突出整合融合,打造易班网络育人社区

杭州电子科技大学率先在浙江省牵头试点易班网络社区,以实现教育资源一网统筹、学生事务一网办理、思政教育一网承担为目标,着力将易班建设成为符合杭电学生需求,具有思想性、教育性、服务性、娱乐性和安全性的高校思想政治工作网络。

1. 以服务为宗旨建设学生喜欢的易班网络

杭州电子科技大学虽然信息化优势明显,但是校园数据的藩篱、校园管理的隔阂、校园资源的分离依然存在。针对这个问题,杭电专门成立了易班建设领导小组,对校级易班平台的创建设置了初期和中长期规划,该校以大数据平台建设为抓手,打通数据流通渠道,整合校园网上资源,按照"以管理力推动点击率,以服务力

赢得占有率，以教育力引导影响力"的思路，设计了"融通管理数据、让学生不得不来，优化服务功能、让让学生来了管用，整合教育资源、让学生用了都说好"的三步走实施路线图，打造了基于易班，具有本校特色的学生工作网络平台。

（1）以服务吸引学生。杭州电子科技大学学生处网站上线了学生查课表、查成绩、查绩点、图书馆借阅信息、困难生申请认定、国家励志奖学金申请等42项功能，做到网上能办的事都在网上办，这项工作不仅深受学生喜欢，也为辅导员的日常管理工作真实减负。

（2）以管用优化服务。主要优化包括：首先是开通手机版和电脑端的服务，基本满足了学生日常事务管理的需要；其次是将"数字杭电"整合到易班平台，变分散为统一；再次是强化网络教学，实现了大学军事和形势与政策等课程教学开通公共课程网络教学。

（3）以学生获得感提升质量。善用极致思维，深挖需求，为易班推广建设打造优质产品。开发的"上课啦"等小程序就是深受学生喜欢的经典应用。

2. 立足自主研发，整合形成网络育人的协同力

杭州电子科技大学集成教务处、学生处、图书馆、教师发展中心、网络信息中心、后勤管理服务中心等职能部门的资源，增强协同育人的合力。

（1）"上课啦"点名系统连接教学合力。杭州电子科技大学的"上课啦"点名系统基于数据的打通，改变传统的口头点名方式，利用随机生成的数字点名，实现了可呈现、可统计、可反馈辅导员等多种功能整合。

（2）"自主报到系统"促进育人合力整合。在数据协同的助力下，杭州电子科技大学建立起"新生自助报到系统"，极大地降低了新生报到的复杂度，让新生可以根据手机上的指引自助完成报到流程，同时指导员老师可以实时查看所有班级、每个新生的报到状态。

（3）"万能查询"功能让信息共享成为现实。为了使信息可以被知晓，可以随时被查询是学生的基本诉求。杭州电子科技大学开发了万能查询功能，包括查寻各种获奖名单、奖学金绩点等级、考试安排、平日课表、四六级成绩，极大地方便了学生校园生活和信息查询。

3. 建立驱动个性化大数据育人实效提升的体系

（1）"易班"整合融通"大数据"。

一是把学生事务大厅进行流程再造。杭州电子科技大学的学生事务大厅涵盖

入校前的迎新业务、在校期间的个人信息管理、日常离返校管理、资助申请、就业服务、毕业时的离校手续办理等各项学生事务,杭州电子科技大学通过实行线上线下相结合的办事模式,精准掌握办事的流程和时间进程。

二是创新辅导员工作的载体。杭州电子科技大学将辅导员日常管理工作融合进数字平台,形成包括信息处理、信息通知、数据预警等功能,提高辅导员的工作效率。

三是创新便捷高效的迎新系统。杭州电子科技大学的新生在入校前即可填写基本信息,让学校提前感知学生,让辅导员了解学生,做到工作前置,具体措施包括绿色通道申请、生源地贷款申请、来校交通方式、新生入学教育等方面。

(2)整合学生全程"数字画像"。杭州电子科技大学利用平台沉积学生基本信息数据,为学生数据画像奠定大数据基础,创新学生校园轨迹行为的生态闭环;利用交换平台交换的校内其他系统的数据构建出学生事务主数据中心,再利用数据分析系统对教师所关注的业务数据、学生个人维度数据、学生舆情监测信息等进行分析;借助易班手机端展现多维度图表(根据角色和数据权限展现),最终形成杭电学生个性化、独特性的大学学习生活成长"数字画像"。

(3)开展数据轨迹预警感知。杭州电子科技大学基于平台累计的关键学生信息数据,建立预警模型,设置预警等级,同时关联学生辅导员、学生家长以及学校相关职能部门,共同介入和处理突发事件。

(二)立足实效提升创新精准思政大数据一体化平台

在全国精准思政工作深入推进的大背景下,杭州电子科技大学结合本校学生工作信息化的基础以及学生信息类社团的工作实绩,根据学生工作的主要模块,包括学生管理的资助工作、心理健康教育工作、就业工作、学风建设工作,分别搭建了"精准就业系统""经济困难精准资助系统""学业障碍精准帮扶系统""心理危机精准干预系统",同时基于数据的动态关联,推动网络思政转型升级为智慧思政。

1. 精准思政大数据一体化平台定位

精准思政大数据一体化平台建设必须遵守数据安全、标准统一、高效利用、促进工作实效等原则。杭州电子科技大学根据学生的消费数据、上课数据、特殊行为轨迹数据、日常生活状态数据等,精准推送给相关人员,实行对特殊学生的帮扶帮助,对突发情况进行提前干预。精准思政大数据一体化平台的建设遵循数据安全、标准统一,通过帮扶计划实施后的跟踪反馈机制,了解学生的后续情况,及时干预帮助(见图3-2)。

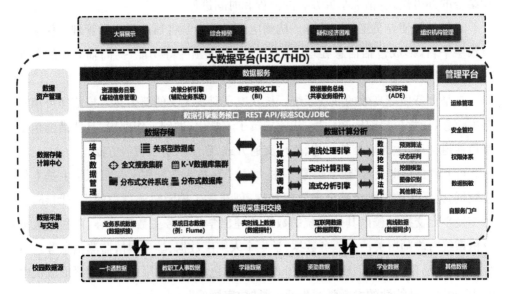

图3-2 精准思政大数据一体化平台顶层规划

2. 精准思政大数据一体化平台建设内容

(1)经济困难同学精准资助系统。资助工作不仅仅是给确定的资助对象给予经费资助,还需全面准确掌握资助对象,杜绝资助过程中的平均主义问题与资助流程复杂低效的问题,并且对资助对象进行跟踪调查,形成有效的反馈。大数据时代,高校需要利用学生的各类消费数据,挖掘真正的家庭经济困难学生,做到不会有的因为心里抗拒困难学生的标签而不申请资助的学生,最终形成资助流程线上管理、家庭经济困难学生动态资助、资助育人效果实时跟踪、疑似贫困主动关怀、虚假贫困辅助排查的精准资助系统。

(2)学业障碍精准帮扶系统。学业困难精准帮扶系统是指基于学生在大学四年成绩动态变化的情况,针对辅导员在学生学业帮扶过程中缺位、帮扶不精准的问题。杭州电子科技大学通过采集学生成绩管理系统数据、点名系统数据,形成学生学业困难的五级预警机制,根据预警等级确定帮扶措施,同时系统记录辅导员的帮扶措施,督查辅导员及时帮扶,从而实现对学业困难学生给予精准帮扶的目标。

（3）心理危机精准干预系统。心理危机干预是高校辅导员的一项非常重要的工作，如果该项工作处理不好，可能导致整个学生工作停滞不前。心理危机精准干预系统是指基于平台系统采集学生的成绩系统、上课系统、家庭因素以及相关病史等信息，综合各类信息形成四级预警分析模型。杭州电子科技大学心理健康教育中心对重点学生的基础信息进行前置评估，给出干预路径的指导，指导辅导员进行定期谈话，并将辅导员的谈心谈话记录在系统里，形成系统重点督查。一旦学生偏离习惯性轨迹，杭州电子科技大学就触发报警阈值，通知辅导员等相关人员，方便老师和领导及时介入给予疏导和帮助，帮助学生走出困境，规避学生可能面临的风险，提升管理的及时性和有效性（见图 3-3）。

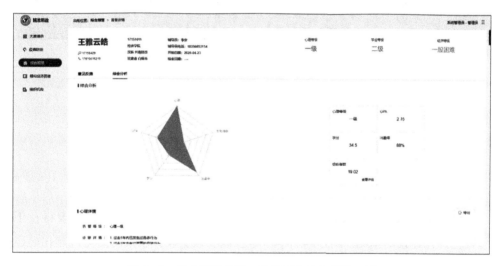

图 3-3　杭电精准思政一体化平台综合预警示例

（4）教学辅联动系统。杭州电子科技大学教学辅联动系统采集的学生数据包括：全校当天开课数量、上课总人次、请假学生人次、旷课学生人次、当前全校到课率、各年级到课率、已发送微信/短信提醒人次、智能语音拨打人次、各学院辅导员重点学生谈心谈话比例、与旷课的重点学生的沟通比例、各学院教师使用"上课啦"小程序的比例等。杭州电子科技大学通过和学生培育相关职能部门的联合合作，形成学校系统性工作格局，在全过程中育人，在思想政治教育细节中发挥育人功能，从而取得了春风化雨、润物无声的效果（见图 3-4）。

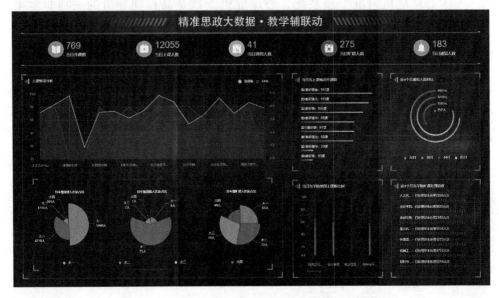

图 3 - 4　杭电精准思政一体化平台教学辅联动大屏

第四节　精准思政大数据一体化平台
建设的经验与启示

杭州电子科技大学精准思政大数据一体化平台建设的显著成效,主要得益于学校信息化建设的基础、学校学科优势、学校制度顶层设计以及制度化机制化的建设推动。

(一) 以制度建设为基础,高度重视网络信息安全

相对于传统的思想政治教育载体,数据化教育载体和平台对数据的要求很高,特别是对数据的安全要求更高。一是要从制度到体系开展全方位搭建。高校必须成立责任明确的工作领导小组,明确主体责任,各部门设立专人负责信息管理系统,严格控制不同人员的权限,明确使用范围和原则。同时,从组织、管理和技术三个维度,分层次规划各环节的安全管理制度和技术防范手段,形成较为完整、可行性强的网络安全管理体系。二是加强风险忧患意识的教育。高校必须开展应急演练,提高网络舆情的预测预警能力,加强辅导员信息安全教育,培养辅导员发现问题和解决问题的能力。

（二）变革思想观念，树立精准思政理念

思维方式的变革是工作的重要驱动力。精准思政的开展，是将辅导员日常的工作更加细化和优化，从宏观处着眼，于细微处着手，处理好"大"与"微"的关系，以精准的方式对问题进行全面、具体的分析，深入细致的解决，将思想政治教育落到实处。

大数据分析需要进行理性的数字化分析，依据学生个体信息基础，分析数据背后所代表的思维方式与行为倾向。[1] 而思政工作直接面对的是情感个体，要用感性方式进行引导教育。因而要在大数据分析的基础上，把量化的数据结果直观化、具象化，根据分析结果进行定性处理和引导。如杭州电子科技大学基于精准思政大数据一体化平台，采集大学生公开数据，对数据信息进行分门别类，从主、客观角度进行评价，做出定量研究和定性分析；对切实需要救助的大学生进行精准甄别、精准扶贫，把对贫困生的经济救助融入大学生感恩教育、爱国教育当中；在优团优干、省优校优等荣誉称号评选上，在公开、公正综合评价基础上，坚持评议小组主观评价与大数据客观分析相结合，切实使获选人员起到模范带头和榜样示范作用，发挥精准思政正能量作用；在学生管理与服务中，通过定量与定性研究，寻找客观规律，发现共性和个性问题，形成多维度育人体系，把大数据全方位嵌入管理服务育人过程，提高精准思政的科学性、前瞻性。

（三）以队伍建设为抓手，提升精准思政工作实效

精准思政推进所依靠的建设力量对工作推进的力度和深度影响深远。学生诉求的多样化对学生工作的精细化提出了新的要求。一方面，高校必须要加深思政工作者对大数据运用的理解，提高其在数据分析基础上进行决策的有效性和工作的针对性；要在继承传统教育经验的基础上，紧跟时代课题要求，深刻理解精准思政的意义，逐步建立起适应新形势的工作体系。思想政治教育工作者要关心学生、关怀学生，在做学生知心朋友和人生导师的过程中，把握教育成长的客观规律，提高工作的科学性和实效性；注重把握受教育者行为背后的因果关系，寻找行为背后的思想动因和内在逻辑，注重全过程育人，而非单纯解决问题，从而实现对学生思政教育的协同精准把握。

---

① 王璐.大数据时代高校思想政治教育现实困境探析[J].高教论坛，2016：3-6.

（四）以协同为抓手，促进精准思政高效运转

开展精准思政是把握课程育人的重要措施，要把思想政治教育的元素纳入各学科，使大学生思想政治教育在隐性教育中与各个学科同向而行，从而实现共同目标。

"三全育人"战略包括全员育人、全过程育人、全方位育人，它的实施体现了高等教育立德树人的内在要求，符合思想政治教育工作的发展规律，有利于增强精准思政的实施，促进思政工作与高等教育的融合发展。在大学生思想政治教育中，我们必须建立党委统一领导，党政群团联合管理，其他部门各司其职，协同精准思政高效运转。高校全体教师是落实"三全育人"的关键主体，高校思政课教师担负着思政教育主渠道的任务，要努力提高自己的专业理论知识，提高自己的工作能力，塑造自己的人格魅力；高校工作者要以学生为中心，经常与学生沟通，让更多的学生参与到育人实践活动中去；行政人员要转变管理观念，增强自身育人意识，各部门要协调配合，注重构建协调育人主体长效机制，从而形成全员育人格局。在实施思政教育的过程中，教育内容的设置、方式方法的运用要符合大学生的实际需要，将思想政治教育融入学生从入学到毕业、从低年级到高年级、从学习到就业的全过程，在不同年级设立不同的教育主题，对大学生进行不同类别的教育，突出思政教育的连贯性，进而形成全过程育人的格局。高校思想政治工作并非局限于平面空间，具有立体性，渗透在各环节，涉及线上线下、课内课外以及家庭、社会、学校等各个领域，需以主流文化为依托，提升学生文化自信；以实践活动为桥梁，构建应用理论知识的平台；以科学研究为节点，打造良好的育人氛围；以校园网络为媒介，创建便捷的线上沟通渠道，形成全方位育人格局。

（五）以实效为导向，促进精准思政制度重塑

制度建设是高校得以正常运行的重要基础，是高校实现有效管理的首要任务。良好制度的建立与完善可以激发教师教学与学生学习的积极性，培养学生的文明习惯，规范学生的行为，形成文明和谐的校园氛围。精准思政要求我们全面把握工作举措成效，将育人价值始终镶嵌到制度建设全程，实现全程育人的目的。

学校可建立思政理论教学评估制度，将思想政治教育教学效果作为评估学校质量与水平的重要指标；辅导员要充分了解学生的优势，在利用此优势做好日常思想政治教育工作的同时，也应承担思想政治理论课的教学任务，承担双重角色，发挥双重作用，建立高校思政教育组织的运行新机制；从人员、资金、时间等方面入

手,要整合思政教育工作队伍,强调对党团干部、辅导员等不同类别人员进行分类指导,建立全员育人制度;设立思政教育工作专项资金,建立思政工作经费统筹与制度管理;在人才培养方案中设置充足的实践课程时间,以建立高校思政教育工作的保障机制,促进思想政治工作的正常开展和健康发展。在社会主义市场经济条件下,要加强思想政治教育的工作监督机制,对思想政治工作的各个环节进行监督和考核,充分发挥学生作为监督思政教育工作的潜在群体的主体地位;校报、学校官方账号、新闻部等部门应当加强舆论宣传工作,利用网络推动思政教育舆论监督制度的有效实施。注重各个制度之间的协调性,确保制度体系整体发挥最大功效。

(六)以创新为动力,促进精准思政迭代升级

随着社会经济的发展,社会环境发生了巨大变化,大学生的价值观越来越多元化、需求也愈加多样化,这给精准思政的开展带来了新的机遇和挑战,迫切需要创新大学生思想政治教育的途径,促进精准思政的实施迈上新台阶。[1]

高校课堂是开展思想政治教育工作的主阵地,教育者要创新课堂教学模式,增强针对性教学内容,提高自身能力建设,全面提高教学质量;加强教师理论创新意识,重视实践教学在育人过程中的作用,改变传统的教学模式,转向"以学生为本"的教学方法,如开展"三下乡"暑期活动、山村支教活动、社会调研活动等,促进学生提升独立解决问题的能力及创新能力;互联网的发展给大学生生活和教育带来便利的同时,也对学生工作提出了新要求,要适应网络环境,在课堂教学中引入网络教学模式,利用互联网平台进行日常教学管理,规范网络信息平台;针对各种意识形态通过网络入侵大学生心理的变化特点,要加强心理咨询师资队伍建设,健全和完善科学的心理咨询体系,积极搭建心理咨询平台,做好心理咨询工作,促进大学生健康快乐地学习生活。

---

① 邬婷. 高校思想政治教育必须坚持实事求是思[D]. 成都:四川师范大学,2010.

第四章

"数字画像"个性化育人

第一节 "数字画像"个性化育人概述

一、"数字画像"个性化育人的背景

1. 网络信息化的社会形势

信息化时代,互联网已经成为影响大学生生活方式和意识形态的重要阵地。互联网将高校育人空间延伸到了虚拟空间,增加了以网络文化为重要载体的育人方式,改变了高校育人的传统模式。思想政治教育网络育人已成为新时代高校育人的重要载体和有效手段。

网络育人是随着互联网信息技术发展而兴起的一种新型的育人模式和手段,是指高校教师以网络为中介,围绕立德树人根本任务,通过开展思想政治教育,把大学生培养成为德智体美劳全面发展的社会主义建设者和接班人。将网络作为育人工作的载体,是新时代育人工作的新体现。2000 年,教育部下发的《关于加强高等学校思想政治教育进网络工作的若干意见》进一步强调了思想政治教育进网络的紧迫性。2004 年,中共中央、国务院下发的《关于进一步加强和改进大学生思想政治教育的意见》指出,新形势下高校要主动占领网络思想政治教育主阵地。要运用新媒体新技术使工作活起来,推动思想政治工作传统优势同信息技术高度融合,增强时代感和吸引力。2017 年 2 月,中共中央、国务院印发的《关于加强和改进新形势下高校思想政治工作的意见》强调:"坚持改革创新。推进理念思路、内容形式、方法手段创新,增强工作时代感和实效性""要加强互联网思想政治工作载体建设,加强学生互动社区、主题教育网站、专业学术网站和'两微一端'建设,运用大学

生喜欢的表达方式开展思想政治教育。"

2017 年 12 月,教育部颁发的《高校思想政治工作质量提升工程实施纲要》(以下简称"《实施纲要》")指出,要挖掘育人要素,完善育人机制,优化评价激励,强化实施保障,切实构建"十大"育人体系。《实施纲要》要求"大力推进网络教育,加强校园网络文化建设与管理,拓展网络平台,丰富网络内容,建强网络队伍,净化网络空间,优化成果评价,推动思想政治工作传统优势同信息技术高度融合,引导师生强化网络意识,树立网络思维,提升网络文明素养,创作网络文化产品,传播主旋律、弘扬正能量,守护好网络精神家园。"以上文件和讲话从顶层设计的高度为网络育人实践指明了方向。可见,正是深刻认识到网络对人的思想、认知和价值观产生的教育及引导作用,网络育人作为高校必须完成的政治任务,具有凝心聚力,共同实现民族复兴的战略意义。

高校学生是民族的栋梁、祖国的未来。大学阶段是青年学生养成正确的世界观、人生观和价值观的关键时期。2020 年中国互联网络发展状况统计报告显示,截止到 2020 年 3 月,我国网民已达到 9.04 亿,互联网的普及率也已经达到 64.5%。毋庸置疑,互联网已经成为我国高校学生获取信息、分享资源、娱乐生活的重要学习生活平台,新媒体的快速发展深层次影响着学生的学习生活方式和价值理念。同时,网络空间存在的风险也对高校学生提出了巨大的挑战,如网络借贷陷阱、网络游戏、网络语言暴力、网络娱乐至死等,给高校思想政治工作带来了机遇和挑战。在"全民皆网"的移动互联网新环境下,育人工作必然离不开网络的平台。如何因势而新,如何建设好网络思想政治教育的健康环境、运用新媒体切实做好新时期高校思想政治工作,如何增强思想政治教育工作的时代感和吸引力,提高网络育人的成效已经成为一个时代性课题。新时代,高校必须主动适应和研究互联网发展规律,倡导传播正能量,弘扬主旋律的网络文化,把"互联网+思政"作为高校人才培养的重要战略部署,通过一系列理念创新、阵地建设、主体培育,不断完善高校网络育人体系,牢牢把握高校新时代网络育人的话语权。

2. "数字画像"的由来

因材施教是教育过程中的一个重要的规则。但对高校而言,经院式或广场式的授课形式极大地提升了一个老师面对群体学生的数量,但是却增加了实现因材施教、实现止于至善的难度。在工业时代,人类创造了无数或庞大或精巧的机器,这些机器极大地改变了人们的生产和生活;而到了数字时代,人们所创造的则不仅是无数的手机、电脑、服务器和数码设备,更是在数字空间中建设了一个与物理世界相对应的数字孪生世界。换句话说,在理想的数字化环境中,所有物理世界的人和物都在数字空间内拥有一个一一对应的投影。随着移动互联网和大数据技术的发展,商业领域的用户画像逐渐向其他领域延伸,"数字画像"技术在教育教学中的应用得到越来越多的重视。

交互设计之父艾伦·库珀(Alan Cooper)最早提出"用户画像"这一概念,他认为"用户画像"是建立在一系列真实数据之上的目标用户模型,是真实用户的虚拟代表。"用户画像"的研究涵盖了多个领域,在教育领域,常见的是"学习者画像",其画像主体特指教育领域中的学习者,基于某种个性化教学目的,通过将学习者标签化,对学习者提供总结性描述,促进教学利益相关者精准地为不同学习群体提供教学支持服务。"学习者画像"多用于辅助在线教育、成人教育开展个性化教育,提升教学服务。① 马里亚纳(Mariana)等人将"学习者画像"定义为包含姓名、照片、职位描述、目标、代表性的签名和其他个人详细信息的集合,马尔肯(Mulken)等人将"学习者画像"定义为一种教学代理,利用教学代理角色来对学习者提供总结性描述,也有研究者认为"学习者画像"是基于某种个性化教学目的(比如开发学习工作、提升学习效果等)的原型用户或是教学代理角色,它代表了更大的群体而非个人的需求、目标和特征。

二、"数字画像"个性化育人的概念

"学生画像"是以学生多来源、多维度数据为基础,通过数据分析技术生成全方位的学生画像,既包含过程性描述,也包含总结性描述,促进学生全面而有个性地发展。② 学生"数字画像"需要多维数据的汇聚和天然状态下的伴随式数据采集,"数字画像"的采集与分析正日益成为教学评价和大规模因材施教的核心,基于学生数字画像的群体画像也在办学改进和教育治理中发挥重要作用。"数字画像"的构建背后是一系列技术的支撑,包括各种数据采集技术、采集工具的应用,如全面感知的物联网、可穿戴设备、图像识别、RFID、学习行为轨迹转换记录系统等,这些技术能从多个维度记录学生的学习、生活数据,从而为数据挖掘分析提供了素材。③

---

① 张治.学生数字画像及其教学应用的实践与思考[J].教育传播与技术,2019(03):3-6.
② 走进2.0时代的上海教育信息化[N].文汇报,2019-08-28(4).
③ 张治.学生数字画像及其教学应用的实践与思考[J].教育传播与技术,2019(03):3-6.

在现代新媒体技术的使用和融合背景下,越来越多的高校通过不断挖掘各类平台功能,运用大数据技术将学生在校期间的学习、生活、工作等行为数据累加汇总、清洗、挖掘、分析,形成体现学生个体和群体思想行为的大数据,用数据来刻画学生形象,逐渐形成独具个性、展现青年成长特点的"数字画像",使大学生的日常管理、生活服务、网络教育等功能相互作用、相互协调,形成合力发挥育人功能,"数字画像"的采集与分析维度及数据流向见图4-1。

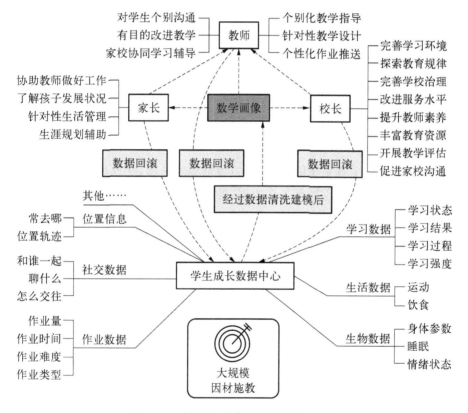

图4-1　"数字画像"的信息收集与采集

数据采集、数据挖掘、可视化呈现是开展基于学生画像的三个步骤,数据治理是确保评价结果准确、可信、有效的保障。学生画像是用可视化的方式呈现的数据标签集,可分为数据层的事实标签、算法层的模型标签和业务层的评价标签。学生画像的构建就是针对学生的各类数据按照某种算法进行训练后得出模型并加以可视化呈现的过程,包含数据采集、数据挖掘、可视化呈现三个步骤。数据、算法、模型是学生画像构建和综合素质评价的三大核心要件。学生画像所使用的数据在分析挖掘之前需要进行清洗,剔除无关的变量,并经过一定的格式化处理,用元数据标准进行标签,形成更高质量的数据。数据的清洗核心在于寻找评价目标与数据的关联,映射对应关系,排除噪声数据,是基于大数据的模型的重要一环。清洗过后的数据通过数据挖掘技术、聚类分析与模式识别等技术形成数据的挖掘分析模型。

三、"数字画像"个性化育人特点

"数字画像"资源来源于生活。学生"数字画像"资源来自学生的学习、生活状况,以及身体体征、作业、社交和位置信息等,上述各种数据汇聚到学生成长数据中心,经过数据建模,构建学生"数字画像"。积极探索"数字画像"技术,可以为大规模因材施教提供数据支撑。

"数字画像"具有多维特征。"数字画像"具有个性、实时、多维、全面等特征,可以帮助学校及时了解学生的发展状况,包括思想品德、学业成绩、身心健康、艺术素养、实践能力、个性发展等各个方面,并与家长和教师共享,从而为形成教育合力、营造共同的育人场提供了数据支持,为未来大规模在线教育提供了可借鉴的范式。

"数字画像"具有模糊性与精准性双重特征。"数字画像"是一种技术,将"数字画像"运用于教育却是一项艺术,要把握它的精确和模糊的度,并不是越精确越好,模糊是非常必要的。数据虽然很重要,但比数据更重要的是教育本身,只有有意义的教育活动才会形成有意义的数据。所以数据创造不出经历,经历却可以创造数据。很多教育者往往忽视了更多经历的创造,这样受教育者的活动与状况就会被大数据所绑架。如何把握"数字画像"应用于教育的精确和模糊的度,正在考验每一位教育工作者。

第二节 "数字画像"个性化育人面临的问题

虽然"数字画像"个性化育人越来越热门,越来越成为高校思政教育工作的一块重要高地,但是也是面临着一些困难和问题,主要如下几个方面:

（一）高校思想认识不足

近年来,网络思想政治教育越来越得到重视,但是一些高校对于网络思想政治教育的优势和价值缺乏深入的了解和认知,缺少科学规范的网络育人组织机构,在开展网络思政教育过程中,在宏观规划与实践落实方面还远远跟不上网络新技术的发展速度。网络具有更开放、及时和互动性强的特征,网络让彼此更容易实现有效交流。但是,就目前来看,一部分高校思想政治工作者仅运用了传统的教育模式,简单发挥了互联网的工具职能,仅仅充当了网络思想政治教育资源的简单搬运工,并未系统地思考和全面有效地推进网络思想政治工作,难以形成健全完善的教育体系,形成全员育人的合力。部分高校思想政治工作者对网络思想政治教育效果还没有正确的认识,有的对网络育人抱有怀疑态度和迟疑行为,有的被传统的思想政治教育思想禁锢,还未充分实现思想的转变,跟不上青年学生发展特点,无法把握网络思想政治教育规律。

在一些地方,网络教育发展模式与新时代教育发展路径没有做到同向而行。相关数据显示,截至 2018 年底,我国高校教育引入网络体系的高校仅占全国高校数量的 46.7%,其中由第三方承担和参与高校网络育人的模式占有相当大的比重。由此可见,高校在网络育人方面的主导性作用相对薄弱,一些不规范网络育人方式及教育形式层出不穷。这样一来,一些高校的网络平台教育质量不容乐观,有的高效网络育人根本无法提供较高水平的教育管理服务。值得指出的是,由于资金投入不足,网络硬件设备购买投入有限,以及网站技术含量较低、内容相对单一,加之网络平台个性不够鲜明、吸引力不足、整体受关注和浏览量较少等问题,导致网络思政教育难以全面铺开,个性化育人更是难以实现。

（二）师资队伍水平不高

从目前来看,一些高校缺乏一支技术过硬、素质全面、结构合理、具有一定影响力的网络工作队伍。一些高校专业技术型人才较为缺乏,没有网络信息领域专家指导和支撑,无法准确把握自媒体时代网络平台的话语体系和传播特点,对碎片化时代的表达、阅读和行为习惯没有充分的认识和研究,无法实现网络思想政治教育的实际效果。

第一,一些高校缺乏既懂技术,又有思政教育理念、情怀和实践的教育工作者。实现传统思想政治教育资源与网络资源有机融合不仅需要过硬的政治素质和专业素质,还需要熟悉网络技术。网络信息时代是一个信息大爆炸的时代,传统的授课内容和思想政治教育模式越来越无法满足青年学生对知识的渴求,教师需要创新教学方式和教育内容,学会利用网络技术去创新授课模式。高校教师中不乏知识丰富的思想政治老师,他们长期从事思想政治教育一线工作,掌握了较为丰富的思想政治理论知识,拥有丰富的教学经验,思想过硬,专业储备强。但是,受出身年代和对新事物接受能力所限,往往这些教师缺乏对新鲜事物的敏感度和对新事物的捕捉能力,缺乏对网络平台的系统研究和规律探讨,缺乏运用网络开展思想政治教育的能力。当然,也有不少年轻的思政教师,虽然能够灵活运用现代网络技术,却缺乏一定的思想政治理论知识和从事一线教育教学经验。

第二,一些高校思想政治教师缺少网络法律知识,无法对海量的网络资源进行甄别筛选,在对青年学生开展网络思想政治教育过程中,未培育学生网络法律意识和遵守网络法律的常识,对网络思政教育工作的开展造成一定的阻碍。

第三,一些高校缺乏专业培训的教师队伍,对网络舆情缺乏分析和处理能力。网络大数据处理和发挥实效需要高校思政工作者科学有效地利用现有的大数据资源。目前存在的难题是,一些高校系统里堆积了很多数据,却不知道如何进行科学分析和系统应用。面对海量的数据信息,高校需要科学智能地抓取分析数据,能客观真实反映青年学生思想倾向和精神需求的数据,从而实现可视化数据呈现,不断反映青年学生个性发展差异和成长规律。

(三) 数据孤岛很难打通

在"大数据"时代,只有建立强大的基础数据库,获取足够数值的数据建立数据池,才能发现数据背后呈现的规律性,获取数据背后反映的问题和本质,为网络思想政治工作提供有建设性的指导和建议。从技术层面来看,要建立"大数据思政"的整体格局,必须由学校某个部门或几个部门来实现的。从实践层面来看,高校各职能部门都建立了相对独立运行的工作和管理系统,有各自个性化的信息存储需求,但各部门一般不愿释放数据资源红利,没有主动开放共享数据的意识。高校要实现传统思政教育工作与信息技术高度融合,实现数据的共建、共治、共享,需要统一部署,由专门机构统筹安排,在校内进行充分协调,统一数据格式,融通数据兼容,避免"数据割裂"和各自为政。高校只有做好"数据孤岛"的链接融通,才能更精确地刻画"学生画像",真正形成育人合力。高校只有投入大量的人力、物力、财力,才能实现网络体系的数据流通。

（四）数据的分析应用欠缺

在学生工作的数据分析运用方面,一些高校仅仅处于浅尝辄止的阶段,没有将商业智能的概念深入地应用到高校数据平台中。例如:高校思想政治工作者缺乏相应的数据分析意识,对于目前的数据分析技术缺乏了解;未进行完善的数据标准化、规范化建设,没有建成数据仓库;学生管理的内容较为庞杂,信息孤岛较为明显,学生要查询相关信息需要从不同部门、不同平台获取,数据分析技术应用缺乏一定的适应性等。高校必须及时采取措施,在完善信息化建设、构建数据仓库的基础上,运用数据分析、数据挖掘技术改善学生工作中面临的困境,将辅导员从繁重的事务性工作中解脱出来,回归学生思想政治教育工作的本质,以此来提高学生工作效果。

高校思想政治工作者必须认识到数据不是孤立的,而是相互关联的,要加强数据鉴别,挖掘数据背后深层次含义,不断修正和完善大数据,加强研判能力,不断推动数据的系统性研究,提升数据信息分析的专业能力,将数据分析应用到青年学生心理动机与行为模式的相关性研究中,必须借助专业人员力量完成更多的数据分析建模,将数据建模应用于精准管理、精准服务育人。

（五）网络育人内容不足

作为"网络原住民"的大学生,成长在网络文化兴盛时期,从小受到网络文化环境的熏陶,表现出强烈的网络依赖性,也更擅长通过网络平台获取信息和知识、表达思想和沟通交友。然而一些高校育人内容相对滞后和陈旧,普遍难以在青年学生中产生共鸣,平台内容特色不鲜明,缺乏与学生的互动交流,对学生实际帮助有限,网络育人资源有待挖掘。具体表现在网络育人的内容建设方面,一方面,从网络育人覆盖面和数量来看,还缺少优秀的网络产品供给,网络教育内容趋于同质性,与高校青年学生的个性化需求仍存在一定的供需矛盾。另一方面,从网络育人的质量和内涵来看,大部分网络育人平台仍沿用传统的话语体系,没有贴近青年学生的表达方式,很难与青年学生实现网络空间的话语交流,有的高校仅仅把传统枯燥的理论直接嫁接到网络空间,缺乏时代感,呆板乏味,可读性不强,与青年学生很难建立心灵沟通,更无法帮助学生解决实际的思想困惑、发展困惑和价值困惑。如此周而复始,导致大量的人力精力财力的无端消耗,一些高校发布的内容无人问津,浏览量少、传播少、互动少,实际效果非常不理想。一些平台也陷入自说自话的尴尬境地,未达到理想效果。

（六）"数字画像"数据的精细和隐私的伦理之间的矛盾

"数字画像"要求数据非常精准。数据越精准，研究对象就越"透明"。因此，在数据面前，人们都会产生一定的危机感，人的幸福感也会不断丧失。如果所有数据都透明了，每一个人就没有隐私感。当数据本身也成为未来因素的时候，未来就不再依据数据来演绎，数据只是一种诱发因素。所以，人的未来不是由过去决定的，因为大数据主要是对过去数据的采集。我们对一些事务可以通过各种物理变量进行准确的预测，但是预测人的行为是很难测准的，有人会产生正反馈，有人会产生负反馈。教育大数据与人的发展之间的矛盾也非常明显，大数据对于教育的预测可能是一个永久的命题。[①] 大数据背景下，网络的参与者在获得便利的同时，个人的信息也存在泄露的风险。在思想政治工作中，高校通过数据的加工实现精准化服务和个性化服务的同时，会不会侵犯到他人的权益，是否侵犯了个人隐私，是否涉及法律、伦理问题，这些都是大数据时代面临的数据安全问题，也是网络思政工作者面临的风险之一。

（七）教育大数据的结构性短缺问题影响"数字画像"的精准性

现在很多互联网公司都在想方设法采集学生的作业数据或者学习的过程类数据，但这些量大的数据还不能称之为大数据，是因为我们现在的教育组织落后于技术发展和教育需要。很多数据在教育公司，而这些公司壁垒森严，数据不能共享，因此我们得到的往往是片面的数据。教育大数据的结构性短缺涉及社交数据、检索数据、行为轨迹以及其他类型行为数据，无法聚齐。某些数据的共享在技术上是可能的，但在政策、体系层面上是无法共享的，所以很多人拿到的数据都是结构短缺的大数据。大数据的价值在于可被积累、可被挖掘，能够实现从知识关联到学习关联到发展，对学习关联的持续追踪和挖掘才是教育大数据挖掘的核心价值。

（八）群体大数据和个体小数据价值的矛盾影响"数字画像"的应用推进

大数据往往为寻找共性规律而服务，但个体大数据往往不一定完全归属于某一大数据，个体小数据对于个性化成长又至关重要，个体小数据对于一个人来说才是最有价值的。个体小数据往往被群体规律所绑架，从而忽略个性的成长，比如很多教师以大数据为核心，忽略个体学习，这个问题是值得担忧的。不同老师对同一个学生进行教学，学生在不同班级的结果有很大的不同，

---

① 张治.学生数字画像及其教学应用的实践与思考[J].教育传播与技术，2019(03)：3-6.

这些都是个体小数据对自身发展的影响。当然,数据不是为了证明,而是为了发现、指引、激励,不仅为了让学生学得更好,还要能够接受学习怎样发生。除此之外,数据服务要从人怎么学得好向个人怎么学得好的方向转变,个性化服务源于精确的反馈,但反馈越精确也会导致教育决策越困难,掌握大量数据时决策反而更艰难,也会忽略其他东西,比如新闻推送按照个人的喜好来推送,但也会限制视野的开阔。[①]

第三节 浙江理工大学"数字画像"的实践

浙江理工大学紧紧围绕"立德树人"的根本任务,对照教育部党组《高校思想政治工作质量提升工程实施纲要》具体要求,积极推动网络育人工作,建立了网络育人大数据,切实提升了网络育人工作实效。浙江理工大学通过开发"E 浙理——数字画像"学工智慧平台,将先进信息技术与思想政治教育进行深度融合,用网络大数据精准驱动思政工作,进一步强化管理育人和服务育人。学工智慧平台集教务、后勤、学工、财务、图书馆等部门数据于一体,结合学生一卡通信息、体育运动记录、生活轨迹等数据,通过"大数据"技术"全景式"掌握和分析学生学习、生活各方面情况,及时开展舆情研判、干预引导和管理服务,丰富思想教育个性化发展。通过大数据分析的实践运用,浙江理工大学在学生思想引领、精准管理和精准服务方面取得明显成效,进一步提升学生思想政治工作科学决策水平和育人实效,已经初步实现"数字画像",建立了具有大数据技术优势特色的大数据精准驱动大学生思想政治教育平台。

(一)丰富内涵,建立"E 浙理"网络育人新平台

浙江理工大学的"E 浙理"数据平台互联互通、共建共享,实现了"学生事务一网办理、学生工作一网承担,教育资源一网统筹"的管理服务目标,极大地方便了学生,提升了学生的用户体验感和便捷性。目前,浙江理工大学"E 浙理"一站式学生事务平台已经可以完成学生入学报到、信息查阅、毕业离校等大学期间的整个全景式事务,为学生提供了良好的服务和体验。

---

① 张治.学生数字画像及其教学应用的实践与思考[J].教育传播与技术,2019(03):3-6.

借助平台"数字画像"模块,浙江理工大学与教育部易班平台本地化应用无缝对接,依托易班师生互动社区,开发就业帮扶、精准资助、个性服务、心理育人、网络培训等功能模块,实现青年学生成长引领、独具网络特色的"新媒体育人模式",打造网络育人新平台,让日常管理、生活服务、网络教育等功能相互作用,相互协调,形成合力发挥育人功能。

(二) 春风化雨,弘扬网络德育新风尚

浙江理工大学通过构筑网络大数据,以数字化留痕、大数据驱动方式改进传统工作流程,推动精准管理、精准服务、精准育人的内涵式发展;以大数据技术应用为品牌特色,将学生在校期间的学习、生活、工作等行为数据累加汇总、清洗、挖掘、分析,形成体现学生个体和群体思想行为的大数据,用数据来刻画学生形象;通过大数据分析的实践运用,学校在学生思想引领、精准管理和精准服务方面取得明显成效,进一步提升学生思想政治工作科学决策水平和育人实效。

基于立德树人,积极引导学生树立正确的价值观。浙江理工大学通过在"数字画像"平台开发"课程思政"和"智慧教学"功能,根据学生课程学习中的数字记录和作业提交,进行基础数据抓取和分析,实时分析学生的内在需求和思想动态,将学生隐性思想和抽象价值理念转化为显性具体的可视化数据;通过大数据分析,发现学生思想发展规律和个体差异,分析学生整体价值观念,强化课程思政的价值引领作用;[1]通过各部门共享的基础数据进行分析,包含图书借用类别、上网习惯、运动时长、睡眠数据等分析,学生也可以查看各类数据和指标,对标自身,分析优劣,找准标杆,实现自身发展。

浙江理工大学易班发展中心立足学生思想和学习需求,构建了"浸润融合、协同发展、无缝对接"的易班共建格局。通过结合易班优课开展"互联网＋思政教学",着力打造红色文化育人、思政云课堂等系列思政课程。浙江理工大学的优课教学活跃度一直位居全省前列,2019年全年教学活跃度增量全国排名第七,逐步形成了浙理易班思政课程品牌和集群效应,实现了思政课程网络化、体系化,促进了网络德育教育实践路径的多样性,形成了网络育人的新格局。

---

① 孙显水,蒋国明,陈善晓,郭炜杰,基于大数据精准构建高校管理育人创新体系——以浙江理工大学为例[J].中国教育信息化,2020(11):64-66.

（三）同频共振，构建网络文化新体系

浙江理工大学站在学生的立场和角度，切实帮助学生解决生活中的实际问题，并构建了专家智库、辅导员网络工作室、学生网络文化工作室三位一体的网络文化引领新体系。

浙江理工大学建设了12个学生网络文化工作室，不断打造校园文化网络文创产品；开发了英语学习、视频制作、法律讲堂、红色地图、红色模型等一系列学生需求度较高的网络文化产品；在不断完善服务平台项目和功能的同时，培育了一批学生网络文化平台；构建网络思政智库专家库，把握和构建学生网络思政发展方向和顶层设计，建立了网络思政名师工作室，打造了漫画育人、翻转思政等一系列网络思政品牌项目，不断引领网络文化新风尚。

通过网络文化的培育，浙江理工大学网络思政工作取得了一系列实效。培育了"红色漫画在线""红色地图在线""红色模型在线"等一系列网络文化品牌，多名学生和团队在全国大学生网络文化作品竞赛中获奖。疫情期间，浙江理工大学各级网络工作室创作的漫画、视频等作品多次登上学习强国、浙江日报等多个新闻媒体平台。

（四）凝心聚力，培育网络育人新力量

提升网络育人的实效性，必须壮大网络文化引领队伍，打造清朗的网络空间。浙江理工大学以教师和学生骨干为主体，以"核心＋骨干＋基础"的组织模式，培育一批正面引导舆论的校园红色网络"大V"，他们有马克思主义学院的网络名师，有既懂专业技术又善于运营网络媒体的校园"网军"，通过有引导校园网络文明的志愿者，有多重角色的学工团队；通过加强网络舆论引导，把握好舆论引导的时、度、效，增强网络话语的创造力、感召力和公信力。

浙江理工大学成立了"大数据学工"辅导员工作室，注重数据比对分析，不断加强思想政治教育过程中的数字分析和管理，在党团建设、学风建设、心理健康、精准资助、安全稳定等工作领域收效显著。目前，"大数据学工"辅导员工作室已经逐步形成了该平台集云思政、云学习、云资助、云咨询四位一体的云端思政工作平台，将学生思政教育、日常管理、主题班会、评奖评优、资助工作、心理咨询等工作设置了云端工作平台和方案，集合线上线下深度融合、传统思政与云端思政融合，构筑新形势下融媒体思政工作新格局。疫情期间，学校通过云端思政开展了新学期辅导员思政第一课、生命教育第一课，开展云家访、云学习帮扶等一系列卓有成效的工作,广大教育工作者不断挖掘直播、网课、网文等新媒体形式与学生交流沟通,加大了学生网络意见领袖的培育力度。

（五）创新方式,形成协同育人新模式

浙江理工大学围绕"全员育人""全过程育人"和"全方位育人"的理念,在网络育人的基础上,协同开展心理育人,创新大数据心理危机预警机制。近年来,浙江理工大学积极探索大数据支撑的心理危机预警机制,通过大数据分析记录学生的日常行为数据,建立起大学生心理健康量化分析模型,以便能够对学生面临的心理健康危机及时地做出反应,并且进行心理健康干预;不断借助大数据进行心理危机监测、预警和干预是探索出的一条新路径;依托大学生心理健康中心,将学生预警大数据与学生匹配追踪,同时将心理危机库里的学生与大数据中心学生信息资源不断更新匹配,及时掌握和追踪学生的学习、生活和心理轨迹;在不断完善心理问题学生重点人员库的同时,实时更新数据资源;针对已经发生的心理危机事件进行倒查分析,在数据留痕的情况下科学分析每一起心理危机事件的影响因子,积累一定的数据资源,构建校本化的心理危机监测、预警和干预数据模型。疫情期间,浙江理工大学联合杭州市第七人民医院开设"云端诊疗室",对各类重点心理问题学生开展专家诊治、云端配药、快递药物等线上服务。

通过一系列的培育,浙江理工大学网络思政工作取得了一定的实效,易班建设工作领先省内高校,荣获 2019 年度浙江省易班优秀共建高校、优秀易班特色应用等荣誉,多门课程获批教育部易班优课精品课程,"数字画像——基于大数据精准驱动的大学生思政教育平台建设"网络育人项目获教育部第一批高校思想政治工作精品项目、浙江省高校思政工作质量提升工程实施载体。

（六）"互联网＋新生入学教育"育人模式

习近平总书记指出,培养什么人,是教育的首要问题。新生入学教育是学生迈进大学的第一堂课,是高等教育教学中不可缺少的重要内容,是高校思想政治工作的基础性工作。① 在信息化时代,互联网已经成为影响大学生生活方式和意识形态的重要阵地。

浙江理工大学为了帮助新生尽快适应新的学习生活环境,早日形成校园和集体归属感,加强和改进学生思想政治教育关键性基础工作。为帮助新生尽快了解

---

① 李霞,徐媛. 大学新生入学教育的改革与创新[J]. 武汉工程大学学报,2010(08)：43-45.

和适应新环境,明确学习目的,端正学习态度,增强学习动力,科学规划学习生活,[①]借助易班平台优势,围绕入学适应教育、心理健康教育、国防教育、安全教育、理念信念教育、民族团结教育等方面汇聚优势资源和内容,打造新生入学教育体系。易班作为全国高校最具影响力的重要网络思想政治教育平台,在大学生思想政治教育中发挥的作用不容小觑。浙江理工大学始终以立德树人作为根本任务,紧扣当代大学生"互联网原住民"的特点,结合传统新生入学教育的现状与存在的问题,顺应新媒体时代的快速发展,着眼于新生入学适应的一系列问题,尊重教育对象,拓展教育形式和载体,注重实效,使广大新生能够在入学教育过程中有所收获。浙江理工大学以学生为主体、以需求为导向,结合学校一年级德育工程,依托易班优课 YOOC 平台,开设线上网络迎新课程"新生入学教育",实现德育工作前置,改进教育方法,优化教育过程,提高教育效果,不断推动教育教学模式创新,切实帮助新生尽快转换角色,主动适应大学,科学规划生涯。浙江理工大学基于易班优课平台,通过在线的课程资源提高新生教育的覆盖面和普及率,将入学教育内容前置,教育内容涵盖爱国爱民族、爱校荣校、理想信念、生涯规划、心理健康、学风建设、励志成才、寝室文明、防诈骗安全、新生适应、人文素养、学校日常管理规定等多个方面,让新生充分了解校情校史,深刻领会校风校训内涵,提高利用图书资料的能力和自主学习能力;切实掌握学校规章制度,自觉遵守校纪校规,提高安全意识;深刻了解自己,明确个人规划,全面提升自身素质。一些课程通过图文并茂的形式,告知即将踏入大学校园的"小萌新"们他们将要加入的大家庭;以在线讨论的形式代替面对面交流,加强新生与新生、新生与老师的沟通,让同学们快速地适应新的学习环境;以作业管理系统线上测试的形式督促学生学习,考查学生的学习成果。

浙江理工大学"互联网+新生入学"教育在诸多方面进行了创新。一是教育覆盖面广。"浙理本科新生入学教育群"群内成员除了本科新生以外,还有老生、思政教师、辅导员、班主任、专业老师等各类教育群体。教育客体本科新生 100% 入群,教育内容涵盖面广,教育时间前置,针对教育内容完成不达标者进行督促,真正做到入学教育横向铺开、纵向深入,将新生入学教育的链条拉长、空间延伸、效果拓

---

① 周晓牧.美国高校新生教育体系的特色及启示——以美国圣地亚哥州立大学为例[J].高校辅导员学刊,2016(06):91-94.

展。二是教育内容全。课程将爱国主义、社会主义核心价值观融入教育内容,引导即将入学的新生坚定爱国爱党的信仰和情怀;通过校情、校史、校训、大学精神教育,让新生了解学校的历史沿革、发展规划、办学理念、专业设置、办学实力、艰苦奋斗的优良传统等基本情况,培养学生对学校的归属感和对大学精神的认同感,激发学生的爱校荣校热情;针对部分新生角色转变困难、纪律观念不强、安全意识欠缺、劳动精神匮乏、生活自理能力较差等问题,开展安全教育、适应教育、日常管理学习,引导他们尽快适应大学,学会自学、自省、自律;树立先进榜样,开设成长成才话题专栏,帮助学生培养学习兴趣,强化专业思想,规划职业生涯。例如,浙江理工大学曾以新中国成立 70 周年为契机,开展"我的浙理梦"和"忆峥嵘岁月、话祖国发展"纪念新中国成立 70 周年主题征文活动,92.9%的新生参加了征文活动,积极宣传和展示了个人、家庭、学校及社会的巨大变化,通过文字记录和表达个人在时代浪潮前进中的成长与发展,探寻"自己"与"祖国"血脉联系的故事。三是教育形式新。课群通过话题互动、视频课程观看、文本资料学习、在线测试巩固、在线作业思考,将入学教育内容以贴近学生的方式多样化进行,学生通过手机端即可提前了解大学生活,不仅实现了德育工作前置,让新生实现身份的转化、完成初期大学规划,同时也引发网络思想政治教育者深入思考,让教育者更加全面、近距离了解学生所思所想,不断学习教育方法,灵活教育形式,针对性地开展教育内容来实现教学效果最大化。

借助新生入学教育课程以服务学生为基本途径,润物细无声地将社会主义核心价值观贯穿于新生入学教育的各个环节,帮助学生树立正确的人生观、价值观和世界观。传统的新生入学教育是在新生进入大学校园后才开始的。由于之前并未进行相关铺垫,学生难免手忙脚乱,心理与生活上都表现出极大的不适应,如果不及时引导,甚至会影响之后的学习生活。以往在线下,高校往往要花费数倍的时间与精力组织人力去安排、协调、开展新生入学教育,时间安排集中,内容传统局限,开展形式单一,入学教育的实际效果很难达到理想预期。[①] 线上新生入学教育运用互联网思维,通过网络教育平台在线教育的方式,打破时空的壁垒,提升思想政治教育的解释力、感染力和影响力,把新生入学教育前置,既节省了时间,又提高了效率。教学模式尊重网络传播规律,熟练使用基于网络与新媒体生态产生的网言

---

① 贾咏梅. 大学新生入学教育模式探析[J]. 北京城市学院学报,2006(12):43-47.

网语,在标题中凸显,在文章中融入,通过生动、活泼、有趣的形式细致编排,达到多元化、饱满化的阅读效果,用生动鲜活接地气的优秀内容赢得学生受众的认可,通过及时关注和推动解决大学生在学习生活、成才发展、心理健康、就业创业等方面的普遍性诉求,使思政教育引领与青年学生自我教育、自我管理融为一体,达到在服务青年学生中教育引导青年学生的目的。

浙江理工大学"互联网＋新生入学"教育取得了较好的效果。截至 2019 年 9 月,《2019 级浙理本科新生入学教育群》总活跃度 85 108,人均活跃度比 15.06。在全国总计 703 所高校基于易班优课开展"互联网＋思政教学"中,浙江理工大学总教学活跃度达 494 876。其中,2019 年 8 月份教学活跃度增量达 125 918,位居全国第二。《2018 级浙理本科新生入学教育群》课群活跃度 76 048,当月优课活跃指数在全国 581 所基于易班优课开展"互联网＋思政教育"活动的高校中位居第一。其中,《大学生心理健康教育》和《大学生职业素养提升》等 2 门课程入选教育部易班优课共建优质课程资源库。

第四节 "数字画像"个性化育人的启示

高校网络育人平台,必须以学生全面发展为方向,以大学生综合素质提升为重点。网络平台应生动活泼、引人入胜,逐步办出水平、办出特色、办出权威,努力增强针对性,遵循三贴近的原则,更好地贴近实际、贴近生活、贴近学生,促进大学生健康成长成才。①

一、"数字画像"个性化育人必须创新思想政治工作理念

思政工作的理念、机制、内容必须与互联网、大数据的时代特征、学生特点相融合。高校思想政治工作必须贴近时代特征、贴近社会热点、贴近教育对象,引入先进的大数据战略管理理念,以立德树人为根本,以"学生""思想政治工作"为出发点,利用大数据的分析技术为思政工作提供重要保障和支持,从而掌握、了解网络

---

① 吕春燕. 高校"五位一体"网络育人平台的搭建及优化对策研究[J]. 中国成人教育,2018(10):42-45.

时代大学生的基本思维规律,发现学生成长规律,解决学生所面临的现实问题。

思政工作者必须主动承担网络思政育人空间引路人的角色,在网络空间帮学生"扣好人生第一粒扣子"。在网络平台跟学生开展对话交流和互动探讨,坚持正确的育人导向,积极参与网络空间的舆论引导和价值引领,自觉维护健康的网络秩序;在个性鲜明、开放多元的网络社交平台和环境中开展青年学生的思想政治教育工作,守护好大学生的网络精神家园;必须注重内容、内涵建设,必须贴近学生实际需求,注意与大学生网民的平等性对话,运用灵活多样的形式进行普遍性和个体性教育,以"网络吸引"建好平等互动的网络社区。思政教育工作者需要不断创新方式方法,依托高校大数据平台,积极开拓获取思想动态、价值取向、心理状况等综合信息的渠道;在海量的数据中经过精准研判,根据每个学生个体发展状况,进而采取有针对性的教育引导工作;要逐渐转变思想,抛弃传统的纯粹经验、单一说教的教育引导方式,改用依据客观实时数据进行思想政治教育的方式,同时对教育效果进行即时跟进和评估,形成传统与现代、线上与线下相结合的思想政治新格局。

二、"数字画像"个性化育人必须加强网络空间思想政治教育内容的供给

思想政治教育工作者要遵循育人规律,充分认识到网络平台作为新的交流互动空间的重要性,进一步深入网络生活空间,共享网络学习交流和文化社区,在网络实践行为中不断强化网络思维,把握规律,提高网络育人实效;将新时代中国特色社会主义思想与学生学习生活实际相结合,开发生产活泼且富有教育意义的作品,提高互动参与性,用学生喜爱的方式传播社会主义主旋律,弘扬正能量。例如利用网络直播技术,不受时空限制拓宽思想政治教育课堂,将教室空间拓宽到室外,还可以由一个授课场景切换至几个场景。同时,也可以通过制作让青年学生更加喜欢和容易接受的形式的教育教学载体,比如教学漫画、主题动画、手绘墙绘、微电影、小视频等,通过多维空间、丰富多样的方式承载育人内容,用青年学生喜闻乐见的网络语言和新鲜词汇,实现思想政治教育的育人功能,传播正能量,引领青年学生成长。

三、"数字画像"个性化育人必须与传统教育紧密结合

虽然信息时代的大数据信息量是海量的,但即便如此,目前还不能完全覆盖学

生实际生活轨迹的全部内容。即使在更远的未来,科技得到更长足的发展,数据信息也无法穷尽青年学生的所有学习生活。也就是说,对于学生的内心想法,我们无从全部得知。思想政治教育工作做的是人的工作,教育管理和服务的对象是青年学生,是个性的、立体的、生动的,不是抽象的。"数据"本身是无生命的,我们思想政治工作的对象则是一个个鲜活的个体,是无限生动和充满无限可能的。个体学生在日常学习生活中遇到的学业困惑、成长焦虑、情绪困扰等问题,无法一一通过数据得以呈现。数据的真实性核实、个性化育人辅导,不可能只是简单地通过数据模型加以破解,仍需要依托传统的面对面、心贴心的思政工作方法才能实现。传统的思政工作所要求的各项技能和专业知识,在"大数据思政"时代也必须加强,不能削弱。数据只能辅助思政工作,不能决定思政工作的全部。只有将传统手段和大数据分析充分结合,对学生进行适时的思想研判和综合分析,对倾向性问题进行及早研判和预见,尽早掌握青年学生舆情热点和关切问题,才能牢牢占领网络思想政治教育阵地。

当前,国家创新发展离不开经济数字化的推动,信息时代社会政治文化发展和社会进步的重要动力来源是数据驱动创新。高校思想政治工作者要主动顺应信息时代新要求,把握数字时代脉搏,勇敢地走在数据创新发展的潮头,在实践工作中打破固有思维模式,不断推进理念创新和工作创新。

四、"数字画像"个性化育人必须配齐做强队伍

习近平总书记曾说过:"建设网络强国,要把人才资源汇聚起来,建设一支政治强、业务精、作风好的强大队伍。"专业化的网络育人队伍是高校网络育人工作开展的重要组织保证。一支高效的网络思政工作团队,一方面需要具有扎实深厚的高校思想政治理论水平,另一方面还须具有一定的创新能力、良好的执行力和熟练操作全媒体设备的能力。高校要不断提升网络思政工作者的综合素质,以便更好地开展高校网络思想政治教育工作。思想政治教育工作者要在实践工作中不断学习,系统研究信息时代数据发展的特点和规律,熟悉大数据,利用大数据,让大数据更好地服务思想政治教育工作。

首先,高校要选拔专业网络育人队伍。因此,高校要注重网络育人队伍名师选拔,坚持高素质、专业化、年轻化的标准,为高校网络育人工作提供坚强的组织保证,让网络名师和网络宣传队伍坚定不移地弘扬社会主义核心价值观,让高校真正

成为青年学生思想的引领者。在网络育人宣传队伍成员的选拔上，要坚持政治标准优先考虑，兼顾专业能力。网络名师队伍应当由高校有一定影响力的教师担任，比如学科带头人、教学名师、思想政治理论课骨干教师等，既能承担学生思想启迪作用，又具有一定的影响力和亲和力。同时，高校要大力培养一批网络技术强、思想素质硬、教育理念新的专职管理人员，牢牢把握网络育人的主导权，加强对网络平台学生骨干队伍培训，选拔一批思想觉悟高、有一定专业技术能力的学生，作为专职网络育人队伍的有效补充。更重要的是，高校要发挥学生骨干队伍朋辈互动的作用，让网络育人更贴近青年学生。

其次，高校要加大网络育人队伍的培训力度。一方面，高校要结合高校网络育人工作实际要求，在充分开展调研和座谈的基础上，结合高校实际，制定科学详尽的培训计划，系统研究高校网络育人的科学规律，普及网络专业技术，加强网络数据分析，强化安全管理和监督。另一方面，高校要开拓视野，博采众长，采用多种多样的方式进行培训，比如集中学、线上学、研讨型学习和自主学习等方式，要在实践探索中不断总结经验，真正让信息技术服务于高校网络育人，成为推动高校思想政治教育的力量。

最后，高校要完善网络育人队伍管理和考核机制，在制度上约束人、管理人、激励人。高校要根据实际制定网络育人队伍管理办法，明确考核奖惩制度，在网络育人队伍的职称晋级、个人发展等方面提供发展空间和成长路径，充分激发专业育人队伍的工作热情。同时，高校要加强队伍人员的自我修养，训练专业的网络思维和法律意识，在育人过程中把握政治方向，坚持立德树人，坚持以学生为本，切实增强网络育人队伍的凝聚力和战斗力。思想政治理论教师也应自觉提升网络安全意识和政治意识，在实践中不断学习，自觉创新传播手段和话语方式，让网络育人更有感染力和实效性。

五、"数字画像"个性化育人必须加强内容建设，创建网络与育人品牌

网络思政教育者要树立精品意识，注重高质量的内容输出，提高网络平台产品的思想性和传播性，以优秀的网络思想文化内容吸引人、打动人，以生动鲜活的语言提高网络产品的阅读量、点击量和转发量，最大范围地覆盖思想政治教育对象。高校要充分遵循信息时代青年学生思想生成和成长发展规律，对教育对象的思想和行为习惯进行系统分析，提高思想政治教育的感染力和亲和力，让网络思想政治

教育真正贴近青年学生,实现亲密交流互动,达到润物无声的育人效果。高校要对青年学生的困惑、关切和个性诉求进行充分调研,紧紧围绕青年学生关切的问题提供有营养且丰富的产品供给,通过有温情、有思想的网络文化产品真正打动人、吸引青年学生,切实起到思想政治教育的效果。

网络思想政治教育要着力解决产品供给和学生需求不平衡的矛盾,积极推动供给侧改革,真正打造一批青年学生真正喜爱的精品网络教育资源;要积极发挥教育部易班思想政治教育和"数字画像"大数据分析优势,将两者深入融合,挖掘数据价值,提升数据质量,围绕大数据育人开展一系列网络育人品牌活动;要注重成果转化和推广,继续做好"数字画像"数据决策系统的开发工作,建立成套体系的大数据精准驱动,做好思想政治工作平台;要加强新闻宣传,提升影响力,切实推动高校思想政治工作质量提升工程,成为在全国高校具有可示范、可引领、可辐射、可推广、可持续意义的以大数据为特色的精品工作项目。

六、"数字画像"个性化育人必须整合资源

高校网络思政教育要遵循思政育人规律,引导大学生做网络思政教育的改革创新者,以社会主义先进思想文化作为引领,通过丰富多样的社会实践活动,充分培养青年学生的思辨和良好的行为习惯,更好地服务师生和服务社会;要坚持立德树人的根本目标,在实际工作中将育德与育人结合,充分利用现代信息技术提高工作效果,合理配置和利用网络资源;在网络思想政治教育中,充分优化网络平台,发挥新媒体优势,变学生被动参与为主动融入,激励青年学生积极参与实践和丰富多彩的校园文化建设;在实际的工作中,要出台一定的激励和保障机制,鼓励青年教师大胆创新,不断激发思政教师通过网络教育平台开展育人实践的热情和干劲。

高校还必须统筹网上网下,形成思想政治教育工作合力。高校必须善用区位资源,充分将红色经典、传统文化等优秀资源与信息时代网络高科技技术有机结合起来,实现网络育人。高校必须辩证地认识和把握现实与虚拟的关系,线上线下统筹结合,形成思想政治教育的工作合力和立体格局;必须谋划好信息时代思想政治教育的整体格局,把网络思想政治教育的重要性提高到建设我国网络强国的战略高度,不断强化高校网络思想政治教育的内涵建设、平台整合、结构体系和职业化队伍;必须加强对大数据时代网络思想政治教育的规律研究,充分认识线上线下高

校思想政治教育的彼此联系和相互作用,跟进信息技术更新迭代发展变化,系统研究高校思想政治教育特点规律和青年学生人格品德发展规律,在互联网背景下始终牢牢把握新时代思想政治教育的主动权。[①]

---

① 张瑜.大数据环境下思政教育工作的创新发展[J].人民论坛,2018(10):112-113.

第五章

网络文化建设

第一节 网络文化的内涵、特征

一、网络文化的内涵

互联网的快速发展促使了文化和网络的融合,以一种崭新的文化形式向大众呈现,并在发展中潜移默化地影响了大众的思维模式、行为模式、道德观念、价值取向等。现阶段,网络文化已经成为文化体系中非常重要的组成部分。网络文化的兴起促进了教育教学模式的变革,给育人工作带来了新动力。运用网络文化的新型育人模式达到育人的目的,也成为思政教育工作的全新领域和重中之重。思政工作者要努力吸收网络文化的优势内容,加快推动网络文化建设,真正实现网络文化的育人功能。

1. 网络文化的定义

随着网络技术的快速发展,网络文化愈加繁荣。QQ、微信、微博等互联网社交APP 的产生与广泛普及,让网络文化以一种相比于传统文化更加高效、更加多元、更加深入的传播方式进入大众文化的视野。当下对于网络文化的定义,学术界有诸多看法。广义的网络文化是指以计算机技术和通信技术交互为物质基础,以接收和发送信息为内核的一种新型文化,是借助计算机网络或其他信息产品进行信息沟通、传递等活动而形成的经济、政治和社会现象,①是一种与现实社会文化具有不同特征的文化形态。狭义的网络文化是指人在网络空间进行的精神活动及其

---

① 万峰.网络文化的内涵和特征分析[J].教育学术月刊,2010(04):25-27.

产品——包括以"比特"的形式存在或曾经存在于网络空间的文字、图片、作品、画面等,是基于互联、通信网络以及衍生的工具、手段,并以信息传递、资源共享、沟通交流作为基本特征的行为、思维、生活方式和价值观念等。

目前学界主要以两种视角来探讨网络文化,一种是以文化的角度将网络作为传播的新渠道来探索,另一种是以网络的角度将文化作为发展的新现象来探索。前者从科技发展的角度切入,强调文化在传播过程中模式和途径的革新;后者从文化的特性切入,强调的是网络内容所承载的社会文化属性。但无论通过哪种视角进行定义与分析,网络文化本身就是依托于数字化互联网技术信息递送所产生的全部社会文化行为及其行为背后的意识形态表达和传播方式的结合体。高校网络文化是网络文化必不可缺的组成部分,是由高校在职教工群体和学生群体共同组成的、在校园网络空间中传播的,集智能、信息、互动、社群文化多元为一体的全新文化形态。

网络文化是指人在互联网上进行的文化活动。网络文化是一种与传统文化存在本质区别但又有紧密联系的新型文化形态,也是文化发展进入互联网时代后的全新信息表达方式。网络文化传播主体是网民,是通过信息化的技术手段,将以传统文化为基础的内容表达能力嫁接到以计算机、移动终端等多媒体设备为主要物质载体的虚拟网络传播领域中去,是当今社会人类的新型思维逻辑和文化模式。

网络文化不单是物质层面的,也是精神层面的,还包括制度层面的文化内涵。在物质层面,网络文化以计算机、移动终端等硬件物质作为主要载体。在精神层面,网络文化作为一个概念,承载了网络环境中所有虚拟化的人类社会活动(如社交、娱乐、学习、工作等)的内容、思维、道德、价值观等一切精神层面上的集合。网络文化制度则涵盖维系网络系统环境的使用规范与科学,网络研发者在互联网开发过程中嵌入的用以规范网络使用的运行规则,各个国家和组织在互联网络舆论环境构建和塑造方面出台的一系列适用于互联网环境的法律、制度和公约,以及网民在长期使用互联网过程中形成的默认和行为习惯。高校网络社群因其独特性和高学历性,使之成为社会道德的高地和精神引导的风向标。这也使得高校网络文化相比于一般的网络文化存在着特殊性,在本质上体现了一种充满理性、自由民主的人文精神。

2. 网络文化的构成要素

随着网络技术的发展和广泛应用,网络文化逐渐衍化出了各种形态的内容和展现方式。网络文化可以从网络主体、网络媒介和网络信息三个方面进行分析。

（1）网络主体。

主体是指有头脑、能思维并进行社会实践活动和认知活动的社会的人或者人的集体。在网络社会中，网络主体也就自然涵盖了所有参与网络虚拟行为的用户，无论是利用网络进行生产经营活动的组织及其从业人员，还是参与虚拟网络社群活动的简单个体，均属于网络主体的讨论范畴。因为文化本身就是人类所创造的具有特殊性的社会性活动，所以文化产生、发展、传播的主体都是人。同时，网络文化的创造者，也就是那些身处其中的网民，凭借身为人的创造力，成了网络文化中最重要、最充满生命力的一环。

（2）网络媒介。

媒介是指在人类的传播行为中，承载传播者与接受者之间信息交互的载体，是信息运输和扩散的中介物质。语言的产生使人类摆脱蛮荒进入文明时代，而自从文字作为第一代实体化、物质化的媒介进入人类的文明视野后，文字作为人与人之间沟通、分享、记录、传承文化的载体，为人类文明的延续以及经验传承作出了不可磨灭的贡献。在人类社会发展的长河中，媒介成为社会发展的重要动力之一，每一种新的媒介的产生都伴随着社会交往和社会生活翻天覆地的改变。随着电子传播时代的到来，网络媒介的出现摆脱了传统纸媒、电视的时空制约，实现了信息的实时共享和实时互动，为人类文化传播提供了一个崭新的平台。信息的传播依靠地面基站与通信卫星搭建和组成的传输通道，通过计算机和移动终端进行信息的产生和接收，组成网络系统，使人类知识积累与社会活动行为的效率和质量都产生了新的飞跃。网络媒介打破了信息传播的时空限制，构建了全新的社会信息传播系统，对人类社会的政治经济结构以及文化传播逻辑都产生了巨大的冲击，极大地促进了自上而下的信息"广播"和网络用户之间横向开放式人际互动传播。网络媒介成了网络文化形成、传播和发展的载体和重要组成部分。

（3）网络信息。

信息是物质存在的一种形态、方式和运动状态，它与物质、能量一起被称为构成系统的三大元素，同时也代表了事物本身所具有的一种普通属性。广义的信息泛指一切数据、语言、消息中所包含的意义，通过信息的传播可以减少人们对于某一陌生事物的不确定性。人类文化的发展本质就是信息量不断叠加的过程。通过信息的不断生产加工、传播反馈，社会文化得以不断产生发展、衍生迭代。与此同时,信息的交流也成了人类生活的重要组成部分,成了所有人类文化生长的根基。网络文化的形成与发展根本上也是网络社会中信息绝对量的增加。因此,作为网络文化最基本的要素,信息在网络文化形成和发展中具有关键性作用。

3. 网络文化的特征

随着多媒体时代的到来,网络文化的形成与发展对人类社会的变革产生了重大的影响,进一步推动人类迈入更高层次的信息化社会阶段。数字化网络技术的进步极大地消弭了文化传播的物理空间限制和时间限制,使文化传播具有高效性。网络文化万物互联、即时传播等现代化特征也在潜移默化地改变着人类社会的生产逻辑和社交方式。

(1) 网络文化的技术特征。

网络文化是一种由计算机技术和互联网技术发展催生出来的技术文化。从技术特征层面分析,网络文化具有虚拟性、交互性、共享性和时效性等特征。[①] 一是虚拟性。网络文化的载体——互联网本身就是通过人为的方式虚拟和架构的。在这样一个虚拟的空间中,许多在物理空间中难以寄托的梦想、行为得以实现,物理空间中的准则和习惯被打破。现实世界对人的束缚性与人类欲望的无限性这一矛盾也在网络行为中展现得淋漓尽致。二是交互性。网络环境中,信息的产生、传播、接受和再扩散的过程都以交互的方式进行操作。每一个网民在参与网络活动时不仅仅是一个信息的接收者和消费者,同时也是信息的生产者和传播者。传者和受者的绝对界限被打破,用户对信息获取的方式也从传统的自上而下的被动获取,转变为受者基于自身兴趣和需求进行自下而上主动参与的过程。传者与受者的沟通日益频繁,双方在互动交流中相互引导,提高了信息的传播效率。三是共享性。网络文化的另一基本特征是网络平台中信息的高度共享性。互联网的超时空性和超文本性,可以让同一信息在不同时间、不同场景、不同平台被多用户访问获取,提高了信息获取的速度和资源利用的效率。同时,网络文化的共享性也让网络文化在存在特点和表现形式上展现了极大的趋同性。四是时效性。网络文化的内容产生受时空的局限较小,用户可以随时随地对信息进行获取和发布,信息的收集和传播效率得到了很大的提升。

---

① 穆亮红,梁云. 论社会主义核心价值体系对网络文化的引领作用[J]. 中共济南市委党校学报,2013(10): 25-27.

（2）网络文化的主体特征。

从文化主体特征层面来看，网络文化具有个性化、大众化、平民化和集群化等特征。一是个性化特点。[①] 互联网平台从诞生伊始便成了网民展示自己个性的沃土，网民在这个多视角、多阶层、匿名化的虚拟空间中畅所欲言。只要不违反法律法规和公序良俗，只要不危害社会和他人，每个人都可以展示自己的价值标准和是非观念，没有强制的是非规范约束，客文化的产生就是网络文化个性化特征的很好范例。二是大众化。网络作为文化的载体，因其普及所带来的广泛的范围覆盖和参与受众，打破了文化交流和传播沟通的门槛与限制，具有大众化的特征。三是平民化。在传统媒介的视角里，平民作为"受众"一直被剥夺了话语权。但网络文化的"去中心性"给予了网民发声的平台与机会，因而网络具有很强的平民特征，也有很多"草根"民众在互联网上拥有了成功和成名的机会。四是集群化。网络文化在文化结构上呈现为多集群化的趋势，网民们通过微信、QQ、微博、各大论坛等即时的社交平台建立了大大小小的社群。网民在社群的营造、加入、退出等方面都具有很高的自由度和选择性。

（3）网络文化的内容特征。

从内容特征层面来看，网络文化具有丰富性、立体性、动态性等特征。首先，网络文化的内容具有丰富性。网络文化是基于信息共享建立起来的，作为一个平台，它集合了所有网民所产生、传播、接受的丰富的信息量，兼容并包了所有使用网络的人的价值取向、喜怒哀乐、逻辑道德，具有鲜明的丰富性。其次，网络文化的内容具有立体性。网络以计算机技术数字信号的方式将文化以一种立体、综合、多维度的形态进行展现，它的载体是多媒体化的，融合了图片、文字、声音、影像等多种传播方式。最后，网络文化的内容具有动态性。长期以来，传统文化的展现方式一直是静态的，文化内容一旦生成，如印刷完的书本、拍摄完的电影胶带，除非损坏否则不能改变其内容。但网络文化则是以动态的方式呈现，如维基百科、百度百科，其内容将会根据时代的进步和网民的意见动态变动。

（4）网络文化的传播特征。

在网络这个高度动态、开放的系统中，文化传播的平等性、自主性、及时性、超时空性等更加凸显。一是网络文化的传播平等性。网络的出现打破了传统媒体对

---

① 李亚斌. 高校网络舆情教育价值研究[D]. 长沙：湖南大学，2013.

信息的垄断和独家解释的权利,消除了信息从现场传达到受众的过程中媒体对信息进行过滤和解释的再加工过程,网络文化的受众能够直观、平等地接受来自网络平台的所有信息。二是网络文化的传播自主性。网络的产生让传播参与者的自主性增强,民众不仅仅是信息被动的接收者,更是可以自主选择并且主动参与信息活动的新型传播主体。三是网络文化的传播及时性。网络文化依托数字传输技术,能够将内容的传播行为瞬间完成,真正做到了及时高效。四是网络文化的传播超时空性。数字化网络社会依靠多媒体移动终端和 4G、5G 传输技术打破了信息传播的时空壁垒,使信息可随时随地上传、接收,真正实现了信息的超时空传播。

二、网络文化育人的价值

1. 网络文化育人的概念

培养新时代青年是育人的本质内涵。随着大众传播时代进入新媒体时代,网络文化在人类的知识生产、传播方式等方面产生了重大的影响,并且潜移默化地改变了人们对教育、受教育形式的认知和实践,甚至对教育功能产生了影响。

在网络尚未普及时,教育一般以课堂教学为主要模式,在形式上较为单一、简单。并且,基于传统的文化传播与交流惯性,老师往往以"本位"思维来构建授课模式,在课堂中以"我讲"为主,较少关注作为客体的学生在信息接受过程中的需求满足程度和互动程度。网络文化的产生和发展有别于传统育人形式,其借助学生最为熟悉的网络,充分发挥网络的文化引导作用,具有强大的育人潜能,能够唤起作为受者的学生的参与意识与主动获取意识,打破课堂师生之间的主客体壁垒,增加双方互动频率,强化学生课堂参与感,增强学生在学校教育活动中的主人翁意识。在空间上不再局限于学校,可以随时随地将传者(老师)—受者(学生)—信息(知识)三者有机结合,让课堂突破时空限制,形成高校环境下师生之间、校生之间的即时互动、深入交流,使得教育效率得到提升,教育内容深入人心。学生也能够在高校接触和获取来自世界不同地区、不同文化的熏陶和培养,并且在课堂上,学生也能够摆脱文字和语言授课的简单二元学习模式,用更加丰富直观的多媒体教学模式来达到更好的学习效果。

网络文化育人就是利用网络的即时性、互动性等优点融入老师的授课和学生的知识获取环节中去,引导学生在高校养成高尚的道德品质、崇高的道德情操,在学业能力和社会实践能力提升的同时,树立正确的人生观、世界观、价值观,做新时代有担当、有责任的社会主义的建设者与接班人。①

2. 网络文化育人的特点

网络文化的生存状态是以数字化和信息化为标志,以学习性和交互性为运作模式,以共享性、多维性为机制特质,这三个方面都深刻地体现了网络文化积极的育人特点。

数字化、信息化为标志的生存状态决定了网络文化育人的生动性、便捷性。网络文化的数字化是指将各种复杂多变的信息,如文字、图片、视频等,转化为可测量的数字数据,最终转化为一系列计算机可识别并存储的代码,从而为网络文化教育提供一系列方便的素材来源。同时,网络文化的数字化增加了信息存储的空间,丰富了文化信息的传播形式和表现方法。网络文化可以通过多媒体的方式整合文字、图片、视频、音频等多种传播渠道,从而将传统媒体的优势进行整合,让我们可以直观地将理论融入网络文化的内容中,让受众更容易接受和掌握。信息资源是人类社会不可或缺的生产要素和战略资源。网络文化中所蕴含的信息化要素在教育领域产生了很多的优势,如容量大、传输速度快和覆盖范围广等,使得通过教育行为让学生更加方便和全面地获得和交换信息,从而满足学生的需求。

第二节　网络文化建设面临的问题

随着科学技术的发展,网络已成为高校师生日常学习生活中不可或缺的部分,对高校学生和教师的生活、学习和交往方式产生了重大影响,同时也给高校网络文化的建设带来了前所未有的挑战。

一、校园网络文化的内涵

校园文化是指师生在高校特殊的文化氛围中创造的精神财富,以及根据高校的具体情况,在课程内外开展的各种活动中形成的承载着这种精神财富的章程、组织活动和意识形态。校园网络文化是网络文化与校园文化的结合,与校园传统文

---

① 黄发友.学生网络素养培育机制的构建[J].北京邮电大学学报(社会科学版),2013(02):
27-33.

化相比,它具有数字化、跨文化、开放式和互动式的特点。当前,如何将网络文化引入校园,将网络文化与校园文化有机结合,建设良好的校园网络文化,是一个值得思考和研究的课题。高校要抓住信息化的机遇,从思想建设、队伍建设、软硬件建设、学科建设等方面入手,积极推进多种形式的校园网络文化建设。①

二、高校网络文化的特征

高校网络文化植根于高校,既具有一般网络文化的特点,也有自身的独特性。

一是高校网络文化的知识性。泛化的、大众化的网络文化一般以娱乐性内容为主,受众对该文化的获取往往以娱乐自身和消磨时间为目的。但高校网络文化基于高校的特殊性,知识性是文化的主旋律。高校作为国内外高端学者和未来精英的聚集地,其学术性和研究性让知识成了高校的第一象征。高校将其内部知识与现代互联网技术进行完美融合,形成了一种知性的网络文化,而其合法存在的根基就是通过网络来传递与创新知识。二是高校网络文化的教育性。文化培养是高校培养人最有效也是最持久方式,它成了一种在生活中培养学生的隐形课程,并且比传统的课堂教育影响力更大、影响范围更广,因此高校网络文化的根本价值体现在教育性上。网络背景下,高校网络文化在扎根高校本身的知识性的同时也受到了多元价值观的影响,形成了师生之间以知识为主要内容中介,在网络中进行广泛的、平等自主互动的,具有教育功能的文化新形态。

三、高校网络文化建设的主要问题

当前,高校网络文化建设虽然取得了一定成绩,但仍然存在一些问题,尤其是还存在概念性认知上的误区、建设主体界定上的偏离、人员投入和队伍能力水平的不足、网络营地建设的尴尬遭遇等问题。

1. 对"高校网络文化"的认识存在偏差

当前,理论界对"高校网络文化"的定义存在泛化问题。目前,对"高校网络文化"的定义主要包括:"校园文化说",这种定义是将高校网络文化作为校园文化的应有内容,是以师生为活动主体,依托校园文化,通过网络进行信息沟通和道德规范的总和,它包括与网络直接相关的所有校园文化;"网络校园说",即简单地将网

---

① 杨军.网络文化下高校学生管理工作研究[D].郑州:郑州大学,2007.

络文化与校园文化糅合在一起,认为高校网络文化是网络文化和校园文化的结合。"关系辨析说",主要是指网络文化与校园文化间的关系,阐述网络文化与校园文化的关系分析理论,这个定义并没有将网络文化简单归纳于校园文化之中,而是在较深层次认识到网络文化的相对独立性,如形式、手段和表现内容等方面有其区别于其他特征的专属性。根据"文化功能"理论得知,高校网络文化是指以互联网为手段,针对大学生群体达成教育宣传和休闲娱乐等目的的多种文化活动。

这些定义从不同方面对"高校网络文化"的内涵与外延进行了概括和阐释,对我们深入理解和积极构建高校网络文化具有重要作用。但是,所有这些定义都有意无意地附加了一个潜在的条件——大学围墙,人为地将大学网络文化建设限制在校园里,只把它当作墙里面的事情,忽视了网络本身没有大学墙的事实,即使有了"防火墙",也不可能切断网络与社会之间的联系。事实上,任何一所学校都不可能脱离社会环境而孤立地生长。因此,校园文化也就不可能真正建立在围墙之内。

对于网络来说,网络"校内"和"外部"的概念是模糊的或不存在的。但这并没有影响我们对高校网络文化的关注和思考。在这个问题上,许多学者都提出过自己独到而又精辟的见解。我们知道,当大学生接触网络时,即使在校园里,他们也是在与整个复杂的社会进行虚拟交流,并且已经完全融入墙外的网络连接世界。因此,这些定义并没有很好地回答"如果大学生在校园内没有互联网,他们应该面对它吗? 他们如何面对它? 可以做些什么?""浏览包括网络游戏在内的非校园网资源,不是高校校园网络文化建设的一部分,需要研究吗?"从本质上来说,但凡涉及网络文化建设,就都指向同一个终极目的,那就是建设先进的网络文化,使其服务人、影响人、教育人、塑造人。事实上,大学生在校外使用互联网的人数占大学生网民的一大部分,访问非校园网资源的人数占网民总数的绝大部分。

2. 对高校网络文化建设主体的界定有所偏离

高校网络文化要有明确的主体,即回答清楚"高校网络文化的主体是谁"这个问题。在网络文化建设研究中,学者们提出过许多有针对性的方案对策,比如加强对高校网民在道德方面的教育和引导,加强网络管理队伍建设,加强网络监管力度,加强软件开发和应用。但由于对"人"这一因素缺乏足够重视和研究,导致我国当前的网络文化建设还存在诸多问题。因此,必须从"以人为本"的理念出发,构建科学有效的大学生网络文化管理长效机制。毫无疑问,这些对策对高校网络文化的建设具有积极的指导作用。

　　然而，一些学者提出的应对措施也略有不足：大多对策都仅仅将目光局限在校园墙壁内，这其实是将高校网络文化建设的主体落在高校身上，很大程度上忽视了社会力量的广泛参与。

　　在构建先进高校网络文化的归属上，高校本身确实有相当大的实力和优势。但它是一个完整系统的工作，仅仅依靠高校的力量很难从根本上解决这个问题。具体原因如下：第一，高校网民对网络道德教育和引导的认知度往往较低。第二，高校思想政治教育网站的作用有限。据中国互联网络信息中心公布的《中国互联网发展状况统计报告》显示：目前我国在校大学生上网人数已达3 900多万人，其中80%以上为"90后"学生。而在这个庞大群体中，又以女生居多。调查显示，仅有7%的学生经常登录校园主流网站，47%的学生偶尔登录，46%的学生从不登录。由此可见，对高校网民的负面影响主要不是来自校园网，而是来自校外的网站，"垃圾信息"充斥着数千个非校园网站。第三，着眼于全国网络技术优势的提升，抵御来自西方的各种信息轰炸，提升整体基础设施的建设水平，甚至是建立健全的网络法律法规等，这些是高校力不能及的。所以，高校网络文化建设的主体既是高校，也必须包括政府和社会力量。

　　3. 人员投入和经费保障不足

　　与新媒体的快速发展和网络思政教育需求的不断增长相比，大多数高校没有相应增加教职工编制，专职工作人员和兼职教职工较少，严重影响了网络思政工作的力量和进程。因此，高校应从实际出发，加大网络思政工作队伍。有效地提升网络思政水平，必须重视对网络思政队伍的培养，同时还需做好相关保障措施，这样才能保证其工作顺利开展。

　　另外，充足的经费也是网络思政工作的保障。经费投入涵盖软件平台的建设与维护、网络事件的策划与落实、网络专业的设置与人才培养等。但是，大部分高校都缺乏专项经费投入，这也是网络思政工作开展不够完整的重要原因之一。

　　4. 队伍能力水平有待提升

　　宣传思想工作队伍、辅导员、党政干部等是现有的网络思政工作队伍的主要组成部分，虽然这样的组合在传统宣传、学生工作等方面经验丰富，但面对新媒体这个全新的媒介，明显表现出经验和技能的不足，在相应工作的开展上略显吃力。大部分有新媒体背景知识和工作经验的工作人员，则缺乏对思政教育的全面和深刻认识,无法将思政教育与网络进行有机结合。

5. 高校网络思想政治教育存在诸多创新误区

服务人、影响人、教育人、塑造人是高校网络文化建设的宗旨。在新媒体时代,网络已成为大学生学习和生活不可缺少的重要部分。网络信息资源丰富多样,传播快捷方便,为广大学生提供了一个开放自由的交流平台,同时也带来诸多负面影响。

在网络形势下,高校的思政教育能作出哪些改变?高校思政教职工应拥有哪些必备素质?是否应该加强舆论引导的力度?学界在当下的解决方案有:提高重视度、抢登网络思政教育制高点、完善管理体制和机制,加强思政教育建设,加快网络管理法律法规建设,开展有影响力的校园文化活动。也有学者提出了诸如要树立正确的价值观,提高大学生自身修养等对策建议。还有人提出应采取多种方式进行网络信息传播与利用等,可谓见仁见智,众说纷纭。面对问题,可以说这些方案具有一定的可实施性,对健全高校网络思政教育具有借鉴和启迪的意义。

倘若还简单认为改变管理体制只能靠党委领导和相关职能部门负责人,这个问题一定不能有效解决。如把网络思政教育等同于"红色网站"的建设,内容就是简单地将马列著作、党的重要文件和路线方针传到网上进行公示。种种现象表明,在当前形势下,如何加强大学生网络思政教育还面临许多亟待解决的现实难题。因此,因循守旧、实效性不佳确实是网络思政教育方式方法的短板。

6. 校园生活网站建设的薄弱

网络存在个人信息的隐蔽性,这也是很多学生会在网上畅所欲言的直接原因,他们也因此会选择自己真正想了解、关心的话题和内容。此外,学生还对国家和国际活动、就业和知识、学校管理(包括文件、伙食管理等)感兴趣。因此,在网上开展各种活动,让学生参与其中,对学生思想道德素质的提高和全面发展都有重要作用。校园网站建设应该就学生关注的话题和内容进行网站的编辑和更新,这是加强校园网络文化建设的关键所在。总体而言,校园网站建设应涵盖专业学习、思想道德、意识形态、校园生活、心理咨询、文体竞赛等校园生活的方方面面。只有这样,网站才能多渠道、多主体、多类型、多方位去贴近学生,才能准确掌握学生的需求,从而有效起到校园网站建设的教育引导作用。

第三节　嘉兴学院网络文化建设的实践

习近平总书记在全国高校思想政治工作会议上指出："要坚持以立德树人中心环节，把思想政治工作贯穿于教育教学全过程，实现全程育人、全方位育人，努力开创我国高等教育发展新局面。"[①]全面贯彻党的教育方针，落实立德树人这一根本任务，必须构建以德育为核心，以培养创新人才为主线，形成以提高大学生素质为根本目的的全方位育人格局。网络文化育人是思政工作的重要组成部分，是全面推进"五育并举"综合改革的有效途径。

针对网络文化育人阵地孤立化、合力不强、教育内容缺乏吸引力和感召力等问题，嘉兴学院积极探索服务教育发展现状，努力打造思想政治教育的新平台、教育的新方式、校园文化的新阶段、生活服务的新空间，且顺应思想政治教育由单一模式向多维度模式的转变，增强其吸引力与时代感，并坚持以人为本的理念，构建全方位立体化网络思政教育引导体系；以"立德树人"为目标，创新大学生社会主义核心价值观培育路径，同时加强校园媒体建设，营造良好舆论环境，最终在关爱人、帮助人、服务人的过程中教育人、引导人，更好地为学生成长成才服务。

一、打造网络文化的品牌项目

嘉兴学院聚焦学校主页、新闻网、二级网站思想内涵的提升和知识信息的拓展，增强其吸引力和感染力；高度重视新媒体平台的建设和发展，重点建设"两微一端"，利用学校官方微信、微博、新闻 APP 等网络平台第一时间公开发布学校的权威信息，利用新媒体更好地为全校师生服务，更好地向社会公众宣传和展示学校；积极鼓励学校各职能部门、各院系积极进行微平台建设，[②]开通"微嘉院学工""青春嘉院"等微信微博微平台，促进师生间的沟通交流，实现微平台的全覆盖；构建思政网络学习课堂，利用智慧树、慕课、超星等教学平台，开展思政课、公选课在线互动学习，精品在线课程《红船精神与时代价值》自 2019 年首次面向全国直播以来，

---

① 习近平. 在全国高校思想政治工作会议上的讲话[N]，人民日报，2016-12-9(1).
② 王明生，王叶菲. 发挥高校网络文化育人功能[J]. 中国高等教育，2017(07)：10-12.

截至 2020 年 8 月已被 130 所高校、2.98 万名学生选修。

　　坚持内容为王,创新为赢。嘉兴学院充分发挥网络文化作品在宣传真理、传播文化、弘扬正气中的作用,提升网络文化作品思想性、思想教育价值;加强对青年大学生主流意识形态引导和培养,从青年大学生关注的社会新闻、热点问题、校园生活等角度出发,抓住开学季、入学季、毕业季等重要时间节点,鼓励原创,打造精品原创网络文化产品;在学校党委的统一领导下,党委宣传部、校团委、学生工作部门和相关院系等多部门、多院系通力合作,先后打造了"红船先锋党员教育管理服务平台""家园空间""辅导员微课堂""青春说""家校课堂"等精品项目,创作话剧《初心》、嘉院版歌曲《成都》等作品,开展"21 天焕新打卡""学习强国"在线学习等活动,学校在"学习强国"嘉兴学习平台活跃度名列前茅;积极培育和践行社会主义核心价值观,卓有成效地宣传党和国家的方针政策。

　　嘉兴学院"红船先锋党员教育管理服务平台"致力于把红船精神与党员学习教育结合起来,平台引进一批网络课程,内容涵盖党史、国史、红船精神解读、马克思主义理论、中国特色社会主义理论、时事政治热点解读等内容,要求全校师生党员每年完成 32 个小时的学习,从而有力保障了网络文化育人的覆盖面和效果。

　　2019 年 7 月,按照"易班＋网络思想政治教育"的理念,嘉兴学院启动设计嘉易班"家园空间"应用项目。2019 年 9 月,"家园空间"特色应用平台正式上线,涵盖了先锋家园、朋辈家园、双创家园、信息家园四大主题内容,将学生自主管理、党建进公寓、朋辈互助、师生互动作为育人工作的着力点,依托"嘉易班"平台开辟"家园空间"应用,充分发挥易班平台特色应用的网络思想政治教育功能。

　　嘉兴学院还打造辅导员微课堂栏目,在全校选取优秀辅导员和学生进行理论宣讲,定期通过微"嘉院学工"微信公众号推出辅导员老师和学生的语音及文字宣讲材料;二级学院积极组织学院学生交流分享学习后的感悟,弘扬主旋律、传递真心话、传播正能量;打造党建品牌项目,对全校党建特色活动和做法进行展示,加强学生对党员主体责任和义务的认识,强化学生的集体意识和奉献精神,探索全新育人模式和育人机制。

二、形成师生共同参与网络文化格局

　　师生共同参与网络文化育人管理工作。为了进一步做好网络教育工作,嘉兴学院成立了分级负责、分工明确、协调配合、快速反应的网络文化管理队伍,校主要领导负总责,各基层单位分管领导负直接责任。充分发挥校党委的领导作用,坚持用社会主义核心价值观统领校级网络文化建设,成立以分管校领导为组长、党委宣传部部长兼任办公室主任的校级网络文化建设信息技术中心;在教师的引导下,充分吸纳在校学生的主体作用,以"核心+骨干+基础"的组织模式,建立起由网络宣传员、网络评论员、网络舆论工作者、网络志愿者组成的网络文化四级领队队伍;建立"全员全过程全方位"的教育管理体系,将思想政治教育融入校园文化建设中;强化师生主体意识,发挥教师在网络文化建设中的主导作用。建立健全网络舆情管理制度,构建科学有效的网络管理机制。加强网络舆情,及时关注、积极回应、主动作为,做好舆情监控、分析、研判和回应。

师生共同参与网络新媒体平台运维工作。完善网络文化建设的相关规章制度,为构建健康清朗的校园网络空间提供制度保障。建立健全网络管理制度,完善学校网络安全管理制度体系;建立健全网络舆情监控制度,及时掌握各类网络新闻事件及其发展趋势;健全网络安全教育培训制度,提高师生安全意识和防范能力。建立网站备案制度,加强对新建网站的审批,强化对现有网站的管理和监督维护。加强新媒体平台运维学生队伍建设,校内的主要网络运营平台,比如学校官方微信、微博、新闻 APP、"微嘉院学工""青春嘉院"等微信平台、嘉易班工作站都成立了工作团队,由教师担任指导老师,主要成员为在校学生,学生在教师的指导下制订工作计划,负责日常建设和信息维护。

师生共同参与网络文化作品创作工作。征集各类网络文化作品,鼓励师生把思想政治素质、人文素质、科学素质、艺术素质的培养融入网络文化产品创作生产,制作网络文章、微电影和微视频,利用学校官网、新闻网、"双微"等平台多渠道宣传报道网络正能量,引导青年学生自觉接受、唱响网上思想文化主旋律,引导青年学生树立正确理想信念。

鼓励教师通过新媒体平台更好地与学生沟通,加强师生联系。嘉兴学院鼓励学校各职能部门积极推进微平台建设,建立学院、年级、课题组、班级 QQ、学生微信、微博等,促进师生沟通,实现微平台全覆盖。嘉兴学院组织有地位、有思想、有影响力的领导干部和理论工作者利用网络发声,激发网络正能量,加强网络道德建设,倡导文明理性使用网络,不断提高高校学生的责任感和自律性,采取网上指导与网下教育相结合的模式,将虚拟世界与现实世界的道德品质联系起来,帮助青年大学生形成健全的人格。

三、实现教育、服务、育人结合

1. 网络服务"做到家"——找准网络育人切入点

（1）平台搭建，因势而新添活力。

为贯彻落实教育部办公厅国家互联网信息办公室秘书局关于印发《"易班"推广行动计划和中国大学生在线引领工程实施方案》（教思政厅函〔2014〕42 号），根据《中共浙江省委教育工委办公室关于开展高校"易班"建设工作的通知》（浙工委办〔2017〕26 号）要求，2018 年 11 月，浙江省委办公厅会同浙江省委省政府完成第二批"互联网领导力工程"建设。为统筹推进校园信息化基础设施、平台搭建和应用开发，嘉兴学院制定了《嘉兴学院易班建设工作实施方案》，充分发挥教育部易班平台作用，由学工部牵头，开发完善电子课堂 APP 功能，搭建师生"最多跑一次"的服务平台，探索"易班＋思想政治教育"模式，为教书育人、管理育人、服务育人提供教育资源新舆论引导；通过建立学习交流平台，开展线上与线下相结合的主题活动，构建线上线下一体化的大学生思想政治教育体系；以创新为引领，不断提高思政课教学效果。嘉易班平台建设后，思想政治工作的活力得到了有效提升。

（2）精心布局，因时而进创新力。

全面统筹谋划，制定发展战略。嘉兴学院秉承"围绕中心、突出重点、打造特色、协同育人"的建设理念，按照"贴近学生、传播正能量"的建设要求和"易学易用、共建共享"的建设理念，将"嘉易班"建设与"最多跑一次"改革、网络思政教育有机融合，扎实推进，逐步建成网络思政、思想政治教育、网络自主学习、网络教育、网络娱乐一体化的校园文化服务平台；依托易班开展管理、生活、服务等工作，将学工、教务、团委、财务、后勤等资源纳入"嘉易班"。目前，已开发了 3 个线上校本化应用，为学生提供了近 20 项查询和服务功能，顺利完成了易班和校园网的校园网身份认证，师生只需一次登录即可享受便捷的服务，实现育人功能。

嘉兴学院的"嘉易班"运行两年来，让数据多跑腿，真正实现便捷服务。建立学生全生命全周期服务大厅，涵盖学生个人信息管理、日常请假、奖助贷申请、勤工助学岗位申请、图书借阅查询、一卡通消费查询、学生学业成绩查询、休停学申请、就业服务指导等事务。在建立前置化导师制的基础上，实行"一站式"离校系统。毕业生可通过 PC 端和手机客户端快速查询，了解离校手续进度，完成个人离校手续的办理。"一站式"离校系统服务的建立和实施大大提高了学校各业务部门和学院的工作效率。

（3）精密智控，因事而化提动力。

嘉兴学院的"1＋3"系统于 2020 年 1 月 30 日启动，很好地做到了返校复课的全程智控。在新冠肺炎疫情肆虐的特殊时期，"一校多址"模式成为常态化管理的重要抓手之一。校园嘉易班平台根据高校疫情防控的特征，把目光集聚到开学前、返校时和复课后这三个最主要时期，做到尽早规划、具体落实，以"嘉易班"平台为媒介，积极推进"报平安""直通码""直通车"等子系统，真正完善了全流程、立体化的高校疫情防控体系，从而实现校园安全稳定。

在这一完整的过程中，"开学前"的这一时期格外重要，要用好"每日报平安"打卡系统，做到精确全面。嘉兴学院建立"排摸排查、重点人员跟踪问效、终身一把手"的学生网络排查机制，第一时间掌握受疫情影响的学生行程、健康码信息、本人及家人健康状况、家庭经济状况等信息，做到底数清、情况清、动态准。自从 2020 年 2 月"每日报平安"全面上线以来，打卡报送已经超过 250 万次。通过该系统，对所有在校大学生进行实时跟踪管理。利用大数据分析功能，及时了解每个学生每天在校园内活动及学习状况。针对特殊时期出现的新问题，提前预警，开展心理疏导工作。结合系统反馈信息，共资助受疫情影响严重的 309 名学生，其中 132 名家庭经济困难学生入围研究生复试，有效落实了疫情防控"早发现、早报告"要求，为保障学生安全有序返校奠定了基础。

第二个关键时期是"返校时"的节点，凭借"直通码"的报到系统，实现返校复学的良好秩序。根据疫情防控形势和高校学生返校复学要求，2020 年 2 月快速启动"嘉园直通码"建设，根据学生返校复学进展情况，建立"灰码"（已审批但未到返校时间）、"蓝码"（已审批且已到返校时间）、"绿码"（已返校报到）的三色分类机制。通过翔实的学生返校审批、联系点、报到等流程和服务，构筑起返校全过程的精确智控安全防线。截至目前，2 万余名学生已分期分批有序返校。

针对"复课后"这个常态化阶段，通过实施"两张证"通行系统来精准便捷地管理。为了解决学生"跨校""离校"管理问题，嘉兴学院超前谋划，坚持管理制度和方式创新，在整合多平台相关数据信息的基础上，开发了多校区电子通行证、校园出入电子通行证"两张证"通行系统，打造嘉院常态化疫情精准化智能防控体系，在省内率先实现对学生的全流程无缝精准管理。学生可在规定时间内更改"电子通行证"颜色,利用审核生成的专用"电子通行证",在规定时间内进入校园,实时跟踪和更新校外行踪轨迹、学生健康卡、突发状况等关键信息,科学满足学生就业、实习、就医等实际需要,有效解决班级管理难题。据统计,该校共有 3 000 余名学生跨校区上课,有 5 890 名学生外出,按照学生教育、管理、服务工作"两不误、两促进"的要求,有效保障了疫情防控常态化。

2. 网络教育"润心田"——夯实网络育人发力点

(1) 思想培育,树立正确的价值观。

从内容构成来看,思想政治教育的重要内容包括党的基本路线、爱国主义、形势政策、理想信念教育等。基于以上考虑,嘉兴学院嘉易班平台充分发挥先锋者的角色,通过打造辅导员微课堂等栏目,担负起网络育人的重要功能。例如选拔全院校优秀辅导员和学生进行以十九大精神和家乡情怀教育为主题的理论讲座,并通过家园空间的"微课堂"定期推出辅导员老师及学生的语音和文字宣传资料等;打造党建品牌项目,借此展示独具特色的党建活动和社会实践,这个过程不仅能增强学生对党员主要责任和义务的认识,还能提高学生团结合作、无私奉献的精神,有助于形成新的教育模式和机制。从传播效果来看,这些内容在师生群体中反响不错,收获了超过 3 万次的线上点击阅读量,超过 500 条的评论留言以及超过 400 次的点赞。其中 3 篇网络文章、3 件微作品、2 篇优秀工作案例入选第四届全国高校网络教育优秀作品推选,2 件作品入选第四届全国大学生网络文化节作品。

(2) 同伴互助,实现共进步齐发展。

以当代大学生为主的青年群体在年龄、兴趣爱好、生活环境等层面有一定的相似性,所以更容易形成较为紧密的同伴群体。在思想政治教育环境中,同伴群体属于微观层面的核心内容,对思想政治教育的效果有着重要影响。特别是同伴群体在大学生的思想、行为和价值观的同化及感染过程中,发挥着不可替代的作用。这种同化通过一种微妙的、潜移默化的方式实现,一旦形成,就很难再次发生转变。正确引导同伴群体,使其基本符合社会发展的要求,对人们思想品德的发展具有十分重要的作用。基于此类问题的考虑,嘉易班家园空间的朋辈家园关注同伴群体及其互助关系,推出学业互助中心栏目,用以应对部分学习困难生不愿学、不会学、不知学的问题。首先借助网络数据库,整理学习困难生的资料并分析其相关数据,进而根据这些学生的学习需求,在全校范围打造精品课程。这些课程的讲师团由品学兼优的学生和部分专业教师组成,通过线下集中教学辅导的形式,进一步促进学生的全面发展和共同进步。从开通家园学业互助中心的效果来看,第一个学期便已实现 800 人次学生受益,形成了学生自主管理、同伴互助、师生互动网络思政教育合力。为了不断推进相关工作,学生处支持辅导员开展实践及学术研究,鼓励辅导员撰写工作案例、开展实证项目研究,包括学生学业帮扶、同伴互助以及学风氛围营造等。在过去的两年里,该校共有 5 名辅导员在浙江省辅导员工作案例大赛中获奖,获奖项目涵盖一等奖、二等奖和三等奖,辅导员累计进行了 70 项实证项目研究。

(3) 示范引领,激活内在成长动力。

榜样示范法在日常生活和社会实践中经常可以见到,这种方法又被称为典型示范法,是思想政治教育的一种基本方法。具体来看,榜样示范法指的是通过具有典型性、示范性意义的人或物,充分发挥示范、引导、警示作用,提高人们的思想觉悟,规范自身行为的方法。通过展示榜样人物的思想及行为模式,吸引以大学生为主体的观察者的注意,从而激发他们的内在动力,鼓励他们学习和效仿榜样人物。这种方法在促进大学生积极发展、健康成长等方面具有较为突出的作用及意义。因此,嘉易班平台打造青春说栏目,全校范围内挑选在学习成绩、学科竞赛、社会实践以及创新创业等方面表现突出的学生,让他们结合自身的成长经验和实际情况,在网络平台上撰写文章,集中发布于先锋家园之中,进而通过风采展示、精神感召以及力量彰显,不断激活其他学生的内在成长动力,鼓励他们成为新一批的榜样人物。

四、初步成果

2019 年,嘉兴学院成绩显著,校新闻网发布各类新闻 800 余篇/条,新闻图片 700 多幅;完成新闻专题片 3 部、视频 6 部;校广播台播出节目 800 余期,总时长 16 000 余分钟;学校官方微博微信分别发布 620 余条;完成人物采访 10 期,录制微访谈视频 2 期;中央和省市主流媒体报道学校 610 余篇,其中中央媒体报道 170 余篇,省级媒体报道 110 余篇,如中央电视台《新闻联播》再次报道嘉兴学院学子传承弘扬红船精神,《人民日报》报道在嘉兴学院举办的流体动力与机电控制工程国际学术会议,《光明日报》报道思政课传递红船精神、红船精神大宣讲、聚力"关键大事"聚焦"民生小事"等;有 9 篇稿件被"学习强国"浙江学习平台录用;人民日报社、光明日报社、中国教育报刊社、中国青年报社等四家中央媒体单位报道学校 56 篇,较上一年度增加 230%;统筹举办"思政星课堂",共有 3 篇网络文章、3 件微作品、2

篇优秀工作案例入选第四届全国高校网络教育优秀作品推选,2件作品入选第四届全国大学生网络文化节作品。

第四节　网络文化建设的启示

网络文化建设是一项筑基工程,需要常做常新。高校网络文化建设的发展目标,应朝着"提高平台质量""促进机制创新""实现文化育人"的方向前行。在高校网络文化建设的过程中,学生用户是主体,不仅需要为他们提供质量高、吸引力强的信息内容,还需要优化和完善平台设计,使他们能以自然且恰当的方式获取信息资源,实现信息整合传播的快速、精准,着力提升网络文化建设的效果。

一、网络文化建设必须更新理念,引领网络文化建设

高校网络文化是一项整体性工程,不再局限于此前较为单一的信息传播方式。互联网进一步丰富了传播的渠道,充实了学生用户的信息容量。在高校网络文化的建设过程中,学生用户不再是被动的、消极的信息接收者,而成了主动获取信息、快速传递内容的传播者。这种传播方式的变化,促使老师和学生之间的地位变得更加平等,互动性也更强了,[1]与之相适应的理念的更新还改变了早前的信息传播方式,由自上而下的单向传播转向全方位的双向互动,使学生接收或获取信息的方式更加多样化。信息资源转化下的文本知识以更为快捷便利的方式被学生接收,并能更好地应用于实践,这是高校网络文化建设的突破和创新。

1. 加强平等性:从主客二分到互为主体

学校的管理者、教师等是网络活动中的信息发布者,掌握着主导性的权力,而大部分学生往往只能被动接受。在独白式主客二分的理念建设中,这种普遍存在的现象说明了教师与学生之间的联系是松弛的,地位也是不平等的,这种不平等体现在网络资源的使用方式及传播效果等多个方面。随着网络技术在高校的普及与应用,网络资源的垄断和使用形式发生了很大的变化。在互联网时代,学生群体表现出了极大的创造力,因为他们比长辈拥有更多的网络信息知识,尤其是他们不受

---

[1] 薄丽娜. 内蒙古高校网络文化建设的路径选择[D]. 呼和浩特:内蒙古大学,2016.

传统和权威约束的心理特征,使得他们敢于审视老师甚至批评权威。随着信息发布者垄断信息资源的权威被瓦解,独白式的教育理念受到质疑,高校必须更新网络文化建设的理念:从早前的独白式到当下积极提倡的对话式,这一理念的转变能促使学生的地位由客体转向主体,实现高校网络文化建设的平等性。这种对话式的方法及理念,有利于强化学生主体地位。具体来看,主要表现在以下几个方面:第一,增加并丰富信息来源的渠道,削弱信息发布者的垄断;第二,主动发布与之相关的系列内容及信息,提高学生对信息整体脉络及发展的把握和认知;最后,沟通渠道的多样化与便利性,使得信息发布者难以对学生形成直接的干预,学生群体的交流环境更加自由自在,互动性也更强了。对话式的高校网络文化具有极其明显的优势,即自主性、独立性、交往性等特点突出,使师生之间的交往变得更为紧密。

这种互动的平等性既能使师生双方在网络交流过程中相互创造、证实自我主体的存在,又能充实个体的精神世界,发展平等健康的人格。在网络文化的互动交流中,彰显平等性的师生互动不仅充满个性,且更具魅力,使实时交流成为网络互动的核心方式。因此,我们有必要调整教师和学生的角色平衡,实现网络文化建设过程中多主体间的平等性,摒弃以往讨论师生谁是主体、谁是客体的立场,增加师生之间的网络交流及互动,致力于培养师生之间的理解与认同、对话与沟通、互助与包容,从而实现互相影响和彼此引导,提升网络互动下的精神培育及人格发展,营造良好的网络文化氛围。

2. 提升互动性:从单向信息传输到双向互动

比较独白式和对话式建设理念的异同,可以发现这两者间的核心内容就是互动。所谓的互动,涵盖的内容很多,在这里主要指网络平台上的互动。具体来看,其衡量指标包括单位时间内网络平台上交流的信息含量、反馈的速度、对过程的投入程度以及对信息的领悟力等方面的内容。对话式建设理念的目的是充分发挥学生的创造性潜能,推动师生互动关系朝着平等、和谐的方向发展。根据上述内容,可以对两种互动方式进行比较(参见图 5-1、图 5-2)。第一种是以信息发布者为中心的模式。这里的信息发布者只与学生保持单向沟通,这种模式很难保证学生群体获取信息资源的时效性与主动性,教育成效较差。针对图 5-1 所出现的短板我们应将信息发布者的单向互动转变为全方位互动,只有改变传统的信息资源传播模式,将其与校园网络文化的发展紧密结合,保持对网络文化的敏锐意识,整合数字空间的传播手段,才能在网络文化建设中摒弃单调的单向传播模式。① 因此,图 5-2 所示的模式是我们在高校网络文化建设中应该采用的主要传播模式。信息发布者也可以作为参与者出现,学生成为整个交互主体,每个主体都在来回交流。双方可以交流信息,实现互动沟通和互相感染,进而形成每个成员都积极参与并且全身心投入的氛围。学生可以独立地成为信息提供者、接受者甚至信息服务器,与信息发布者形成无限循环的互动。在全方位互动的过程中,学生用户的主体意识被极大地调动起来,从而形成了较为成熟的行为态度、认知模式和情感评价等。

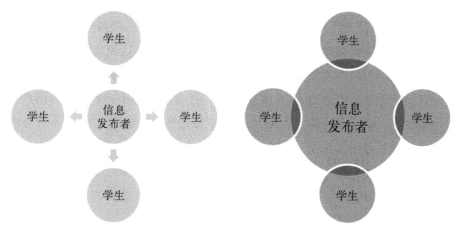

图 5-1　单向互动模式　　　　　　图 5-2　全方位互动模式

在第二类相互作用的基础上,建立了一种"同步—异步"交互共存机制。通过网络技术把两个系统连接起来,使它们之间能够互相了解对方的情况,并能相互传递信息,同时利用网络协议保证了整个网络系统中各个节点间信息交换的实时性、准确性和可靠性。在校园网平台上,信息传播的过程主要是同步互动的过程,充分利用及时的通信工具进行在线沟通和交互,方便问题的讨论和发布;可以在目标完成后,通过异步交互发送请求,实现整体交互和共存机制。

如今,单向信息传输已经不能适应网络时代的快速发展,多方位、全方位的信息传输是大势所趋。作为一种全新的传播方式,校园网络媒介的出现为师生们提供了一个崭新的沟通平台,它所产生的影响远远超出了传统意义上的校园网络环

---

① 薄丽娜. 内蒙古高校网络文化建设的路径选择[D]. 呼和浩特:内蒙古大学,2016.

境下的交流方式,主要原因是学生对信息技术的掌握迅速,对信息资源的搜索也比较广泛,他们对信息的特殊敏感性可能远远高于信息发布者,成为网络活动的发送者和接收者的统一体。传播者是指参加整个网络活动的人,而信息发布者则主要指为受众提供服务的各类机构或个人,它们之间存在着相互关联和相互作用关系,共同组成一个有机系统。这种互动关系就是信息交互过程。网络互动中学生群体的传播与接收的整合与协调,可以把个人的互动行为与信息发布者、信息资源的互动联系起来,大大提高互动的强度,使信息的传播更加紧凑有效,促进高校网络文化建设整体互动性的发展。

高等学校网络文化建设的终极目标是增强网络文化意识,引导师生树立正确的网络文化观、规范师生网络行为、实现网络与现实的统一,使师生自觉、积极地追求价值的统一。高校学生和教师对网络的认识分为个人认识和社会认识两个层面。个人层面上的认同主要包括自我认知、自我认识和自我评价三个方面,社会层面上的认同则涉及身份认同问题。身份认同是个体在网络中进行互动时所产生的一种心理状态。就个人层面而言,认同是在更加理性的思维指导下,对个人社会角色的正确认识。身份是一个人社会行为的持久动力。在社会层面,身份意味着社会群体成员在某种程度上共享某种信仰和感情。身份的这一社会层面旨在维持社会共同体的内部凝聚力。因此,身份认同在个体活动和社会共同体的存在和发展中发挥着重要作用。

虚拟网络空间不仅是一个简单的信息交流场所,更是一个融合现实思维方式和行为方式的发展新空间。随着互联网技术与社会生活各方面的渗透,它已经成为一种新型的社会存在形式,对当代大学生产生着越来越深刻的影响。学校网络文化建设平台的资源满足了大学生自我实现、释放个性的需求,为大学生的发展奠定了良好的基础。在高校网络文化建设中,学生群体并不是传统意义上的网络用户,更不是被动的受众群体。高校必须努力培养学生群体用户和受众的共性,使学生群体具有主动性和反思性,努力在高校营造的理性氛围中最大限度地实现行为的理性化。

高校的网络文化平台作为先进文化的前沿阵地,极大地发展了学生学科的知识和能力,促进了学生主体在网络社会中强烈的主体存在感,努力实现了对网络平台的自我超越。但在网络平台,大学生可以通过互联网与他人进行交流,并在此过程中获得自己的体验和感悟。这种体验不仅体现出自身价值,也是他们走向成熟的标志。因此,大学生在网络平台上的互动、交流和自我肯定,对于高校网络文化的发展和进步有着重要的影响。

网络社会将网络自我引入学生群体的同时,在一定程度上也说明了现实社会中个人的缩影:真实的自我。网络社会中的个体通过互联网获取各种信息,进行交流互动;通过互联网获得自身发展所需要的资源;通过互联网了解他人的生活状态;通过互联网去寻找自己想要的东西,通过互联网所形成的思维和行为方式在现实社会中得到了体现。高校可以利用互联网优势,提高知识传播效率,利用这个合理的渠道,潜移默化地培养学生群体的健全人格和健全情感,实现人与人之间在冷科技面前的便捷沟通,从而形成一种真正的情感社会关系。学生在这样的网络环境中成长,将认识到教育的本质,使高校网络文化成为对学生影响最大的时代声音。高校网络文化使学生群体的网络自我和现实自我相互影响,在这一环境中实现二者之间的协调和引导,最大程度地发展学生群体的认同感。

二、网络文化建设必须抓人才核心,建强工作团队

在校园网络文化建设过程中,队伍是关键、人才是基础。高校校园网络文化建设需要一个强有力的队伍来完成。[①] 高校校园网络建设离不开高素质的人才队伍。要有过硬的技能和理念,要有一支复合性、业务精湛的人才队伍。要使高校校园网更好地发挥育人功能,就必须建设一支文化素质高、专业技术强的网络文化人才队伍,这是高校校园网文化向更高层次、更深程度发展的重要保障。

1. 网络文化人才队伍的构成

文化发展和人类发展是一个平衡的交流过程。促进人的发展是高校校园文化建设的终极目标和归宿。人才队伍建设是关系到高校校园网络文化建设能否顺利实现的一个重要因素。高校校园网络文化建设的人才队伍必须年龄结构合理、专业门类齐全、分布均衡、整体素质高,既具有较好的知识基础,又具备一定的能力素质。按照专业职能,可分为基层网络技术团队和网络信息队伍、网络舆论引导队伍、评论员队伍和督导组。高校既要配备学校管理人员、生力军教师和骨干学生,又要配备一支精通网络技术的精英骨干,还要配备一支善于思想政治教育、多渠道合作、齐抓共管的辅导员;根据各组成部分的不同,小组应包括一个

---

① 曹琦笙.高校校园网络文化建设研究[D].兰州:兰州交通大学,2016.

全职网络工作团队、一个学生信息团队和一个家长志愿者团队。这些队伍虽然都有自己独特的优势,但又存在着一定程度上的局限性。因此,要充分发挥他们的作用,必须加强对这一群体的管理和培养。高校校园文化作为一种特殊的亚文化形态,与社会环境紧密相连。嘉兴学院结合网络文化发展新趋势,与学生、社会力量共建共享校园信息服务,打造了三支网络文化人才队伍:专职网络工作队伍、学生信息员队伍和家长志愿者团队。专职网络工作队伍由网络思想政治教育办公室人员组成,团队成员具有网络思想政治工作和实践经验,熟悉各种常规网络技术,了解网络舆情传播基本规律,擅长网络引导。学生信息员队伍,是网络文化建设的生力军,也是嘉兴学院网络文化建设日常工作的主力军。家长志愿者团队以"家校课堂"为依托,在关键时期与学生进行沟通交流,在网络舆情方面具有重要作用。

在新时代,加强校园网络文化人才队伍建设必须以培育和加强人才引进为根本。首先通过吸引全校优秀人才加入网络文化建设团队,积极引导他们提高网络知识水平和运用能力,更新不适应当前网络文化人才队伍建设的传统固有错误知识和落后观念,提高政治素养。其次是力度,使广大师生充分认识到高校网络文化人才队伍建设的必要性、紧迫性,并把它作为一项长期任务来完成。同时也要采取各种措施,不断地激励、调动教师工作的积极性。政策的全面实施是改善局面的保障。通过制定合理政策,选拔一批青年教师和优秀大学毕业生。这不仅可以发挥他们在思想政治领域的才能,还可以发挥他们在网络技术和知识领域的才能,为网络文化团队建设注入新的活力,促进网络文化建设人才队伍的年龄结构和知识结构更加合理。最后要有计划地引进高层次人才,把他们丰富的经验和实践知识技能融入校园网络文化建设,为提高人才队伍的整体素质注入新鲜血液。

2. 网络文化人才队伍建设

当前,人才队伍所具备的技能存在两个薄弱因素,一是网络文化工作人员,尽管网络技术较高,但对思想宣传思想政治工作的认识还存在一定的不足。二是在从事网络信息服务过程中,一些管理人员既不懂网络应用知识,又不具备相应的计算机操作技能,因此难以胜任本职工作。大学校园网络文化建设,需要有具备足够的思想宣传能力和网络技术水平的人才,要掌握先进的现代网络信息技术及其有效的传播手段,同时要有较高的思想素质和无私奉献精神,熟悉青年大学生的思想状况和网络规则。

人才培养是高校区别于其他社会组织的主要特征。作为高等教育体系组成部分之一的学校教育,必须以培养德智体美劳全面发展的社会主义事业建设者和可靠接班人为己任。教学的真正目的是为了人类的成长与发展。高校的基本职能是在文化的传承、传播和创造过程中塑造受教育者的健全人格和良好道德品质,促进文化的社会化、个性化、文明化,使之成为社会建设合格的接班人。学生的成才能力与他在大学里所学的知识密切相关,但更重要的是他在大学里是如何被培养的,也就是说,他可以通过适应大学的氛围而成功。伴随着网络信息技术的快速发展,网络文化也在发生变化。这就需要高校根据实际需要,建立完善的人才培养体系,邀请专业培训教师制订培训计划,按计划逐步完善知识结构,逐步提高学生的网络素养,为校园网络文化建设的顺利进行提供人才保障。

首先,要加强培训,提升网络文化人才队伍的专业知识水平。网络上的信息量是无限的,而信息内容就是虚拟存在和通信的自由。受网络文化的影响,人们的思维方式趋于多样化、复杂化、个性化,这就需要网络文化建设者必须适应新阶段的新需求。高校必须建立一支高素质的网络应用队伍,才能更好地开展网上思想教育活动。计算机网络技术的不断发展,对网络安全提出了更高要求。高校要提高人才队伍专业知识和业务能力,占据网络阵地,通过各种学习培训课程,提高学生学习计算机、新媒体、网络等知识的能力,以及计算机、课堂教学平台的常规操作能力。

其次,要提高广大网络文化人才队伍的思想觉悟。只有在具备良好的思想道德素质的前提下,网络文化人才队伍才能从根本上了解网络文化对大学生前所未有的影响,以及网络有害信息对师生不同程度的危害。因此,网络文化人才队伍要加强对马克思主义基本理论知识的学习,用正确的理论武装起来,在实际教学中运用马克思主义观点,消弭大学生使用网络的误区,提高他们对网络信息的鉴别力,阻断网络非法、色情、赌博、毒品信息及西方腐朽言论,净化大学生关切的网络空间,维护网络的健康文明。①

最后,建立和完善网络机制。高校只有建立网络文化人才培养和运行保障机制,才能保证网络文化人才的培养能够有效实施。在具体工作中,要从三个方面着

---

① 钟敏丰.高校网络文化育人研究[D].桂林:广西师范大学,2020.

手。一是保障机制。网络文化人才是一种特殊资源,具有价值性、稀缺性等特点,因此应制定相应制度来保护其知识产权。二是组织保障体系。网络文化人才队伍建设由学校党政主要领导分工负责,有关部门配合设立专门机构。三是运行支撑体系,加大硬件保障投入力度,确保物质条件满足实际需要,要完善网络文化人才队伍建设管理制度,提高网络文化工作者参与的积极性。

3. 调动青年大学生参与网络文化建设的积极性

青年大学生具有无限的热情和活力,是中华民族实现伟大复兴中国梦的宝贵人才资源。高校可以通过举办网络文化节、社团活动、网络寝室文化等活动,调动青年大学生参与网络文化建设的积极性,激发校园网络文化的生命力。

首先,"网络文化节"是在校园传播健康网络文化观念的最佳载体,是激发广大师生网络兴趣,特别是吸引青年大学生关注校园网络文化的有效手段。比如,开展"如何制作网页""网络安全讲座"等系列视频讲座,用耳目一新的方式向学生宣传科普知识;通过开展网络创意、摄像 DV 制作等一系列网络文化竞赛活动,培养学生的创新能力。

其次,大学生社团要充分利用现代传媒手段,搭建网络平台,宣传社团活动,提高社团活动的知名度,让更多的学生参与其中,形成线上线下相结合的工作机制,促进校园社团文化建设。

三是高校要积极搭建网络平台,开展形式多样的"宿舍文化"活动,充分调动大学生的积极性。比如,举办"优秀宿舍"评选活动,以通过网络参与宿舍摄影作品评选,通过微信投票等形式,评选出大家心目中的优秀宿舍等。健康的校园网络文化氛围可以促进青年大学生正确认识网络文化,正确体验积极网络文化的魅力,积极参与网络文化建设。

三、网络文化建设必须整合网络文化资源,丰富多元内容

1. 丰富高校网络文化话语体系,打破网络文化的自闭空间

语言变化是随着社会结构的变化而产生的一种有趣的社会现象。网络话语体系是人们在网络上进行交流和处理的工具,最活跃的词汇也会随着时代的变化而相应地改变其原有的形式和含义,它代表的是一种新的文化特征。网络语言可能不会真正改变我们的日常语言发展,但一定会积极参与并丰富我们的话语体系。高校网络文化话语体系要适应新时代网络话语体系的生动形象、诙谐幽默和展现

自我性,以适应网络时代学生群体的话语方式。这种方式不仅可以让学生创造和传播自己的网络文化,还可以让学生群体自然地建立自己的网络生活方式。高校网络文化建设要注重网络文本创作和传播的灵活性、前瞻性和建设性,打造具有高度敏感度、新颖性和感染力的高校网络文化建设版块,能够在重大社会事件和价值取向波动中把握舆论导向,进而得到学生群体的极大关注和响应,实现高校网络育人的价值和意义。

网络文化育人以新媒体为主要传播媒介,把网络作为社会主义核心价值观的主要传播阵地,将中国特色社会主义的共同理想融入、渗透到网络文化建设中,充分发挥网络文化平台作用,弘扬民族精神和时代精神,增强文化的凝聚力和号召力。在网络文化环境下,高校要积极引导大学生树立正确的理想信念;加强校园精神文明建设,营造良好文化氛围,构建和谐人际关系,培养健康生活方式;开展丰富多彩的校园文化活动,提高学生信息素养。实施网络文明思想文化建设,把正确的价值观、人生观和世界观、网络文明建设深入落实到网络文化育人的各个环节。

2. 打造主流校园网站,营造校园网络文化品牌,凸显校园特色

先进的思想主张如果没有先进的传播技术手段作支撑,就难以深入人心,就难以有效地占领舆论阵地。高校网络文化建设要突出自身优势,解决新时代下的"本领恐慌",打造主流校园网站和校园网络文化品牌,成为网络时代引起学生群体关注的行家里手。

高校网络文化的突出优势之一,就是代表了先进文化的前沿阵地。在互联网信息的海洋中,学生群体对高质量、可靠信息的需求不断显现,他们更愿意自主地网络环境中获得信息。为此,高校必须建立主流的校园网站,打造校园网络文化平台,为学生群体在纷繁复杂的信息中指明方向。高校网络文化建设的主流校园网站主要是指拥有一定数量的受众群体,能够形成对重大社会事件的高质量、高标准的评价,最后是能够达到一定数量的转载率和引用率,让学生群体在网络文化平台上享受到科技的便捷性和有效性、思想的准确性和真实性、情感的合理性和充沛性,从而丰富和延续自己的生活。同时,高校应引导和鼓励学生积极打造健康向上的校园网络文化品牌,扩大网络文化平台的辐射作用。

网络文化建设必须以党和国家的领导方针为根本,以理想信念为网络文化育人的核心内容,注重德育、智育、体育、美育、劳育的相互融合与渗透。高校必须建

设集知识、思维、服务性于一体的网络学习平台,加强基于网络信息平台的沟通与交流,精准运用微博、微信等新型网络社交平台,增强网络信息的丰富性和多样性;重视学生主体地位,充分发挥他们在网络文化中的主体性作用;发挥教师主导作用,不断提高其网络文化素养;利用先进技术,优化网络文化氛围;开展丰富多彩的校园文化活动,丰富校园网络内容;做好网上舆论引导,注重思想政治工作,做到教育与服务相结合。

3. 增强社会交往,聚焦现实问题,提高高校网络文化的针对性和实效性

高校可以建立区域内高校与业界之间良好的沟通模式,探讨业界人才需求,形成学生群体的优化培养模式。业界可通过高校网络文化建设平台向高校反馈意见,高校可通过反馈问题进一步细化培养模式,尽快增强学生的实践能力。大学生也可通过高校网络平台了解最相关的工作经验。只有高校与各行各业相结合,才能最大限度地满足学生的就业需求。同时,在具体指导高校网络文化建设的过程中,高校要注意方法的针对性和时效性,要适应互联网发展的特点和优势,创新网络文化的理念、内容、形式和方法,把网络文化的宣传触角延伸到学生群体能够接触的平台,提高网络平台的针对性和时效性,增加高校网络平台的访问量和应用度。

制度是育人工作的支撑,它能够为网络文化育人提供良好的环境,减少网络文化育人的不利因素。网络文化具有开放性、自由性和虚拟性特征,这使其极易受到各种不良思想和行为的冲击与腐蚀,给网络文化育人带来新的挑战。因此,高校必须加强对网络文化的监管,综合运用行政、法律和制度手段,实现网络文化建设的规范化、一体化。有关部门在政府部门宏观调控的基础上,必须对网络媒介进行调控和管理,为网络媒体运营提供良性发展环境。通过相关法律政策,以及针对网络文化教育工作制定的各项规章,切实保障网络文化育人的管理和约束。

新时代的青年在高度开放的网络空间,接收着各种富有自发性、碎片性、无序性、情绪性、感染性的信息。网络文化已成为影响政治、经济、文化、社会发展的重要力量,是影响高校人才培养的重要因素。网络文化具有育人功能,服务于立德树人的根本任务,在思想政治教育工作中也具有重要作用。但是,网络文化亦是一把双刃剑,一方面有利于增强社交、丰富生活,优化育人环境,拓宽育人途径,提高育人效率,突显育人效果;另一方面由于管理制度的不健全、不完善,一些信息可能会影响少部分人正确的世界观、人生观、价值观等的养成。因此,高校要高度重视、充

分发挥网络文化的正确引导和教化育人作用,在全面了解网络文化的内涵及特点的基础上,深刻认识网络文化的功能及重要价值,强化和完善网络文化管理体系,构建安全稳定、具有吸引力、影响力的网络文化平台,努力扩大网络文化的积极影响,优化网络文化育人的整体环境,进一步提升人才培养水平。

第六章

智慧学工

第一节　学生事务"最多跑一次"发轫与由来

一、"最多跑一次"改革

(一)"最多跑一次"改革的背景

"最多跑一次"是指优化办理流程、整合政务资源、融合线上线下、借助新兴手段等,群众和企业(自然人、法人和其他组织)到政府办理"一件事情"在申请材料齐全、符合法定受理条件时,从受理申请到做出办理决定、形成办理结果的全过程一次上门或零上门。"最多跑一次"改革是一种服务模式的创新,主要通过"一窗受理、集成服务、一次办结"等方式,让服务管理对象实现办事更加便捷高效的目标。

"以人民为中心"是党的十九大确立的新时代坚持和发展中国特色社会主义的基本方略之一。"最多跑一次"改革以习近平新时代中国特色社会主义思想为指引,把"以人民为中心"作为改革的核心价值理念并全面全方位地融入政府施政中,以此实现群众到政府部门办事的方便、快捷和高效。"最多跑一次"改革涉及政府治理的现代化、公共管理的伦理化、行政改革的人本化、地方政府的政治创新与行政创新等相关领域的问题。①

2016年12月,浙江省委经济工作会议上首次释放"最多跑一次"改革信号。2017年1月,浙江省政府工作报告正式提出"最多跑一次"改革。2017年2月,浙

---

① 尹晓敏.高校"最多跑一次"改革的逻辑起点、价值意义与实现路径[J].现代教育科学,2019(02):1-4.

江省政府办公厅印发通知,启动"最多跑一次"改革事项梳理工作,出台《加快推进"最多跑一次"改革实施方案》,明确了"最多跑一次"的总体要求、职责分工、实施步骤、配套措施、保障措施,绘就出了改革路线图,"最多跑一次"改革进入到全面部署阶段。2017年5月,浙江省政府颁布了《政务办事"最多跑一次"工作规范》,明确了"最多跑一次"的实现方式、服务对象、程序环节等内容,针对企业和群众办事过程中可能遇到的困难,给出了较为具体的解决实施办法。自2016年底浙江省率先推进以群众需求为导向的"最多跑一次"改革以来,短短时间内,广大群众实实在在从"最多跑一次"改革中感受到了获得感和幸福感。应群众需求而生的改革模式受到了社会各界的广泛欢迎和认可。2018年6月,国务院办公厅在整合优化地方"最多跑一次"改革经验的基础上,印发了《进一步深化"互联网+政务服务"推进政务服务"一网、一门、一次"改革实施方案》,标志着一场以更加系统和规范的方式——"最多跑一次"改革在全国范围内开始落地生根、付诸实践,政务服务"一网通办",企业群众办事"只进一扇门""最多跑一次"将全面展开。"最多跑一次"改革经过几年的探索,已从基层政府服务领域深入医疗卫生服务、教育等各个领域。

（二）浙江省教育行政部门"最多跑一次"改革的推进

教育是最大的民生。现代教育理论认为,高校作为一种高级知识群体集聚的特殊社会组织,是创新人才培养和先进文化传承的前沿阵地。对于高校而言,"以人民为中心"不是一个抽象概念,而是要将其落实到办学实践中。高校教育教学工作的核心元素是教师和学生,高校"最多跑一次"改革的根本出发点和落脚点也理应放在师生的成长发展、权利保障和获得感、成就感上,要把师生校内办事遇到的痛点、难点、堵点放在高等教育改革的重中之重,以办事程序的改革为核心,按照精简便捷、快速高效的原则,通过整合资源、统筹推进、创新方式,对所有涉及师生的事项进行流程再造,优化或简化流程,去除不必要的审核、确认等环节,最大限度地提高师生办事效率,改善师生办事体验,不断提升校务的协同服务能力和综合服务水平,努力形成师生"最多跑一次"的办事服务模式。

2017年2月,浙江省委教育工委、省教育厅召开专题汇报会,研究加快推进"最多跑一次"改革,要求全省教育行政部门牢固树立以人民为中心的执政理念,厘清职责关系,提高思想认识,优化政务服务,大刀阔斧推进"最多跑一次"改革。2018年,浙江省教育厅就推进全省高等学校"最多跑一次"改革出台了实施意见,要求全省各高校全面深化放管改革,充分运用"互联网+校务服务",打破信息孤岛,实现业务协同,①不断提升学校治理能力和发展活力,以增强师生获得感、幸福感为目标,在简化办事程序、减少办事材料、优化办事服务等方面不断发力,努力实现师生、家长和社会到校办事"最多跑一次"的目标。实施意见对总体要求、主要任务和实施步骤、保障措施等方面提出了具体明确的内容,提出到 2020 年底,基本实现校务服务事项网上办事、掌上办事全覆盖。为进一步加快推进"最多跑一次"改革向教育公共服务领域延伸,2019 年,浙江省出台《浙江省教育公共服务领域深化"最多跑一次"改革行动方案》,要求高校全面深化"放管服"改革,建立师生大数据中心,推动跨部门业务协同,充分借助易班平台,探索高校学生事务管理网络化应用建设,推进"一站式"实体校务服务大厅和校务服务网融合发展。2020 年,《2020年浙江省教育领域深化"最多跑一次"改革推进教育治理数字化转型工作要点》以"最多跑一次"改革为牵引,更高起点、更高标准、更高质量推进教育治理数字化转型,加快建设即时感知、科学决策、主动服务、高效运行、智能监管的新型教育治理模式,奋力把教育治理数字化转型打造成为"重要窗口"的标志性成果。

(三) 高校学生事务"最多跑一次"改革的提出

在传统的高校学生事务服务管理模式中,学生在办理各类事务时,从学校领导到职能部门、各学院、学生,通常以行政命令式、层级制管理,也经常会出现资料重复填,反复交,办事多部门跑,长时间等多种情况和问题,消耗精力和资源,师生体验差,程序繁琐、工作量大、费时费力,学生事务服务管理工作效率较低。2014 年,浙江省教育厅出台《关于推广建设"一站式"学生事务中心加强和改进高校服务学生工作的意见》,将"方便学生办事,解决学生困难,维护学生权益,促进学生成长"作为工作宗旨,积极搭建集教育、管理、服务于一体的新的学生工作平台,推广"一站式"学生事务中心模式,努力为学生学习生活创造良好环境。从 2014 年起,浙江省各高校陆续设立校级学生事务中心,从服务流程和细节着手,持续推进简政放权,对中心窗口给予充分授权,不断提高办事效率,努力让学生"少走一趟路、少进一扇门、少找一个人"。与以往同期相比,浙江省高校"一站式"学生事务中心的设立,不但提高了为学生办理各类事件的频次,学生的满意度也得到了提升。可以说,"一站式"学生事务中心的设立和建设,为我省高校学生事务"最多跑一次"的改

---

① 王勇.高校"最多跑一次"改革的生发逻辑与治理方略[J].国家教育行政学院学报,2019(11):39 - 46.

革奠定了坚实的基础。随着浙江省高校全面深入地推进"最多跑一次"改革,学生事务服务也从"少跑一次路"进入"最多跑一次"改革的阶段。高校学生事务的"最多跑一次"改革是推进高校治理体系和治理能力现代化建设的重要内容,是高校落实立德树人根本任务的必然要求,也是反映一所高校办学水平的重要内容。高校学生事务服务涉及学生报到注册、奖惩资助、请销假、寝室管理、校园文化活动、选课、勤工助学、创新创业、志愿服务、就业指导等众多事务,涵盖学生在校生活学习的方方面面,涉及学校各职能部门。

当今的大数据时代,作为"网络原住民"的大学生,已经成为信息化发展的重要受益者和推动者。对于 QQ、微信、抖音等,学生几乎是最忠实的用户。支付宝和微信支付已经成为学生最重要的消费支付工具。网络购物、网上订餐、滴滴出行、携程旅游……网络生活行为成了他们衣食住行、出游购物的主流方式。大学生的学习、交流与生活等日常行为都通过大数据呈现出来。因此,对于"出生于网络时代、成长于互联网快速发展阶段"的大学生群体而言,高校的学生事务服务与管理倘若还是停留在原来的传统管理方法和手段,就不能有效服务学生当前的学习生活,无法满足学生的成长发展的需求。面对日益多元和快速发展的大数据社会,高校学生事务服务与管理的工作理念、体制机制以及方法模式等都需要发生相应的变化,需要以改革创新的思维,合理运用"智慧学工"建设来推进并创设信息化服务平台,最大限度地利用信息化平台、大数据分析为学生提供更加快捷方便、精准周到、全面有效的事务服务,提高工作效率,从而推进学生事务服务的管理信息化和治理现代化。因此,高校要以改革创新的理念统筹推进学生事务服务与管理,创设信息化服务的有效平台,为学生提供更加快捷方便、全面周到的服务和帮助。

(四)基于"最多跑一次"智慧学工的意义

作为新时代高校着力推进的一项重要改革,对高校学生事务管理"最多跑一次"改革模式的探索,既是信息化时代背景下深化高校全面改革的必然趋势,也是促进高等教育现代化的重要途径,具有深远的功能与价值。

1. 回归"学生为中心"的初心,强化服务育人,提升学生的获得感

学生事务服务"最多跑一次"改革始终把学生的利益放在第一位,把学生的利益、满意度和获得感作为改革工作的出发点和落脚点。强化以"学生为本"的育人理念就是要求学生事务服务与管理要特别凸显"人"的发展性和意义感,在注重各类事项精简化、高效化、精细化的同时,更加满足学生个性化、多样化、人性化的需

求,服务学生的成长发展。这是高校全面贯彻落实"全心全意为学生服务"宗旨的具体体现,也从本质上完成了对过去的服务管理模式的超越。"让学生最多跑一次、让数据多跑路"的服务改革,最大限度地将学生的办事成本转化为统一高效的行政服务过程中,极大方便了学生,得到学生越来越高的认可度,提升了学生对学校的归属感,给予学生真情实意的关心和关怀,进而增强学生的获得感和幸福感。此外,学生事务服务"最多跑一次"改革提升了高校学生服务管理工作效率,让辅导员以及其他行政管理人员从千头万绪的繁重具体事务性工作中解放出来,把更多的精力和时间投入到与学生的沟通交流中,投入到学生的成长发展,从而更加深入地了解学生的思想动态,积极引导学生的成长,更好地为学生成长成才提供帮助和指导。

2. 促进高校治理现代化,强化管理育人,提升高校的行政绩效

"最多跑一次"改革并不是一个孤立的事件,而是由中央改革精神衔接地方,最终推广至各领域实现改革传导的经典样本,特别对于已经身处巨大变革机遇中的中国高校来说,这场来自外部"撞击"所产生的化学反应直接触及大学治理这个重大命题,推进了高校治理范式向"大部门、大职能、大服务"转变,将办学资源更多地投入到人才培养、科学研究、社会服务、国际交流当中。学生事务的"最多跑一次"改革是深化高校放管服的重要举措,是提高高校服务保障能力和水平的重要抓手。高校学生事务管理与"最多跑一次"的结合就是为了进一步梳理学生事务服务相关管理部门的事务清单,建立一套完善的规章制度。以规范化、流程化、标准化、个性化推进各部门之间自身的管理改革,优化学生生活、学习等各个方面工作的办事流程。学生事务的"最多跑一次"聚焦在与学生的学习生活关系最为密切和反映最强烈的问题上,从需求方的视角锁定改革目标,自觉地下移管理中心、降低管理重心,把学生办事的"窗口"当作行政改革的"主场",最大限度地将师生的办事成本内化为统一高效的行政过程。

3. 推进"智慧校园"建设,强化网络育人,助力数字化校园转型

以学生事务服务中心为基础,高校持续推进服务事项数据共享,依托校园大数据,进一步完善创建了学生事务服务网上大厅,推动了政务服务事项进校园,变"学生跑"为"数据跑",通过全面深化高校的"最多跑一次"改革,构建以网络为基础的学生事务管理桥梁,改变了传统各部门自行其是的现象,提高了各部门、学院之间的沟通和服务效率。传统的高校学生事务管理主张以学校为主导,受时空等因素

制约和限制,学校之外的社会、家庭等参与高校事务管理较少,"三位一体"的综合性管理模式难以形成。学生事务信息化管理的形成有利于打破时间和空间的限制,利用计算机网络将学校、家庭和社会三者连为一体,实现数据的高效率共享,使三者之间可以及时沟通,更好地从多方面了解学生的特点、兴趣和需求,共同合力促进学生的全面发展,为教育信息化提供了一展所长的巨大空间和平台。

4. 助力高校"三全育人"综合改革,强化协同育人,构筑服务的"同心圆"

"三全育人"综合改革是我国高校"立德树人"根本任务落实的有效路径,是培养德智体美劳全面发展的社会主义建设者和接班人的有效育人格局。"三全育人"综合改革需要形成系统完整、全面渗透、开放融合、运行严密的思想政治教育体系,而学生事务的"最多跑一次"改革为"三全育人"提供了规范开放、高效有序的学生信息收集、动态分析、指导服务、激励考评机制。学生事务服务"最多跑一次",将学生事务及学生发展指导的绝大多数功能放置于网上办事大厅,教学、服务、管理、学工等部门都可以通过某项办事流程或某些指导服务,分级、分权限对本部门工作内、与学生相关的数据进行信息交互,有利于突破时间和空间的限制,以开放共享的形式协同各部门的管理、推进"全员育人"。基于"最多跑一次"的学生管理信息化系统由多个功能独立、相互交融、信息共享的子系统组成,形成了学生综合信息数据库,涵盖学生的学习成绩、德育表现、社会实践、生活状态、志愿服务、活动参与、综合素质表现等多维度和多方面的"学生画像",学生事务服务"最多跑一次"数据的集成有力推进了"全方位育人"。在"最多跑一次"的过程中学生信息化管理系统,能够完整地记录学生从新生"预报到"开始,到学生在校期间学习生活的点点滴滴,再到毕业生就业等全过程信息,是"全过程育人"的真实有效的写照,同时,高校对学生在校期间全过程成长信息的记录和数据分析,有利于提高育人的针对性和实效性,有助于增强高校治理的组织凝聚力。

5. 开创学生工作管理新模式,凸显创新育人,形成科学指导服务体系

学生事务的"最多跑一次"改革,就是要改变高校传统学生事务工作"平行条块"导致的各部门、各环节工作脱离脱节的现状,打破工作中的"孤岛作战"局面。"最多跑一次"就是以突破性思维对学生工作进行全局性和战略性的设计与规划,把学生的办事体验作为工作的切入点,创新性探索开展"一单申请""一窗受理""一证覆盖""一档归并"等办事模式,通过工作规划、机制健全、制度优化、条件保障等举措,以系统化思维,着力突破形式各样的行政藩篱,构建学生事务治理的新结构

和新模式,形成全覆盖的工作格局、全程化的工作机制、全员化的参与和督查机制。① 学生事务"最多跑一次"改革创新了服务的体制机制、工作载体、服务方式,丰富了高校学生思想政治教育工作的内涵和工作的科学化水平。浙江省高校学生事务管理"最多跑一次"模式的成功实践,为全国高校学生事务服务管理提供了较好的范本。

(五) 学生事务"最多跑一次"智慧学工改革的特征

"最多跑一次"改革作为新时代开启全面深化改革的实践创新之举,具有鲜明的时代特征和丰富的科学内涵。同样,在国家积极加快构建高校思想政治工作体系的当下,高校学生事务"最多跑一次"被赋予了丰富的时代特征。

1. 突出"学生主体""问题导向"为改革评判的价值理念

一方面,学生事务"最多跑一次"改革无论从改革理念、目标要求还是最终成效,都是秉持"以学生为本"的理念,"服务学生、发展学生、关照学生",充分尊重学生的主体地位,把实现学生的发展作为根本任务。高校只有始终紧紧围绕"学生"这个主体,才能确保"最多跑一次"不偏离方向,才能抓住改革的核心要义。比如,在设计学生各类奖助学金申请的流程时,高校不仅需要考虑技术层面的实现问题,同时更要注重学生实际申请操作过程中的体验感和便捷性。如不同类别的奖助学金的申报条件,尽量减少学生信息填写,不重复填写,提升反馈时效等,均从学生视角,即从学生的成长发展需求、获得感、满意度和归属感等方面设计评判改革成效的重要指标。另一方面,学生事务"最多跑一次"改革坚持问题为导向,时刻关注学生的需求和利益诉求,充分尊重和考虑学生的意见建议,努力实现学生共同参与、共同治理学生事务的良好局面。尤其是在打通"最后一公里"上,重点破解改革中阻碍"最多跑一次"的痛点、难点和堵点,高校始终把学生的体验感和满意度作为衡量每一项具体的学生事务服务管理成效的标准,坚持改革举措来实现、维护和发展广大学生的根本利益。

2. 突出"全数量""全流程"为改革破解的本质内容

学生事务"最多跑一次"改革的"全事项""全流程""全数量"对学生事务服务与管理提出了更高的要求和标准。高校要以"最多跑一次"改革倒逼自身制度体制的

---

① 成永军,刘媛媛."最多跑一次"改革视阈下高校学生事务治理研究[J].湖州师范学院学报,2019(06):97-102.

完善和优化。学生事务"最多跑一次"不是简单的信息化、技术程序化问题,也不是单纯学生工作管理的问题,所有事务流程的标准化设计、组织、运行和评估均是基于在信息化技术手段辅助下融合学生工作治理核心元素,打破固有的办事体制。高校基于信息化思维,对所有学生办事事项进行流程再造重组,要在数据化平台上实现流程化服务,是对现有学生业务流程进行根本性的再思考与彻底性的再设计,将管理重心着眼于为学生事务的办理寻找最佳、最便捷的通道,需要管理者通过信息技术手段,以项目为单位协同学生管理的学校各职能部门,对各种信息资源进行整合利用,简化流程,实现信息数据的集成、功能与部门的集成、工作任务的集成。[①] 同时,在产生数据的流程设计过程中,高校不仅要"往前展望",也要"向后推理",要认真思考和仔细梳理事项决策可能产生的后续影响,寻找出最佳方案,按照先后顺序、纵横贯通、承接关系、影响因素等综合规划服务事项、流程标准,将"流程设计、结构优化、数据跑路"做到极致,使用户体验达到最佳满意度,如在迎新入学办事流程方面,就是要综合招生、学工、教务、财务、后勤、图书信息等部门的数据信息,实现流程办理,产生的新生入学数据存入全量数据中心。

3. 突出"共建共融""共享共通"为改革发展的根本路径

高校学生事务"最多跑一次"改革关键是实现融通和协同,充分运用好各类育人资源、平台和载体,发挥"协同效应",不仅仅对于某个事项的本身,更以系统治理的视野综合考虑"人""事""物"的协同上,形成层级与层级间的协同,部门与学院间的协同,部门与部门间的协同机制,现实空间和虚拟空间环境的协同。"最多跑一次"改革将学生从入学到毕业的各项事务和数据协同整合办理,是高校学生工作服务管理业务流、数据流、工作流的深度共建共享、共融共通而形成的云时代的新生态。首先,是各种网络平台的共建共融,近几年随着信息化迅猛发展,高校各部门均会有与本部门工作相匹配的信息系统平台,且学生事务相关服务均"洒落"在各部门的平台中。"最多跑一次"改革首先就是将各种信息平台融合,平台融合是学生事务"最多跑一次"改革的基石。平台共建针对学生校园身份识别管理、数据统一管理、办理事项开发应用等需要,利用统一认证、云计算等技术进行整合建设,构建统一的校园基础支撑服务平台。其次,数据融合是"最多跑一次"改革的核心内容,从基础数据的采集、各类数据的集成汇总、动态数据的应用分析管理等形成共

---

① 蔡颖雯.高职院校学生管理信息化研究[D].厦门:厦门大学,2017.

享共通,从而实现各办理业务之间的充分融合,打通"最后一公里"。

第二节　智慧学工建设面临的问题

近几年来,随着"最多跑一次"改革的不断深入推进,一些高校学生事务服务管理改革也取得了较为明显的成效,学生事务大厅以业务事项协同、项目横向集成、服务深度融合为建设理念,尝试以打造事项、流程、服务为核心的线上线下学生事务服务中心,统筹各相关部门的业务、数据资源,初步建成了"让数据多跑路,让学生少跑腿"的学生事务大厅。通过对学生事务服务项目的梳理进一步厘清了学生工作体系,开拓搭建了学生服务管理工作平台,提高了工作效率,一定程度上学生的满意度和获得感得以提升。但由于学生事务"最多跑一次"改革是在探索中实践的,在信息化融入"最多跑一次"改革时间不长,在实施"最多跑一次"改革过程中出现的新情况、新变化,也存在着一系列有待改进和完善的现实问题。相对于政府部门对于"最多跑一次"的强有力推进,高校学生事务服务存在改革步伐相对滞后、改革措施欠佳等现象,学生事务"最多跑一次"改革无论是理论研究还是实践探索都还需要进一步完善。

一、师生共同推进"最多跑一次"改革的思想认识有待进一步提升

随着信息化、数字化建设的快速发展,政务的信息化建设已经呈现出良好的态势,但高校的信息化相对而言还是比较滞后,传统的管理理念、工作思维方式等没有彻底地转变过来,尤其是在利用信息化技术推进学生事务的改革上,还是存在较大偏差,严重制约着智慧学工的建设和发展,具体主要体现在以下几个方面:

一是对于学生事务改革认识的高度不够。没有把学生事务"最多跑一次"改革提升到高校治理体系和治理能力现代化高度看待,仅仅简单地将其理解为服务事项流程的改变;没有把其当作是学校一项重要的任务来抓,而是看作一项上任务来应付对待,不能有效地将改革与推进学校其他各项工作相互促进。二是对于学生事务"最多跑一次"改革认识的深度不够。"最多跑一次"改革作为近几年高校推进校务服务的重要举措,尚处于探索实施阶段,信息技术在推进事务服务改革中也还处于"打磨"期,学生事务服务项目各项流程更多的是停留在表面上建设,较少从

全盘考虑如何让信息化学生事务深度融合推进。

二、学生事务"最多跑一次"的体制机制还不够完善

从目前高校学生管理体制来看,现行的学生事务管理体制还是传统思政工作体系下的制度机制,既有学校层面的管理服务体系,也有学院层面的管理服务,在"最多跑一次"的实践过程中,还是存在一些问题,具体表现如下:第一,学生事务管理体制创新理念与信息化的发展步伐没有达到"同频共振"的状态。随着信息化技术的快速发展,很多高校过度关注信息化技术的应用,重视投入大量经费购买信息设备,往往忽视了以创新学生事务服务的理念为基础和引领来强化信息化作为实现手段的方法,没有将学生事务管理形成一个系统化体系应用于实践操作过程。第二,学生事务服务相关制度与学生事务服务流程重构之间没有形成"完好匹配"状态。在学生事务流程设计过程中,一些高校很多时候根据信息化技术是否能够实现某一功能而进行流程的再造,往往忽视了制度本身的作用。当服务流程完成重构建设后,往往没有同步完善或修订相关管理制度,导致有些服务流程与制度之间存在"脱节"现象,给后续服务造成了很大影响。第三,"最多跑一次"改革的分类标准和服务事项没有形成"规范标准"的状态。在推进学生事务"最多跑一次"改革的实施过程中,由于各高校的信息化发展和学生工作基础的不平衡,在建设过程中就会产生很大差距,不仅是高校之间,在高校内部以及各部门之间也会存在事务服务改革推进不平衡现象。对于国家、省市有关"最多跑一次"相关文件要求,高校在贯彻落实的过程中存在各种业务流程标准不统一、事项不完善等现象。

三、校园信息化建设基础"各自为政""不平衡"现象比较突出

在高校"最多跑一次"改革以前,国内大部分的高校已经或初步建立了"数字化校园"等信息化工作系统。"智慧校园"大多基于学校"统一信息门户""统一身份认证"等,通过接口、数据对接等,集成校内教务、学工、人事、科研、后勤等信息管理系统业务,但这些系统本身的一些缺陷和大量的非结构化数据缺乏有效使用和共享手段,数据孤岛现象依然无法真正改变。高校"最多跑一次"校务服务改革正是以解决师生需求痛点为信息化工作建设初心,落实政府"放改服"改革在高等教育领域推进的具体工程,它要求学校建立共建、共通、共享、共融的校本数据中心。在当前改革过程中,还存在着具体问题:一是信息化建设缺乏统筹规划和全局思维,没

有形成规模效应。尽管一些高校也在梳理优化各项事务流程、各个业务信息系统，尝试以业务流程视角重构业务部门职能，但多年形成的机制体制，在前期开发规划及实施中各自为政、"纵强横弱"的局面短期内很难改变，学校要打破各业务部门之间的职能壁垒、联通各业务信息系统之间的数据孤岛，实现学校治理服务、管理能力的数字化转型还需要一定的时间。二是各信息平台没有完全融合，缺乏统一的应用、数据标准。因为校内"信息孤岛"现象依然存在，而且各业务系统由不同厂家招标建设完成，在之前信息系统标准不统一，加上各职能部门业务条块不同，数据的储存及处理没有标准，系统提供信息的不规范，增加了共用共享的难度。三是学工系统数据协同的能力比较弱小。"智慧学工"的有效运作以及进一步的优化升级都要依赖于各相关部门数据的协同支持。尽管各高校信息中心统筹数据，但还不是真正意义上的组织协调机构，相对独立的"智慧学工"信息系统，虽然在一定时期一定程度上解决了学生的一些业务服务需求，但对于学生整体发展和全生命周期的关注不够突出。另外，因为信息孤岛和各系统数据来源不一，工作人员重复录入数据、学生重复填写数据或学生信息数据有出入等，导致工作效率不高，学生体验感不强。此外，各类服务信息在发布过程中，因为各部门各自为政，沟通又不到位，或者工作人员信息技术业务运用不精通，学生不能及时获取正确的信息而影响服务质量。

四、师生日益突出的需求与信息化服务之间不匹配的矛盾

作为在互联网中最活跃的青年大学生群体，他们对新生事物接受得速度快，且长期在网络环境下形成信息化思维和理念，获得的信息化知识都会使他们形成独立的新想法，也会对高校的教育和服务提出更高的要求。他们需要具有信息化理念的，能够为他们提供专业咨询、指导和建议的管理者，但大部分高校的工作人员在改革中没有完全适应信息化的发展，没有与信息化技术形成与时俱进的思想认识，尚未将科学的信息化理念应用于管理并形成一种常态的行为，更多时候还是从原来的规章制度或者以权管理和服务学生，无法从本质上满足学生的诸多现实需求。所以高校学生事务"最多跑一次"改革中的矛盾主要体现在"学生用户日益突出的对网络服务产品应用的需求和落后的学生事务信息化服务的不满足、不匹配"，学生对系统界面传统、用户体验感不强、信息化设备陈旧单一、无法适应新时代移动特色应用场景等，导致大学生对高校信息化服务事项和文化产品不满意，甚

至抵触。

五、师生信息化素养有待进一步增强

高校学生事务工作人员自身信息化素养有待进一步提高。高校每位教师和管理人员都是育人的一分子,同时作为网络育人的实施者,其自身的信息化素养直接影响到"最多跑一次"改革的实施。在互联网快速发展的时代,许多高校的育人工作者一是没有与信息化"与时俱进",依然停留在传统的信息管理理念上,信息化意识欠缺,信息化业务能力较弱,信息化素养较低,没有主动以网络创新思维来服务和工作。二是师生信息化"受挫"能力较弱。信息化作为一种辅助育人的现代化手段,在实践过程中肯定会有局限性或者需要在探索中不断完善功能,而高校在推进"最多跑一次"改革过程中,若某一办事流程事项或者学工系统应用受阻或出错时,一些师生不是想着如何去克服技术与管理结合的问题点,而是会抱怨信息化不好,甚至对"智慧学工"建设产生抵触心理,不想去革新,喜欢停留于如"EXCEL 表格"的应用上,对信息化建设心存芥蒂,导致信息化"本领恐慌"、服务质量较差等问题。三是信息化安全意识淡薄。随着信息化的加速发展,影响网络安全的计算机病毒、网络黑客以及网络安全漏洞等问题增多,不良网络信息渗透,而许多高校学生事务工作人员信息化安全意识不强,对网络安全不够重视,使得这些安全隐患严重威胁了校园网络安全,高校信息化安全也成了校园安全稳定的一大问题。四是学生文明网络素养不高。互联网提升自我学习能力是学生一项重要的网络素养。特别是信息技术的发展和互联网的普及,学生作为主体的自学、治理模式成为现阶段校园生活的重要模式。但是,部分学生尽管整天"浸泡"在网络世界中,但不善于利用学校提供的网络资源为我所用,不会鉴别网络多元信息,通过网络自主办理事项、自主学习的意识不强。

第三节 宁波卫生职业技术学院智慧
学工建设的新鲜经验

宁波卫生职业技术学院是浙江省唯一的卫生类高等职业院校。近年来,该校主动顺应区域卫生事业和健康产业的发展需求,紧紧围绕"卫生健康双领域服务"

办学定位,秉承"仁爱、健康"的校训精神,坚持"合力办校、质量立校、特色兴校、创新强校"的办学策略,秉持"以人为本、选择多样、仁术融合、人人出彩"的教育理念,探索构建了"对接健康服务需求,促进产教融合;对接职业岗位需求,促进课岗融合;对接职业素养要求,促进仁术融合"的"三对接三融合"的人才培养模式,致力培养具有创新创业精神的"厚人文、明医理、强技能、高素质"岗位胜任力强的技术技能型健康服务人才,建设具有国际视野、国内一流、现代化的卫生健康类高职院校;坚持立德树人根本任务,加强社会主义核心价值观教育,培育学生"敬佑生命、救死扶伤、甘于奉献、大爱无疆"新时代卫生与健康工作者职业精神;作为浙江省第二批易班建设试点单位和浙江省"三全育人"(网络育人)综合改革重点支持高校,认真贯彻落实习近平网络强国战略,秉承"互联网+思政"的理念,深化"三全育人"综合改革,构筑立德铸魂网络育人新高地,提升网络思想政治教育的吸引力、亲和力和影响力,不断推进治理体系与治理能力现代化,深入落实"最多跑一次"改革要求,以信息化建设为抓手,不断助力形成科学化的学生工作治理体系,探索出了一套基于易班为平台的学生全生命周期管理与服务的工作模式,取得了一定的工作成效。

一、指导思想与工作理念

宁波卫生职业技术学院以习近平新时代中国特色社会主义思想为指导,认真贯彻落实党的十九大制定的建设网络强国、数字中国、智慧社会的发展蓝图,扎实贯彻落实习近平网络强国战略,根据《高校思想政治工作质量提升工程实施纲要》(教党〔2017〕62号)、教育部等八部门发布的《关于加快构建高校思想政治工作体系的意见》(教思政〔2020〕1号)、《浙江省全面深化高校"三全育人"综合改革实施方案》(浙教党办〔2019〕7号)要求,按照浙江省深入推进"最多跑一次"改革的部署,充分运用"互联网+校务服务"和大数据;围绕立德树人根本任务,推动"三全育人"综合改革,在网络育人中加强价值引领,注重资源融合、促进方法创新,牢牢掌握网络阵地的领导权和主动权,推动学生思想政治工作与新媒体新技术有机融合,不断完善网络育人质量提升体系,依托信息技术构筑网络思想政治教育新高地。通过信息化建设倒逼学校治理简政放权、放管结合、优化服务,促进体制机制创新,使学生的获得感明显增强、管理效率明显提升、发展环境进一步改善,不断增强学校发展活力。

二、育人目标

宁波卫生职业技术学院坚持"互联网＋思政",以"共建、共享、共融、共通"为工作理念,按照一条主线(以"三全育人"理念贯穿各环节全过程),两大导向(以学生需求为导向,以传播主流声音为导向),三个目标(形成一体化的网络育人矩阵,提升学生网络素养,培育一批优秀网络文化精品)为导向搭建网络育人学生工作体系。推进学生事务"最多跑一次"改革,全面梳理并公布和学生管理与服务相关的"最多跑一次"事项,成熟一批、公布一批、上线一批。以切实提高学生满意度、获得感和幸福感作为衡量标准,检验和评价改革的成效;以易班试点高校建设为契机,加强易班内涵建设,将易班打造成为"一站式、一体化、一条龙"的学生成长信息平台,实现学生服务事项网上办事、掌上办事全覆盖,学生管理与服务线上一网通办,加快推进学生工作治理体系和治理能力现代化;充分发挥网络育人功能,加强网络思想政治教育的融合性建设、主体性发挥、供给力提升和品牌化效应;充分发挥网络思政全员、全方位、全过程育人的功能,以易班为依托,建立"易于"学生校园生活的一体化网络矩阵、"易于"学生健康成长的网络思政教育综合平台,最终形成"思想引领有力度、服务指导有温度、舆情把控有效度、文化建设有深度、生活品质有高度、协同育人有广度"的网络思政教育新生态,提升学生网络素养,营造风清气正的网络文化环境,形成网络育人品牌,守好师生网络精神家园。

三、建设思路与路径

1. 注重顶层设计,建立"全方位"制度保障机制

近几年来,宁波卫生职业技术学院十分重视"智慧校园"建设,明确提出了学校信息化建设的工作目标,推进以师生为中心、以服务为核心的智慧校园建设,升级信息化基础设施,推进"互联网＋教学",建设虚拟实训中心,推进"一网通办"的一站式公共服务平台建设,促进信息技术与教育教学深度整合,建成与教育现代化发展目标相适应的教育信息化体系,学校信息化整体水平进入同类院校先进行列;成立"最多跑一次"改革工作领导小组及专项工作组,明确学生管理服务要梳理工作清单,编制数据目录,减少前置条件,精简办事材料,缩短办理时间。制定《宁波卫生职业技术学院"最多跑一次"改革专项督查办法》,从制度上为"最多跑一次"改革和学工信息化建设提供了保障;召开易班建设启动仪式,出台《宁波卫生职业技术

学院"易班"建设方案》，从建设目标、建设内容、保障措施、建设步骤等方面，确定"路线图"，绘好"时间表"，对学校易班建设进行了整体规划，是学校今后一段时间依托易班开展学工信息化建设的重要指导性文件，通过构建制度体系，明确学工信息化建设的目标、路径、措施，为提升治理能力提供制度保障；制定《宁波卫生职业技术学院网络育人质量提升工程实施方案》，基于"易班"建设，明确未来3年学校网络育人工作目标，明确打造网络育人四项工程，着力构建宁波卫生职业技术学院高质量网络育人体系。

2. 梳理工作清单，优化"全覆盖"服务平台矩阵

宁波卫生职业技术学院推进"最多跑一次"改革初期，共梳理出学生管理与服务事项清单90余项，内容涵盖奖惩助贷、荣誉评定、创新创业、迎新与毕业、日常事务服务等业务模块，除档案查询、报到证发放等须现场办理的项目以外，其余均开通网上办理，所有网上办理项目均已投入正常使用，同时根据"最多跑一次"改革的要求，优化办事流程，进一步减少不必要的审批环节，根据实际需要倒逼制度建设；学生综合服务改革主要依托网上办事大厅开展，学生可以通过学校微信企业号绑定网上办事大厅。在信息化建设不断推进，方便学生办理业务的同时，学工信息化建设的弊端也逐渐凸显，即不同平台入口多、管理难，缺乏有效的整合；以易班试点建设为解决这一问题提供了统一平台，基于易班对多个学生管理与服务平台进行整合优化，明确一张清单，确定一个入口，构建"大学工、大思政"网络平台，极大地方便了学生的使用和学校的管理，学校学工信息化建设进入易班"一网通"时代。

3. 强化措施落实，建成"全过程"网络育人平台

宁波卫生职业技术学院智慧学工建设坚持以问题为导向，以需求为目标，以服务为宗旨，根据"最多跑一次"改革的要求，打通信息化建设的"最后一公里"，破解学生管理与服务工作中的痛点、难点、盲点，建立学生工作信息化长效机制。智慧学工建设以提高易班内涵建设为切入点，充分发挥易班的集成功能，将学生管理与服务相关系统融入易班APP。实现学生事务从"窗口办"升级到"网上办""掌上办""一网办"，让学生从"最多跑一次"到"一次都不跑"，构建覆盖学生全生命周期的学生管理与服务平台。同时，从学生迎新预报到开始，到在校学生日常事务各类服务，一直到就业、毕业生毕业服务，形成一条完整的"最多跑一次"服务链。智慧学工建设以思想为引领，通过提升服务将学生吸引到易班平台，在服务的同时强化网络育人，弘扬网络正能量，开辟网络育人新阵地。

四、具体措施与对策

1. 入学"码"上报到,梦想"易"路起航

宁波卫生职业技术学院与第三方企业共同开发学校易班迎新系统,从新生报到即引导学生积极入驻易班。学校随录取通知书一并邮寄易班邀请函,告知学生易班注册认证方式,学生在收到录取通知书的第一时间便可以注册认证易班,及时了解学校各类资讯,帮助学生提前融入学校。2017年,该校开始实施信息化迎新工作,大大降低了工作强度,提高了工作效率,节约了迎新成本投入。一是预报到信息采集,工作前置促服务。预报到信息主要包括学生基本信息和预申请家庭经济困难认定和绿色通道情况;根据预报到信息梳理出须重点关注的学生,班主任、辅导员一对一送政策、送关怀,确保不让一个学生因家庭经济困难而失学。同时根据疫情常态化防控要求,在迎新系统中设置健康申报表填写、每日健康打卡、开学交通工具采集等功能,在学生入校前全面掌握学生的健康状况和行程安排,提高学生的疫情防控意识,通过健康打卡增进学校和学生之间的交流互动。二是入学环节轻松扫一扫,"码"上就报到。学生入学报到时,只需用易班APP扫一扫迎新二维码,便可以完成报到手续,获取电子入住单。迎新系统内有班主任和分管辅导员联系方式,学生入学后可第一时间与老师取得联系,报告入学情况。如果学生入学前未完成缴费,系统会提示缴费的地点,如学生暂时不能缴费,可根据系统提示到绿色通道办理处,一键申请绿色通道,负责老师审核后学生便可以获取电子入住单,完成绿色通道入学。该校迎新当天会根据绿色通道申请情况,梳理出须重点关注的学生名单。迎新当晚,由校领导带队到宿舍慰问学生,为学生送去关怀和慰问品,易班智慧迎新系统做到了全部事项一网办理,通过数据采集完成学生信息"速写",形成学生数据"画像",为线下迎新活动开展提供了重要的数据支撑。

2. 日常治理,服务"易"网打尽

宁波卫生职业技术学院易班智慧学工系统集成了学生事务日常服务项目,内容涵盖学生基础信息、宿舍管理、请销假、班主任辅导员考评、离校服务等类型,已基本能够满足学生日常需求。一是完善学生基础信息,全面掌握学生背景。信息采集包括学生家庭情况、学习经历、健康状况、宗教信仰等内容,这些基础数据为后续学生工作的开展提供重要依据。二是强化学生健康社区管理,宿舍安排高效便捷。智慧学工系统可以根据学生情况和宿舍资源自动安排宿舍,极大提高了工作

效率和精准度,对个别特殊情况学生还可以进行微调。系统支持学生自行选择宿舍功能,在条件成熟时可以探索实施,满足学生住宿个性化需求。学生在离校实习前或办理走读时须通过智慧学工系统进行退宿申请,宿管负责老师会根据宿舍水电费是否结清进行审批。学生可通过系统进行调宿申请,选择想要入住宿舍的空余床位,填写申请理由便可以轻松调宿。三是规范请销假制度,严格出入校园管理。智慧学工系统请假流程信息包含请假类型、去向、往返时间、紧急联系人、是否离校等内容,在当前疫情防控常态化背景下,对掌握学生动态,严格校园防控制度具有重要帮助。四是搭建学生工作评价平台,注重学生对班主任和带班辅导员评价。学校设计考评题目,导入智慧学工系统,学生可以对班主任和带班辅导员工作情况进行评分,教师得分作为班主任和辅导员工作考核的重要参考,将量化评分与定性评价相结合,提高考评工作的科学性和实效性。五是证件办理自助服务,线上申请线下打印。对于审批件,学生提交申请,审核通过后便可以在线打印盖章材料,对于非审批件,学生可以直接在网络终端打印学籍证明、在校证明等相关材料。自助打印让学生随到随办,降低了学生事务办理的时间成本和管理成本。六是搭建失物招领平台,畅通信息互联互通。师生捡到遗失物品可以通过平台发布招领信息,并注明捡到物品的时间、地点和联系方式,如遗失物品,同样可以通过平台发布寻物信息。平台畅通了学生之间的信息渠道,培养了学生拾金不昧的品质。

3. **数据智能管理,奖惩"易"览无余**

宁波卫生职业技术学院智慧学工系统对接学校全量数据中心,既可以对德育分、星级寝室等做线下维护,又可以自动读取教务系统学生必修课加权平均分、体测成绩、违纪等内容,让数据真正服务于工作。一是智慧奖学金评定系统,数据整理高效便捷。学校会根据奖学金评定条件,在系统中设置申请权限,只有符合条件的学生才有权限进入系统申请。对不符合条件的学生,系统会自动提示不符合哪一项要求,增加工作的透明度。单项奖学金学生可先在系统内进行社会实践、体育比赛等荣誉的维护,教师审核通过后,学生才有权限进入单项奖学金的申请。国家奖学金、国家励志奖学金、省政府奖学金的申请与学校奖学金申请有先后逻辑关系,学生只有在通过学校奖学金评定后才能进行国奖和省奖的申请,同时可以自动筛选不可兼得奖项。权限设置可以将不符合条件的学生直接排除,提高了数据的信度,减少了无效信息,降低了审核教师的工作压力。二是动态维护违纪信息,保障学生应有权利。学工系统后台导入违纪信息,学生在违纪处分到期后,可以通过系统申请解除处分,如学生符合解除条件,负责老师审核通过后会发文予以解除。学生如对处分有异议,可以通过系统进行违纪申诉,负责老师会根据学生提供的材料受理申诉,从制度上、程序上维护学生的正当权益,避免学生申诉无门。

4. 打造智慧资助,扶贫"易"个不少

学校资助工作不断完善制度建设,构建"三扶三暖"资助育人体系,资助项目获得多项省市级荣誉。智慧学工系统建设为精准资助提供了技术保障。一是精准认定,线上线下双向互动。学生在规定时间内通过系统提交申请,上传佐证材料。班主任召集班级民主评议小组进行评议,对通过评议的学生在系统内提交到学院资助辅导员进行资料审核。资助辅导员可在系统内一键导出含有学生详细信息的认定汇总表,提交学院党政联席会议讨论。资助辅导员将通过学院认定的学生名单提交学校学生资助管理中心复核。学生资助管理中心可一键生成全校认定情况汇总表,然后提交部门领导和分管校领导审阅,最后提交学校学生资助工作领导小组会议审定。系统流程设计严格按照制度规范开展,各项材料最后统一形成资助档案归档。通过系统认定,提高了数据的精准度,减少了统计工作量,提高了工作流效率。二是依据认定情况,开展精准资助。学校各类资助项目均通过智慧学工系统申请和实施。被认定为家庭经济困难的学生通过系统申请国家助学金,负责老师根据上级下达指标对学生申请情况进行审核,对不能享受国家助学金的学生,学校按同等标准给予学校助学金资助。学生还可以通过系统申请学费减免、临时困难补助、特殊困难补助、社会助学金等项目,负责老师根据学生情况予以审核。三是构建勤工助学体系,打造实践育人平台。学校勤工助学岗位原则上只针对家庭经济困难学生开放,勤工助学项目只针对在系统内完成家庭经济困难学生认定的学生开放权限,未认定学生不能访问。校级管理员先在系统内设置各单位、部门的管理员,各单位、部门根据工作需要在系统内提出岗位发布申请,学生资助管理中心对岗位需求进行审核。学生如有需求,可在易班智慧学工中查看所有单位、部门用工需求,可以根据岗位要求进行申请。岗位发布人对申请情况审核通过后便完成岗位招聘。用工部门每月末在系统内提交学生工资信息,由学生资助管理中心统一审核,系统内可一键导出学生工资发放表。同时用工部门还可以根据学生表现对学生工作情况进行评价,督促学生履职尽责。

5. 玩转第二课堂,积分"易"目了然

宁波卫生职业技术学院自 2016 年开始制定并实施职业素质养成教育实施方案,经过几年的探索,构建了卫生类高职特色的学生核心素养养成教育模式,率先形成了富有行业特征的学生核心素养培育内容体系。方案实施初期,主要通过印制《学生职业素质养成教育成长册》开展,每年都要花费大量经费印制成长册,学生参与相关活动后还须将纸质的佐证材料粘贴在成长册内,后期积分统计工作难度大。2018 年该校开始引入 PU 口袋校园,极大地解决了第二课堂工作的痛点和难点。2019 年该校将 PU 口袋校园融入易班,学生注册认证易班后便可以直接使用。该校将核心素养实施方案通过 PU 口袋校园来实现,学生社团根据实施方案定期发布各类活动,由社团指导教师负责审核并确定活动学时和学分。学生在平台报名后根据要求参加线上线下活动,通过打卡签到等方式确定有效参与活动,并根据打卡签到和签退情况形成学生的诚信度评价。活动结束后平台会自动生成活动积分,最终形成学生自己的第二课堂成绩单,内容包含学生在校期间参加所有的竞赛、社会实践以及各类活动。同时,平台支持学分导入功能,对未在实施方案中的重要活动,如参加宁波市大运会开幕式表演的学生可直接在平台内给予学分奖励,极大地促进了学生参与表演的积极性。网络平台形成的大数据既是对学生在校经历的总结,同时,也全面展示了学生的整体精神面貌,为学校分析学生行为提供了可靠的大数据基础,并可以在学生毕业求职时为企业招聘提供精准的用人分析,促进就业。平台内"高校头条"推文包括生活、成长、学习、娱乐、思政等多方面与学生密切相关的内容,学生在参与活动的同时,也能够获得最新的校园资讯。易班口袋校园的搭建极大地降低了素质教育的工作强度,增加了数据的精准度,提高了数据使用效度。

6. 智慧平安社区,安全"易"同守护

为减少学生安全事故,提高学生安全防范意识,帮助准确识别各类安全隐患,宁波卫生职业技术学校基于易班开发"平安宁卫"小程序。学生通过平台可以进行视频微课学习和安全文章学习,并可以在评论区开展互动;负责老师可通过平台开展安全知识测试,一键导出学生成绩。在管理端可以自定义课堂和文章分类,可进行文章管理、专题管理、学生管理和管理员设置等操作;平台开设专题教育模块,如假期安全、实习与社会实践安全、疫情防控等;可开展特殊主题日教育,如消防宣传日、交通安全日、法制宣传日教育等。平台内容丰富、案例翔实,贴近学生生活。对

建设平安校园具有重要推动作用。

7.“云端就业”服务,助力“易”起圆梦

2018 年,宁波卫生职业技术学校启用“才立方”智慧就业系统,面向全校学生和用人单位提供线上就业指导和服务,搭建网络就业平台。近两年来,该校不断更新和完善智慧就业系统,从简单的获取招聘信息、了解就业政策到就业手续线上办理,实现“最多跑一次”;从简历投递到实现在线面试,不断提供更优质的服务,打通就业工作“最后一公里”;面向学生,提供职业测评、招聘信息、职业课程、宣讲会、招聘会等全过程、全方位的就业指导和服务,不仅仅面向毕业生,也为在校学生的职业规划提供指导和服务;面向用人单位,提供岗位信息发布、专场招聘会和宣讲会举办、学生简历查看、在线视频面试等更便捷的招聘程序。疫情防控阶段平台发布招聘信息 1 300 余条,527 家用人单位加入就业信息系统,举行网络招聘会和宣讲会 10 余场次,智慧就业系统接入易班 APP 和微信端,开通微信公众号,打造联动矩阵,利用新媒体提供掌上就业指导和服务,定期推出涵盖就业指导、招聘信息、职业课程、生涯规划、政策法规等各方面内容的推文、微视频和微课程。

8.打破数据孤岛,轻松“易”键离校

宁波卫生职业技术学院易班智慧学工系统对接学校全量数据中心,充分利用“大数据”,学生各项信息可以和毕业离校要求自动比对。待毕业季返校时,学校负责老师通过智慧学工系统对学生离校条件进行批量审核,符合毕业条件的学生可以批量办理离校,学生无需进行任何操作,实现了离校事项从“方便办”到“无须办”;对欠费、欠书的同学,系统会自动提示学生到指定的地点办理相关手续,运用大数据高效办理离校手续,让复杂流程变得如此“融易”。

五、主要成绩

宁波卫生职业技术学院易班试点建设工作启动以来,学校不断整合校内各类资源,加强内涵建设,将学生工作信息化建设与易班建设协同开展,共同推进,成效显著。

1.优质服务吸引住学生

宁波卫生职业技术学院通过搭载智慧学工系统,不断提升易班内涵建设,用优质的服务来吸引学生,学生访问易班从“要我来”到“我要来”,易班的学生黏度不断提高,易班共建指数和活跃指数分别保持在全省前列。学生的易班注册认证率和班级入驻率均达到 100％,学生对易班的认知度和认可度不断提高,为开展网络思政教育提供了良好基础。

2. 整合资源优化管理

宁波卫生职业技术学院易班队伍不断优化,各单位、部门除常设师生队伍之外,越来越多的师生主动参与到易班建设中,形成了跨部门、跨条线、跨层级的易班协作建设模式。师生积极参加各项学习和培训,并获得相应的结业证书,队伍信息化素养不断提升。易班的资源整合功能逐渐凸显,校内各单位、部门从不了解易班,到逐渐开始探索使用易班,最终共同深度参与到易班建设中。

3. 内涵提升影响增大

宁波卫生职业技术学院基于易班开发迎新系统、智慧学工等特色应用,易班建设的内涵建设不断提升,社会和业内影响力不断增大。《浙江教育报》《宁波晚报·甬上 APP》《鄞响客户端》等多家媒体对学校易班迎新系统进行专题报道,其他兄弟院校到校交流学习易班建设经验。宁波卫生职业技术学院指导老师受邀参加2020 年度易班全国共建高校内容创作队伍交流活动。全省仅 6 所高校受邀参会。辅导员们好的想法和建议也可以通过易班等网络平台第一时间传送给学生。网络的育人作用在疫情期间起到至关重要的作用,通过网络和学生的"面对面""心连心",使学生能够积极乐观地面对疫情,"一场疫情教会我们什么? 这位高校辅导员'硬核'家书告诉你""我们与春天的约定""宁波卫生职业技术学院辅导员陈燕娜:给未来的天使——心里有些话儿,想唱给你听""云端晒成果,居家劳动忙——宁卫辅导员喊居家小伙伴'动'起来"等辅导员优秀的文章也通过"浙群辅导员"公众号广泛宣传,在省内高校中产生了一定的影响,并得到浙江在线等多家媒体报道。

4. 成效显著获得认可

宁波卫生职业技术学院易班建设获得多项省级荣誉,得到上级部门认可。该校被评为 2019 年度浙江省优秀易班共建高校,1 名教师被评为优秀易班指导教师。由于易班建设的显著成效,该校入选浙江省"三全育人"(网络育人)综合改革重点支持高校。参加 2020 年度易班优质公开评选的课程,积分进入全国前 10 位,是全省入围 3 所高校中唯一一所高职院校。

第四节　智慧学工建设的启示

一、"智慧学工"建设必须构筑"三个一"改革矩阵

1. 统一思想认识,合力育人:"一条心"汇聚力量"加速跑"

新时代做好学生思想政治教育,要"因事而化、因时而进、因势而新",学生在哪里,学生思政工作的阵地就要在哪里。当代大学生是网络"原住民",高校需要将网络嵌入实践育人中,这也是高校学生思想政治教育可持续发展的必由之路。高校所有教职工都需要有这样的理念和认识,将"互联网+思政"的理念渗透至各项工作。"智慧学工"作为高校数字化校园建设的重要内容之一,是高校服务和发展学生最重要的网络育人"窗口",全体育人工作者要充分认识到"智慧学工"建设的重要意义。一是管理者要加强"智慧学工"建设的学习调研,充分理解和懂得如何将信息化发展深度融合到学生思想政治教育工作中。思政管理者要加强学习调研并学以致用,为"智慧学工"建设打下扎实基础;在推进学生事务"最多跑一次"改革初期,宁波卫生职业技术学院分管校领导带队先后赴杭州电子科技大学、浙江师范大学、金华职业技术学院等高校学习交流易班网络育人建设和信息化建设工作。邀请相关专家先后为宁波卫生职业技术学院师生开展题为"创建网络服务育人新平台",以"易班文化涵养青年学子""常态化疫情防控下如何开展网络育人""智慧学工建设"等主题的专题报告会,让师生对于易班以及"智慧学工"建设有了更加深入的了解;组织易班指导教师参加浙江省第二批易班试点高校培训班、智慧育人学工新生态峰会、易班全国共建高校内容创作队伍培训会等专题培训班;通过实地调研和外出学习,拓展了视野,吸取了兄弟院校的先进做法,加深了对网络育人工作的理解。通过学习其他高校的经验与做法,结合该校的实际情况,制定了具有自身特色的易班建设方案。同时易班发展中心定期集中对辅导员、班主任、学生干部等开展专题培训,提升网络育人骨干队伍的思想认识和业务能力。二是高校管理者要高站位、高姿态、高远见地提高对"最多跑一次"改革的认识,达成统一的思想共识,齐心谋事方能推进改革。高校必须成立由校长挂帅的"最多跑一次"改革领导小组,设立"最多跑一次"改革办公室,组织开展全校各部门、学院负责人参加专题会

议,统一思想、提高站位,从落实立德树人根本任务、"大思政"格局,到打破部门之间业务模块的壁垒,从各部门大融合视角谋划和梳理学生办事流程事项,到牢固树立"互联网＋服务"的理念,形成合力,学校各部门、学院齐心推动"最多跑一次"改革。三是要广泛做好学生事务"最多跑一次"改革的宣传工作,让人人明白改革的初衷、懂得新的办事服务审批流程,形成线上办事的认知,养成掌上办理事务的行为习惯。通过服务事项公布、具体工作人员培训会,召开班主任、学生干部、辅导员等各层面动员大会进行广泛宣传,架构起职能部门与学生之间的信息桥梁,让学生更全面、更准确地获悉办事审批流程;线下办事大厅为学生提供咨询服务,同时通过印发学生事务办事操作指南,让学生线上线下都可以随时查询如何快捷、方便地办理事项。

2. 智慧学工建设必须整合资源优势、系统治理:"一盘棋"统筹规划"领跑"

推进"最多跑一次"事务改革,也是各高校积极探索治理体系的新路径,实现了从碎片化管理到协同治理、整体治理的转变,推进跨层级、跨部门、跨业务的协同治理和服务。高校要加快学生事务一体化智慧服务体系建设,实现效率的最大化,关键不在于信息技术,而在于良好的系统治理体系的形成。一是要深入学校各业务部门和学院实地调研,充分调动各业务部门积极参与"最多跑一次"改革建设,并持续深入开展业务流程优化再造。梳理各相关部门学生事务服务事项,从学校整体和全局视角梳理跨部门、跨业务服务办理审批事项。宁波卫生职业技术学院实施学生事务"最多跑一次"改革之前,校长或分管校领导多次牵头召开由各部门、学院负责人参加的专题研讨会,对各项学生事务服务流程,尤其是对跨部门、跨业务流程重点验证其可行性、科学性,分析其背后的业务逻辑、数据共享等,最大限度优化流程、实现跨部门数据同步共享。二要依托顶层设计、加强统筹谋划,重视"智慧学工"建设的科学前瞻。经过广泛调研、反复论证,建立统一规范、动态调整的学生服务事项目录数据库,明确好服务事项后,要对业务流程进行重构优化,尽管很多业务事项流程牵涉多个部门,但每个事项必须要明确好牵头部门,牵头部门对跨部门业务进行统筹优化,这一过程不仅仅简单地把线下流程搬到线上,而是从用户体验的视角出发,模拟实际事务办理流程,从方便顺畅又规范有效的角度,可以删减的步骤就删减,可以整合提交资料的就整合,可以用统一认证实现身份验证的就取消签字盖章,已有数据不再要求用户重复填写,破除信息壁垒,以信息化创新创优服务,让办事更讲效率、更求便捷。三要加强对"智慧学工"应用效果的评估和考核。

除了通过座谈、问卷等形式调研学生满意度以外,高校要按照"全打通、全归集、全共享、全融合"的要求,确保学生所有能够线上办理的事项均已经聚焦线上平台,所有的业务系统功能都得到了优化,所有的事项办理流程达到了最简化,所有的数据均得到了整合共享,所有的信息壁垒都得到了破解等,根据定期的自我评估进一步改进和完善,助力数字化校园转型。

3. 智慧学工建设必须营造网络生态、聚焦易班:"一张网"编制云时代"助跑"

"智慧学工"建设不仅仅是构建利于学生办理事项的网络窗口,更需要营造网络育人文化,形成良好的网络生态。易班平台必须以学生需求和传播主流声音为导向,以"微"服务、"微"活动、"微"课堂、"微"作品、"微"交流"五微内容"为网络育人的重要内容,同时,必须研发"精准思政大数据一体化平台",逐步构建包括数据采集、处理、分析与应用服务为一体的"四精型"(精准教育、精细管理、精准服务、精准评价)网络育人模式,形成了"易于"学生校园生活的一体化网络矩阵、"易于"学生健康成长的网络思政教育综合平台。

智慧学工建设必须营造"五微一体"内容,夯实网络育人厚度。以"五微"即"微"服务、"微"活动、"微"课堂、"微"作品、"微"交流为主要支撑,相互融合促进,挖掘育人要素,丰富网络内容,传播主旋律,弘扬正能量,使思政工作更好地满足新时代学生成长的诉求和发展的要求。一是贯穿全程的"微"服务。从招生宣传,新生入学,到学生在校期间的培养教育,日常生活点滴,再到实习、毕业时期的"就业服务""离校教育"等环节,实现全程全方位的信息化服务覆盖。二是打造精彩的"微"活动。高校必须以思想引领为主线设计开展线上线下"微"活动。开展易班轻应用、推文设计比赛,网络微课大赛,先进班集体视频录制等活动,以赛促学,提高网络思想政治教育能力。此外,利用重要节假日、纪念日或选择重要时间节点,通过网络开展形式多样的主题教育活动。比如,2021年党史学习教育期间,浙江、江苏、广西三省(区)四校开设"实境云课",4所高校的4个师生党支部相约同时探访所在城市的红色基地,通过网络连线的方式共享探访学习成果,实现了一次跨越千里的云端打卡联动。运用数字媒体技术,打破高校党支部间的空间隔阂,让历史场景、图画和文字同时在我们面前"活了起来",构建了党史学习教育共同体。三是润物无声的"微"课堂。高校必须将育人课堂搬进网络,整合各类资源,在易班中注入更多的本校元素,让学生乐于用、善于用易班,随时随处可以教育引导学生。通过微党课、"初心"讲师团微宣讲等方式,引导学生树立正确的世界观、人生观和价值观,坚定不移听党话、跟党走的信心和决心。贴近学生需求,同上一堂思政大课、健康生活课等课程,结合预防电信诈骗、防控新冠肺炎疫情、大学生心理健康宣传教育等制作专题视频,向学生普及防诈骗和健康生活知识。疫情防控期间,学校通过微信公众号发布各类防控知识、疫情动态,宣传在疫情防控期间学校和学生身边涌现的先进人物和感人事迹,产生了良好的育人效果。四是叩击心灵的"微"作品。高校可以通过易班等平台发布开学、迎新工作方案,报到通知,提高易班在学生中的认知度和认可度。依托校新媒体工作室,以官微、快手短视频等制作推送介绍学校党建思政、科研、教学、服务等多方面的视频作品,让学生更加熟悉学校发展所取得的成绩,增强了自豪感和荣誉感,充分发挥网络育人的优势。五是春风化雨的"微"交流。借助"易班"平台、微信公众号和精准思政大数据一体化平台等,打破时空限制,拉近与学生交流的距离。开发"上课啦"教管服智慧赋能应用场景,以小程序构建协同育人大合力,点名系统自动"微"提醒学生按时上课,推送旷课信息给辅导员,方便掌握学生动态,及时开展交流谈话,深受师生的欢迎和喜爱。同时,对学生进行深层次分类,聚类、关联、预警、帮扶、跟进,分析形成学生的"学情分析表",做出相应"画像",帮助辅导员精准识别各类问题,从而有针对性地及时开展思想教育工作。

创新网络育人载体。一是打造思想政治教育平台,注重思想引领。在易班主页开设"易思政""易班优课"等主题模块,推送《四史学习》等各类相关资讯。辅导员会结合国内外各类热点时事,结合各年级阶段学生特点、发展需求,撰写帮助学生了解时事,解读热点,树立和坚持正确"三观"的育人"微文",努力做好学生成长道路上的思想引领者。二是打造学生服务平台,提供便捷化服务。开发建设精准思政大数据一体化平台,整合打破信息孤岛,实现业务协同,深入推进事项梳理和流程优化,构建了"一站式、一体化、一条龙"的"智慧学工",以大数据驱动个性化育人,将云就业平台、网上党校、专业交换、问卷调查、场地预约、第二课堂活动开展等内容整合为思政教育一张网,打造了思想政治工作的网络化"成长超市",实现了学生日常高频事务的"一网办理"。三是构建"四精型"网络育人模式,提高精准思政水平。构建包括数据采集、处理、分析与应用服务为一体的"四精型"(精准教育、精细管理、精准服务、精准评价)网络育人模式,开发"精准资助""精准心理健康教育""精准学业帮扶""精准就业"等已探索运用,打造了智慧思政典型应用场景,推进了工作进一步落细落实。

二、智慧学工建设必须基于"三个立足"内涵的提升

1. 立足网络育人又要跳出网络育人

平台的内涵建设是"智慧学工"生命力的决定性关键因素,学生的接受程度取决于平台的内涵建设。因此,扎实推进网络育人,高校必须以互联网思维做好网络育人体系的顶层设计,同时,也要注意跳脱出网络本身,不能只"在网言网",要将网络育人和其他9大育人体系结合起来,将课程、科研、心理、资助、组织、就业创业等育人元素融合进来,统筹谋划,把网络育人平台打造成为学生不得不来、来了就有收获、来了就受教育的综合服务平台。

2. 立足学生需求又要高于学生需求

"智慧学工"的建设,既要着眼当下,坚持"以学生为本"的宗旨,解决学生学习生活中遇到的实际困难和问题,满足学生实际需求,又要着眼长远,落实立德树人这一根本任务,助力学生健康成长成才,解决学生面临的长远发展问题。

3. 立足共性开发又要强化个性平台建设

"智慧学工"的开发建设有很多共性的服务可以借鉴和参考,但决不能做成千篇一律、千人一面,高校必须结合自身的学科专业特色、人才培养特点等方面,挖掘出更多适合本校实际的个性化育人元素,从而推动形成具有学校特色的网络育人品牌。

第七章

网络育人矩阵建设

第一节　网络育人矩阵的概念

一、网络育人矩阵建设的背景

从人类的发展史来看,人类社会经历了农业革命、工业革命,正在经历信息革命。而信息革命则增强了人类脑力,带来生产力又一次质的飞跃,对国际政治、经济、文化、社会、生态、军事等领域发展产生了深刻影响,将人类社会带进了互联网时代。[①] 随着网络信息化的迅猛发展,它的触角已经延伸到人类社会的各个角落,潜移默化中影响着人们的生活和学习方式及价值观。正如习近平总书记所说:"互联网已经融入社会生活方方面面,深刻改变了人们的生产和生活方式。我国正处在这个大潮之中,受到的影响越来越深。"在这场势不可挡的互联网浪潮中,教育的需求和网络技术的进步推动了"网络育人"这一新形式的出现和不断发展。

1. 网络强国战略背景下网络育人的时代意义

党的十八大以来,以习近平同志为核心的党中央对信息网络技术和思想政治教育的融合发展高度重视,围绕"网络育人"发表了一系列重要论述。2015 年 10 月,党的十八届五中全会通过的《中共中央关于制定国民经济和社会发展第十三个五年规划的建议》中,明确提出实施网络强国战略以及与之密切相关的"互联网+"行动计划,由此,建设网络强国正式成为国家战略目标之一。2016 年 4 月,在网络

---

① 唐皇凤,肖融知.新时代加强党的长期执政能力建设的理论创新和实践进展[J].东南学术,2022(01):1-14,246.

安全和信息化工作座谈会上讲话指出,要"着力推动互联网和实体经济深度融合发展。"①他认为只有重视网络信息技术的发展,才能以技术促科技、育人才。他站在网络强国战略的高度,强调了充分发掘"互联网+"的教育潜能是新时代青年人才培养的关键所在,因应信息技术的发展,推动教育变革和创新,构建网络化、数字化、个性化、终身化的教育体系,建设"人人皆学、处处能学、时时可学"的学习型社会。②还提出了"举旗帜、聚民心、育新人、兴文化、展形象"的使命任务,在"互联网+教育"不断发展的进程中,努力培养出能够担当民族伟大复兴大任的③时代新人。

2. 网络育人的时代使命和发展路径

2016 年 12 月,习近平总书记在全国高校思想政治工作会议上发表重要指示:"高校思想政治工作关系高校培养什么样的人、如何培养人以及为谁培养人这个根本问题。要坚持把立德树人作为中心环节,把思想政治工作贯穿教育教学全过程,实现全程育人、全方位育人,努力开创我国高等教育事业发展新局面。"④在网络信息技术飞速发展的时代背景下,高校作为思政育人主阵地,肩负着人才培养的历史使命。高校的思想政治教育工作能否与时代发展和青年成长"同呼吸,共命运",是解决"如何培养人"这个问题的关键,是答好"立德树人成才"时代问卷的根本。习近平总书记特别强调:"做好高校思想政治工作,要因事而化、因时而进、因势而新","要运用新媒体新技术使工作活起来,推动思想政治工作传统优势同信息技术高度融合,增强时代感和吸引力"。⑤ 教育部在 2017 年颁布的《高校思想政治工作质量提升工程实施纲要》中要求:大力推进网络教育,加强校园网络文化建设与管理,拓展网络平台,丰富网络内容,建强网络队伍,净化网络空间,优化成果评价,推动思想政治工作传统优势同信息技术高度融合,引导师生强化网络意识,树立网络思维,提升网络文明素养,创作网络文化产品,传播主旋律、弘扬正能量,守护好网络精神家园。这一系列重要论述为高校紧跟时代发展,真正将网络育人重视起来、

---

① 习近平.在网络安全和信息化工作座谈会上的讲话[N].人民日报,2016-4-20(1).
② 习近平.习近平致信祝贺国际教育信息化大会[N],光明日报,2015-5-4(1).
③ 张晓松,黄小希.习近平在全国宣传思想工作会议上强调举旗帜、聚民心、育新人,兴文化展形象更好完成新形势下宣传思想工作使命任务[N],光明日报,2018-8-23(1).
④ 张烁.习近平在全国高校思想政治工作会议上强调把思想政治工作贯穿教育教学全过程,开创我国高等教育发展新局面[N],人民日报,2016-12-9(1).
⑤ 张烁.习近平在全国高校思想政治工作会议上强调把思想政治工作贯穿教育教学全过程,开创我国高等教育发展新局面[N],人民日报,2016-12-9(1).

为让网络育人做活起来、切实发挥网络育人功效,为实现高校网络思想政治工作的持续发展提供了方向和思路。

3. 融媒体传播格局下网络育人矩阵的兴起

随着互联网技术的飞速发展,面对媒体融合的日新月异、媒介技术的不断整合、媒介形式的不断推陈出新,网络表现出舆论空间多元、传播手段多样、社会思潮多变的趋势,媒体融合的巨大浪潮正在席卷而来,并由此产生了融媒体这一概念。面对融媒体发展形势,习近平总书记在不同场合多次强调要利用新技术、新应用创新网络传播方式。2014年8月,中央全面深化改革领导小组第四次会议审议通过了《关于推动传统媒体和新兴媒体融合发展的指导意见》,习近平总书记强调:"坚持先进技术为支撑、内容建设为根本,推动传统媒体和新兴媒体在内容、渠道、平台、经营、管理等方面的深度融合,着力打造一批形成多样、手段先进、具有竞争力的新型主流媒体。"他对新形势下推动媒体融合发展提出了明确要求,作出了总体部署,媒体融合发展上升为国家战略。2016年2月,习近平总书记在党的新闻舆论工作座谈会上发表重要讲话,强调"党的新闻舆论工作要能适应分众化、差异化传播趋势,加快构建舆论引导新格局"。要推动融合发展,主动借助新媒体传播优势。① 2016年12月,习近平总书记在全国高校思想政治工作会议上提出要根据不同网络平台、不同网络社群的特点制订专门的思想政治工作方案,形成有的放矢的新媒体矩阵。在融媒体传播格局下,这是"网络育人矩阵"概念首次出现在高校的思想政治教育工作领域中,为各高校创新青年的思想引领工作提供了重要切入口及发力点。2019年1月,习近平总书记在中共中央政治局第十二次集体学习时再次强调了推动媒体融合发展、建设全媒体的紧迫性,同时肯定了建立融合传播矩阵所取得的积极成效。他指出:"宣传思想工作要把握大势,做到因势而谋、应势而动、顺势而为,加快推动媒体融合发展,使主流媒体具有强大传播力、引导力、影响力、公信力,形成网上网下同心圆,使全体人民在理想信念、价值理念、道德观念上紧紧团结在一起,让正能量更强劲、主旋律更高昂。"②基于互联网技术的推动,在面对网络领域异常复杂多变的意识形态斗争和不同思想文化的激烈碰撞时,高校

---

① 杜尚泽.习近平在党的新闻舆论工作座谈会上强调:坚持正确方向,创新方法手段,提高新闻舆论传播力、引导力[N],人民日报,2016-02-20(1).
② 杜尚泽.习近平在党的新闻舆论工作座谈会上强调:坚持正确方向,创新方法手段,提高新闻舆论传播力、引导力[N],人民日报,2016-02-20(1).

亟需具备融合性思维,顺应时代潮流和形势,调整网络育人的整体格局,深挖网络思政在育人中的着力点,以"围绕学生、关爱学生、服务学生"为导向,利用不同媒体及其要素间相互交融的特征,促进教育载体、教育内容、教育手段与教育目的等方面资源实现互融互通,搭建起全方位多维度的网络育人矩阵,牢牢占据思想引领、舆论引导、文化传承、服务师生的传播制高点,推动高校网络思想政治教育的顺利开展。

二、网络育人矩阵概念与特点

1. 网络育人矩阵的概念

"矩阵"本是一个数学名词,最早来自方程组的系数及常数所构成的方阵。高校网络育人矩阵是依托互联网数字技术,以"校级媒体为龙头、院系媒体为羽翼、师生自媒体为信源"的构建思路,按照不同的教育主体、不同的教育内容、不同的教育体系,建立不同的网络媒体平台,构筑交相呼应、纵横交错的媒体矩阵,实现思想引领、内容创造、主流传播、文化演绎、舆情监控等主导功能,形成多维度、协同性、全方位的大学生网络思想政治教育。经过高校网络育人的实践,当前已经初步形成了多级别、多层次、多维度、多功能网络育人矩阵的雏形。第一层级是"核心层",立足于点,发挥学校官方"两微一端"、网络平台等媒介平台一维"点"的引领力。学校官方账号管理部门,通过做好顶层设计,不断规范和完善媒体运营管理机制和要求,以学校文化为纽带,引领矩阵内各媒体平台按照指令进行内容的生产和传播,做到共同发声、形成集束效应、提升宣传教育效果。第二层级是"紧密层",延伸成线,发挥各职能部门、院系为主的网络育人媒介等"二维线"的推动力。在重要节日、重要活动、重要事件等重点节点上,全校矩阵内各二级媒体账号,按照共同一主题、多信源采集、多媒体编辑、各自创新再造、多平台分发的方式,构建起话语同盟,实现互联互通、互相支撑、互为补充的合力,全方位满足各专业学生多元化成长需求,协同构建好网络思政育人矩阵。第三层级是"外围层",覆盖全面,发挥学生社团账号、师生自媒体账号、校友等媒介三维"面"的辐射力。积极调动师生群体的主观能动性,培养出学校矩阵内自媒体的"意见领袖"部落,充分发挥其"引航员"作用,以"平等、重视、引导、共赢"的思想,用社会主义核心价值观为标尺传播时代主流声音、传递正确舆论导向、弘扬社会正面能量。网络育人矩阵能够发挥多层次、多主体、多类型的媒体力量的合力,实现联动互补,进而使单个网络媒体无法实现的功能予以实现,并发挥出"1+1>2"的效果,实现网络思想政治教育效益的最大化。

2021年,中共中央、国务院发布《关于新时代加强和改进思想政治工作的意见》强调,加强网络思想政治工作,深入实施网络内容建设工程,加强网络传播能力建设,依法加强网络社会管理,推动思想政治工作传统优势与信息技术深度融合,使互联网这个最大变量变成事业发展的最大增量。

2. 建立网络育人矩阵的必要性

随着互联网技术的飞速发展,截至2020年3月,中国互联网络信息中心(CNNIC)公布的第45次《中国互联网发展状况统计报告》显示,我国网民规模为9.04亿,互联网普及率达64.5%;我国手机网民规模为8.97亿,网民中使用手机上网的比例为99.3%;人均每周上网时长为30.8个小时。在我国网民群体中,学生最多,占比为26.9%。高校大学生作为"网络原住民"更是无日不网、无时不网、无处不网,网络成了他们获取信息、表达想法、开展交流的主要渠道。"谁赢得了互联网,谁就赢得青年"。在互联网时代,网络发挥出了润物无声的强大隐形作用,谁占领了网络阵地,谁就引领了青年这个群体。网络信息技术的飞速发展,大学生网民的人数剧增,网络交互化程度的提升,促使高校网络育人平台的融合也成了大学生网络思想政治教育载体发展的必然趋势。而构建高质量网络育人矩阵体系,推动社会主义核心价值观的网络弘扬与传播,推进网络思想政治工作,增强吸引力和时代感,强化网络育人功能,牢牢占据意识形态主体地位,成了高校立德树人工作的关键。

3. 网络育人矩阵的特点

网络育人是高等教育体系的重要组成部分,在新时代承担了传播主旋律、弘扬正能量的任务与使命。如今,高校的传播媒体已不仅仅局限于传统的"单打独斗式"运行方式,高校必须通过网络育人矩阵的构建,以新的阵地、载体和平台建设,通过展现传播形式的多样性、提升传播速度的即时性、加强与提高传播渠道的畅通性,不断吸引青年大学生。打造高校网络育人的矩阵,必须将思想政治的传统优势同网络媒体、网络技术不断融合,用学生"喜欢听、愿意听"的形式,汇集矩阵集群力量,让网络育人活起来、亮起来,不断提升网络育人实效性、影响力。

在育人内容方面,高校网络矩阵必须成为弘扬与培育社会主义核心价值观的主要阵地与渠道,必须用优质内容来实现价值共识与知识传递,不断供给课堂以外的价值理念、知识素材,对专业知识育人内容补充;通过育人矩阵的建设,可以为高校思想政治教育提供新的技术支持和平台支撑,使网络育人、课程育人、文化育人等形成一体化的"新闻＋思政＋服务"高校多功能育人格局,实现外塑形象与内聚人心。网络矩阵的建设也可以促进队伍育人,青年大学生作为运营团队成员通过不断接触信息生产、信息辨识与信息解读,在实践活动中实现"做学结合"。高校以"两微一网一端一抖"为主体进行矩阵搭建,创新育人内容,运用育人矩阵,激发学生"微"形态下的参与感,提升网络思政内涵能级。高校网络育人矩阵具有以下特点:

一是"受众"＋"内容"的指向性。在网络信息形势下,青年大学生信息获得方式和观点表达途径都呈现出碎片化的特征,网络的开放性、虚拟性形成了阵地延伸,弥补了传统思想政治教育在时空上的限制,为思想政治教育提供了丰富的素材,实现了思想政治教育育人载体、育人资源的融通。

二是"叙事"＋"景观"的吸引力。网络技术改变了青年大学生获取信息和思考世界的习惯,高校网络育人矩阵通过创新立体化信息内容的生产形式,逐步实现了以信息为基础的"叙事"模式与以网络空间为基础的"景观"多平台联动,契合了青年大学生智能化的媒介使用习惯。

三是"线上"＋"线下"的交互性。思想政治教育线上育人平台的开拓,不断打破了传统思想政治教育作为传播方与受众方之间的信息传递模式,改变了以往大学生主要依靠"课堂"获取信息的相对单向式的教育模式。网络空间弹幕、点赞、评论等全新的互动方式,以及某些高校的一站式"学习圈"的功能,不但能打破传统受教育者的沟通障碍,而且也有利于思想政治教育工作者接收反馈,进一步优化工作方向。

四是"共建"＋"共享"的整合性。在网络育人的同一矩阵中,不同思想政治教育主体可以共享载体、平台、素材、粉丝,形成多层级的议题的策划,根据不同终端的优势与特点和不同主体的受教育者的习惯以发挥各自作用。同时,网络矩阵还可以利用"接力""帮推""互转"等方式,在高校之间进行推广,形成网络育人的集群效应。一些高校通过"泛校园媒体"的模式,形成了一些成功经验,逐渐发展成为校际网络育人的组织与协同力量。

第二节　网络育人矩阵建设面临的问题

习近平同志指出:"每个时代总有属于它自己的问题,只要科学地认识、准确地把握、正确地解决这些问题,就能够把我们的社会不断推向前进。"①随着互联网发展,大学生思想政治教育格局的改变,各高校为了更好应对当前的发展形势,不断创新网络育人方式,构建起网络育人矩阵,实现全员、全过程、全方位网络思想政治教育,牢牢占领好意识形态主阵地。但经过调研发现,各高校在网络育人矩阵的建设过程中,存在网络育人精准度不够、网络育人吸引力不高、网络育人引导力不足、网络育人向心力不强等突出问题,影响了网络育人工作的实效性。

一、定位偏差,靶向不准,网络育人精准度不够。

当前高校网络育人矩阵推送内容往往追求的是及时抢占热点事件发布先机、充分运用各种方式博取眼球,违背了"内容为王"的建设规律,编辑文化价值不高的内容,网络文化内容规划不系统,抓不住学生的兴趣点、找不准学生的关注点、拉不拢学生的聚焦点,致使网络育人工作"瞄靶不准",网络育人内容现实供给和学生需求存在偏差,进而降低了网络育人的效果。网络受众对于推送内容定位,主要体现在是否视角独特(59.24%)、材料来源是否真实有据(55.88%)、探讨内容是否经过深度挖掘(46.22%)这三方面。而当前高校在网络育人矩阵工作中,存在着在热点事件发生的短期内,学院网络育人矩阵推送话题同质化严重的现象,而要做到视角独特和深度挖掘又有些力不从心,有时会选择舍弃深度而追求推送时效性,这与师生群体关注的重点相去甚远。当前高校还存在着网络育人缺乏活力和宣传力、网络管理机制不合理、网络育人队伍意识不到位等因素,导致了网络育人针对性不强,渗透力不足,从而难以有效推动大学生思想政治教育开展。高校"圈层化"现象的存在导致了高校内各育人要素之间的交流隔阂,在网络育人矩阵的构建过程中,高校如果没有认清网络媒体的本质、功能及定位,及时归纳、总结学生的利益诉求和成长需求,找准大学生的利益共同点和兴趣共同点,未与学生形成"强联结",就会逐步失去大学生网络思想政治教育的话语权和主动权。

二、形式单调,缺乏创新,网络育人吸引力不高

众所周知,网络思想政治教育类内容一般被认为是枯燥的、灌输式的,不易被

---

① 习近平.之江新语[M],杭州:浙江人民出版社,2007:235.

大学生所接受。而高校网络育人矩阵推送内容中思想政治教育类内容较少,形式单调,未对网络思政育人内容和活动方式进行深入挖掘,且缺乏独特的视角和创新的传播形式,传播内容未进行文字加工,转化成为"网言网语",无法在师生群体中实现同频共振的效果,导致网络思想政治教育工作影响力大打折扣,难以让网络思政育人工作"入心田",没有把网络思政育人工作"做到家"。① 网络意识仍需强化。当前高校发挥网络育人作用时,还是停留在传统思政育人的思路,简单地把现实中说教式的育人方式延续在网上,仅仅通过把传达上级精神搞成"原汁原味"的"上下一般粗",新闻资讯、时政热点的长篇文章内容进行简化整合等方式,无法发挥最大的教育功能。② 传播形式较为单一。网络是宣传社会主流意识形态的主阵地,但多数高校在网络平台以宣传政策性内容为主,网络育人内容单一性和学生网络需求多样化之间存在矛盾,没有深入挖掘网络思想政治教育资源,宣传内容相对单一,形式陈旧,缺乏足够的影响力和吸引力,从而难以引起大学生这批"网络原住民"的共鸣。③ 内容同质化较为严重。高校没有从网络传播规律出发进行内容生产,微信、微博在传播过程中仅扮演"信息搬运工"的角色,重复性内容多,没有产生良好的传播效果,使师生用户审美疲劳。

三、价值各异,导向模糊,网络育人引导力不足

高校历来是意识形态工作的前沿阵地,而互联网已成为意识形态斗争的主战场。当前思政教育工作者要占领意识形态阵地,首先要保证制造内容的正确导向。当前高校在网络育人矩阵建设过程中,学校层面缺乏统筹布局,无法真正发挥专门机构的统领作用,导致各部门、学院"各自为战",未形成职责明确、系统联动、协同创新的工作体系,未有效整合学校网络文化资源,形成学校各部门互相配合、全体师生共同参与的格局,造成传播声音的内容各异、导向模糊,无法快速高效准确地将教育内涵、思想引领、价值取向传递到师生群体中引发共鸣。当网络育人矩阵构建时,其明显的局限性是高校对媒体"矩阵"的理解大多等同于对全媒体阵地的"合并同类项",即将可掌控的媒体资源堆积在一起,缺乏对"矩阵"内在要素、性质、层次和机制的有效建设,从而无法激励和吸引足够多的其他治理主体参与信息的生产和传播,形成"协同育人"的新局面。在融媒体视角下,应当在保持多样要素存在的基础上,守住核心平台,把握重点平台,寻找实现融合的突破点、切入点,拓宽融合面,有层次、有重点地吸引学生、感染学生、触动学生,帮助学生发现问题、分析问

题、解决问题,推动整体创新,联合育人,提升网络育人引导力和实效性。①

四、力量薄弱,体系不全,网络育人向心力不强

网络育人工作既是做人的工作,同时也是人做的工作。要把工作开展好,首先需要培养一支政治强、业务精、作风好的网络育人工作队伍。① 网络育人队伍建设不健全。就当前网络育人工作者本身而言,存在着专业培训缺乏,专业知识面狭窄,网络思政能力和素质有待提高等问题。一方面,面对全新的发展形势,从事高校思想政治工作者存在着思想理论知识和网络知识相脱节的现象,部分思政工作人员虽具备一定的计算机实用技能,但对先进科学技术的了解和掌握不够深入,实践技术和专业知识的培训更新较慢,导致日常网络思政工作无法顺利开展。另一方面,一些高校认为各层级的网络平台大都由学生骨干负责运营,相关教师负责把关内容,而这些师生因专业、个人原因等实际情况,并没有足够的时间和精力去挖掘网络的种种特色功能,同时对网络工作的敏感度不足,业务性不强,影响了网络舆情应对能力。② 网络育人矩阵机制不健全。网络育人激励效果不明显,无法有效调动网络育人工作者的积极性和参与度,未形成同心、同步、同向、同行的凝聚力和战斗力。当前一些高校校园媒体缺乏相关机制的驱动,没有形成常态化的竞争合作机制、具有吸引力的互动反馈机制、科学有效的舆情研判机制、动态多维的激励评价机制,不能够适时、适当地调动育人的驱动力,从而难以形成多方共赢的联动力,导致网络育人队伍地工作原动力不足。

第三节 中国计量大学网络育人
矩阵建设的新鲜经验

自 2014 年以来,中国计量大学围绕立德树人根本任务,积极探索"网络＋思政"的全员、全程、全方位网络育人模式,大力打造"8020 式"网络育人矩阵,建成了学校、二级学院、学生社团三级全媒体矩阵系统。中国计量大学通过强化思政教育

---

① 李小梅.融媒体视角下高校校园媒体育人功能的实现路径研究[D].济南:山东大学,2019.

阵地属性,加大思想文化产品的生产,筑牢了马克思主义的深厚理论根基;创新网络育人载体,打造网络育人品牌活动,增强网络平台的黏度和吸引力;发挥师生的主体作用,以共享共学互动为特点,打造了多平台联动的网络育人舆论场;发挥网络育人的集聚效应,完善网络育人管理机制,构建高质量网络育人体系;形成了"点—线—面"同频共振、各层次聚合传播、线上线下全覆盖的网络思想政治教育新矩阵,实现了网络育人工作由"条块分割"到"协同育人"转变的新局面,不断提升网络育人工作质量和育人成效。

(一) 目标思路

以习近平新时代中国特色社会主义思想为指引,中国计量大学围绕立德树人根本任务,建设"8020 式"网络育人矩阵,平衡好校园网络媒体的媒体属性和阵地属性之间的关系,以 4V 和 4I 理论指导实践,融合计量特色文化,创作学生喜闻乐见的优质网络文化作品,在公众号运营中将新闻性、互动性和服务性的内容比例控制在 80% 之内,思想性和教育性内容比例不低于 20%。在不断提升网络平台吸引力和黏度的基础上,投放大量以党的理论政策宣贯、传统优秀文化传播为内容的思想政治教育产品,增强校园主流媒体的传播力、引导力、影响力,提升网络文化育人实效,引导全体师生坚定理想信念、坚信价值理念、坚守道德观念,让正能量更强劲、主旋律更高昂。

(二) 主要实践

1. 以马克思主义为指导,当好理论传播的排头兵

一是做好思想精神要义的传达学习。中国计量大学网络平台及时发布重要讲话精神、校内重要会议等内容。如在习近平总书记发表《弘扬"红船精神"走在时代前列》12 周年之际,中国计量大学官微率先推出学习红船精神专题网络作品,阅读量达 7 000 余次,25 个院级公众号累计分享推文 100 余篇,做好理论传播的"信息员"。二是做好社会主义文化的内涵传承。充分挖掘中国特色社会主义先进文化的内涵,结合网络技术,在重要节日节点上,营造"文化自信"的网络空间。如学校 5 000 多名师生以多种形式歌唱《我和我的祖国》,献礼祖国 70 华诞,相关 MV、视频、文字报道在线上推出后赢得一致好评。三是做好校园文化的深度挖掘。围绕中国计量大学特色校园文化,讲好量大故事,凝聚师生的向心力。中国计量大学网络平台通过"量像"栏目推出 20 篇优秀师生事迹报道,阅读量超 10 万余次,收获良好反响。同时学校创新开设"量大文化导览"平台,通过图文、音频、视频等形式,立

体呈现学校文化建设成果及校园精品文化活动,配合 VR 虚拟校园实景和智慧地图导览展现计量校史与校情。

2. 以创新创意为引领,增强网络育人的吸引力

一是形式创新。精心设计线上线下环环相扣的传播环节,不断占领和扩大宣传阵地。"我最喜爱的习总书记的一句话"演讲比赛的主题就是通过在全校开展投票推荐产生的,该活动吸引了 9 000 余名师生投票,阅读量达 1.5 万余次。"党的十九大精神"知识竞赛以线上答题为主,吸引了 7 500 余名师生自发参与。2019 年,中国计量大学承办"思政星课堂"活动,网络投票环节累计访问量达 85.9 万人次,参加现场选拔赛的 20 堂优秀思政课视频在学习强国、喜马拉雅、抖音等平台得到广泛宣传推广。二是形态新颖。中国计量大学采用音频、图片、H5、漫画、微视频等形式生动呈现传播内容。采用 H5 形式推送新年贺词、庆"七一"活动等,反响良好。"我最喜爱的习总书记的一句话"演讲比赛共征集精彩微语音 100 余条,精彩留言 200 余条,吸引近 2 万名师生关注,微信推送阅读量达 25 万。2019 年官微推出的"廉政文化作品展"主题推送,阅读量近 5 万,收到留言 600 余条。三是表达创新。话语体系紧贴师生,在推送题目、结构、用词上,注重用数字、图像等凝练理论内涵。如网络思想政治教育栏目,累计推出 69 期精品内容,阅读量近 20 万。"学习有声"栏目通过校官微连续推出近 41 期党员领导干部、师生代表语音诵读原著的推送,累计阅读量达 2 万余人次;中国计量大学还通过制作"百名党员话初心谈使命"视频节目,进一步激发广大师生学习的积极性、自主性。

3. 以共享共学为特点,打造网络育人的舆论场

一是注重集思广益。中国计量大学高度重视问智于师生、问计于师生,面向全校师生征集理论栏目名称和内容,累计收到近 500 条优质建议,强化师生主体作用,提升网络理论传播的创新性、影响力。二是打造学习现场。为推进习近平新时代中国特色社会主义思想进教材、进课堂、进学生头脑,中国计量大学以"卡尔·马克思杯"省大学生理论知识竞赛为载体,进行充分动员,全校大三学生初赛参赛率高达 96%,学校参赛团队获全省一等奖。三是力推互动共享。在官方微博和微信上开设"早安量大""每日一言"栏目,通过"以小见大"的方式开展网络思政工作,传播社会主义核心价值观和正能量,其中"早安量大"已连续推送了近 1 300 天。同时栏目还设置互动专区,极大地调动了广大师生互动讨论、抢答问题的积极性。

4. 重视网络生态安全,筑牢清朗网络空间

中国计量大学组建了"2＋X"全媒体矩阵,2 是指校党委宣传部负责的学校官方账号和校团委负责的"青春计量"官方账号,X 是指全校各学院、职能部门负责的官方账号。在中国传统节日、传统纪念日、历史事件纪念活动等重要节点上,全校矩阵账号按照"同一主题、各自创作、共同发声"的方式,创作网络文化作品;以青年教师和学生骨干为主体,建立由公众号管理员、网络舆情员、全媒体中心团队构成的网络文化引领队伍;将优秀网络文化成果纳入学生思想政治教育职务(职称)评审标准,进一步激发和保障网络思想政治教育工作者的积极性、主动性和创造性;在日常运营中,根据微信指数(WCI)每月发布"中量大微信公众号排行榜",每年对微信影响力龙虎榜的上榜单位进行表彰;完善校园网络管理制度和运行机制,按照"谁主管谁负责,谁主办谁负责"的原则,健全网络监管制度,切实做好校内各网站、网络平台等的登记、备案、年审工作,加强对所有校园媒体的规范管理。

5. 打造网络矩阵的育人品牌

中国计量大学稳步推进网络育人研究中心建设,加强网络育人工作载体、内容建设、平台探索与实践研究;依托德育与学生发展中心两个平台,进行网络育人理论与实践等的探索工作;将网络育人与环境育人相结合,建立"网络文化工作室";打造思想政治教育工作精品项目,激励思想政治理论课教师、思想政治工作者网络协同育人的新模式;将网络中心的大数据中心纳入数字化校园建设;深入推进易班平台与数据中心建设,建立健全校院两级易班大数据中心和易班发展工作站、易班体验中心,不断增加易班建设的专项经费,全校学生、学工部门、辅导员已入驻易班平台。根据办学特色和实际,不断健全易班建设工作机制,先后获得"优秀易班高校""优秀易班平台""优秀易班案例"等荣誉称号。通过网络矩阵的建设,使校园网络成为弘扬正能量,传播主旋律的阵地,增强了网络文化的传播力、影响力、公信力,推动了高等教育传统优势与网络技术之间的高度融合,收到了良好的育人效果。

(三) 主要成绩

1. 网络思政引导力提高

大数据分析显示,高校公众号在"众声喧哗"的网络中积极主动,大量具有新闻性、互动性和服务性的作品涌现,但思想性、教育性的内容生产严重不足,比例不到总量的 13％。2017—2018 年,中国计量大学官方公众号的思政内容比例为

13.8%。经过一年多的建设实践,该校官微2019年全年发布中央、省委重要讲话精神及思想政治教育活动,该校重要会议及党建创新思想工作等思想引导类内容占比提升到25%,各二级学院内容占全年发布总数的平均占比为20.53%,网络思政育人功能不断强化。

2. 网络平台影响力增强

在2017全国高校年度校媒网络评选中,中国计量大学官微从440余家参选高校中脱颖而出,获最具人气奖(共评选10家);2019年,官方微信年阅读量265万次以上,影响近100万人次,影响力在中国青年报、教育之江、钱江晚报等教育系统微信影响力排行榜中,名列前茅;官方微博年阅读量达3 258余万次,互动数6万余人次,其中♯晒录取通知书♯话题微博阅读量20.8万,转评赞数达740万次;今日头条号发布文章162篇,累计阅读量近105万次,17篇文章阅读量上万,共7次进入全国高校头条号前50名;中国计量大学抖音账号全年共发布作品20条,作品总观看量60万次;原创短视频"量大抖肩舞"在浙江新闻客户端"高校抖肩舞接力"活动中获得13万+的浏览量,获赞数在参加该活动的17所高校中排名第二。

3. 网络思政工作成效明显

中国计量大学部分主题活动开展情况得到省委宣传部常务副部长批示肯定,相关工作经验入选省委宣传部专报并获主题宣传活动成绩突出单位;2016、2017连续两年进入浙江省网络综合力十强行列;2018年获省高校网络优胜奖;网络运营团队选送的理论宣传普及栏目"新时代新思享"被省里采用;在全省党建和思想政治工作座谈会上被选为经验介绍单位。2019年,"浙江微型党课宣讲团"成立暨主题教育微党课宣讲活动启动仪式在学校举行。2020年,均钟合唱团作品入选学习强国"全国校园抗击疫情主题原创歌曲展播"。

第四节　网络育人矩阵建设的启示

一、网络育人矩阵建设,必须构建以全员协同为支撑的网络思政"同心圆"

一花独放不是春,万紫千红春满园。高校要充分发挥各部门、各育人主体协同育人的力量,形成网络思政品牌的育人矩阵,以矩阵的聚合效应实现网络育人品牌的"同频共振",在网络思想引导过程中挖掘特色、孵化品牌,占领网络思政"主阵地"。网络育人矩阵不是简单地将各网络媒介进行聚集,而是一个纵向衔接、横向贯通、校内外融合的有机系统组合,其对于大学生网络思政教育的实施是一个同心同向、全员协同、持续影响的过程。网络育人矩阵的构建必须牢牢把握"立德树人"这个根本任务,以培养社会主义核心价值观为思想引领的"圆心",以学校文化为纽带,以育人内容为核心,树立协同育人理念,改"独动"为"联动",坚持共融、共通、共享、共建的原则,在网络育人工作中形成校院共建、师生协作、校内外联动的良好运营态势,不断提升网络育人质量。

首先,必须构建以学生为中心的"同心圆"体系。大学生既是高校育人工作的对象,又是这项工作需要紧紧依靠的力量,因此网络育人矩阵的构建要始终围绕大学生这一中心建构和展开,形成具有学校文化特色的网络育人品牌,打造贴近学生的原创精品网络作品,以生动的表现形式感染学生群体,赢得关注,拓展影响。

其次,必须发挥各部门学院和体系的功用。高校要成立"网络育人"工作领导小组,探索建立包括学校党委、各职能部门、各学院、师生个人"四位一体"的网络育人工作职责体系,明确各自职责和作用,建立多管齐下、上下协同、互通互联的工作模式,形成全员参与网络思想政治教育的格局。

最后,必须完善网络育人动力生成机制。高校必须将网络文化建设纳入党建工作责任制、意识形态工作责任制、单位和领导干部考核评价,促进领导干部靠前工作。同时将网络育人成果纳入学生工作年度综合评价体系,将专任教师参与相关工作情况记入工作量,辅导员参与相关工作实绩纳入年度考核关键绩效指标,学生团体参与相关工作表现作为评优评奖的加分项,通过精神和物质的激励,全面活化和诱发各部门和师生参与育人工作的积极性。

二、网络育人矩阵建设必须培育和建立有媒介素养和网络思维的高水平网络思政队伍

习近平总书记强调:"媒体竞争关键是人才竞争,媒体优势核心是人才优势。"[①]

---

① 杜尚泽.习近平在党的新闻舆论工作座谈会上强调:坚持正确方向,创新方法手段,提高新闻舆论传播力、引导力[N],人民日报,2016-02-20(1).

169

高校网络育人矩阵的建设要有计划、有步骤加强辅导员的网络素养培训,引导教学名师和优秀教师积极参与网络文化建设,提升校园网络文化内涵和水平,打造素养高、能力强、业务精的网络工作队伍。

首先,必须分层学习,强化专业能力。建设一支政治素养高、业务能力强的师生队伍,是开展好网络育人工作的基础。高校要针对专业教师、学工队伍、学生骨干队伍的特点,围绕理论教育、专业知识、法治意识等多角度,每年分层分类做好网络育人队伍日常培训工作,通过"请进来"邀请校内专家或专业教师进行信息技术培训与交流,"走出去"安排教师前往省内外在网络育人工作上有突出经验做法的高校进行交流学习、调研、实践,以"请进来"与"走出去"相结合的方式,牢固团队政治意识,提高团队专业能力,凝聚团队向心力,提升团队战斗力。

其次,必须搭建集群,提升育人能力。高校要以培育学校网络育人工作骨干为核心,将网络育人工作室作为校园网络育人矩阵建设的基础性、长期性、战略性工程来抓,充分发挥其网络育人工作阵地"集群效应""人才孵化"等的作用,通过协同发展融合,打造生产创作的"中央厨房";通过线上线下融合,打造创意实践的"研发中心";通过育人要素融合,打造思想政治工作的网络化"成长超市",不断强化队伍的内部交流和互动,实现经验共享、信息互通、优势互补,形成专业性强、稳定性高、传承性好的工作队伍,不断提升高校队伍的育人整体水平。

最后,必须营造环境,完善管理机制。良好的网络育人环境和管理机制,是推动优秀青年教师及学生骨干积极参与网络育人工作的关键。高校在育人矩阵的构建过程中,一方面需要完善校园网络管理制度和运行机制,按照"谁主管谁负责,谁主办谁负责"的原则,建立健全意识形态工作责任制。另一方面需要建立健全合作竞争机制,通过内部合作,凝聚育人的共识,加强各平台、各部门之间的联系衔接,推动高校育人矩阵的高效运转;通过良性竞争,制定网络育人队伍管理和考核制度,围绕网络文化作品的阅读量、转发量,网络平台的关注度、影响力等指标,对各平台、各部门进行评比,在相互竞争较量中,激发网络育人队伍的创新创作热情,将教育效果聚集放大,营造出百花争放、向上向善的校园网络文化成长环境。

三、网络育人矩阵建设必须推出优质网络文化作品,丰富网络育人内容

互联网时代让大学生拥有了更加便捷、开阔的交流平台,高校必须用有创意、有思想的优质作品,多维化的网络服务和互动潜移默化地感染学生,将网络思政教

育从"郊区"变成"开发区"。

首先,必须铸就网络育人的文化底色。在长期的办学过程中,一些高校形成了鲜明的办学特色和丰富的校园文化资源。在网络育人矩阵的建设过程中,高校要以学校文化为中心和归宿,围绕学校的创建历史、文化活动、校园新闻、重要活动等事件,贴近师生现实需求,打造原创网络精品,以原创赢得关注度,以创新增强网络黏度,在春风化雨般的潜移默化中引导广大师生接受主流校园网络思想文化的熏陶,在文化的浸染中完成个体思想观念的建构,激发出强烈的文化认可、情感共鸣、思想共振。

其次,必须发挥网络育人的互动本色。网络育人矩阵的构建要重视网络的互动性这一自带属性,发挥其与广大师生的沟通交流作用,建设共鸣共享的园地,从而达到情感提升的传播效果。高校要充分利用网络育人矩阵中的媒介互动特性,建立网络答疑互动平台,广泛开展线上线下互动,发挥网络育人矩阵中网络平台间互动、网络平台与师生间互动的优势,多途径了解大学生的兴趣爱好、心理特征、情感变化情况,建立科学的反馈机制,综合分析判断师生的思想动态和关注重点,才能为网络育人工作提供精准投放、精准传播、精准发力的内容和方向,不断提升网络育人工作的准确性,避免信息失真、无效劳动、目标偏离。

最后,点亮网络育人的创新特色。高校网络育人工作必须依托创新的网络思维、有创意的网络作品、感性的传播形式,不断提升"网络育人矩阵"的效能,才能实现长期稳定发展。一是要以内容为王,"网络育人矩阵"的效能能否最大化,关键在于元素的活跃度以及元素之间的关联度,内容的创新性与时效性是增强效能的重要影响因素。内容是网络育人的立身之本,高校只有加强对思想政治教育内容的挖掘、创造、创新,才能创作出喜闻乐见的网络文化产品,真正发挥出同频共振的网络思政育人效果;二是要传播形式多样,高校网络育人矩阵打造的网络文化产品除了高质量的内容,必须兼具可视化、感性化的呈现形式,使内容和形式完美统一,才能发挥网络育人的最大影响力。高校要充分利用短视频、音频、漫画、图片、故事等多种形式融合发布,将文字灌输转化为视觉包装,理性表达以感性内容呈现,抽象符号用具象范式表达,丰富网络载体渠道,创新传播手段方法,增强网络文化作品趣味性,不断提升吸引力和师生向心力。三是要服务模式创新,随着网络育人矩阵平台的发展,高校要大力推动校园智慧化、信息化的建设,着力提升数据和信息共享度,实现学工、教务、人事、财务、后勤、图书馆、体军部等与师生事务相关的核心网络共享、共融、共发展,不断创新网络文化供给与服务方式,建立融教育、管理、发展于一体的综合服务平台,开发出咨询互动、服务指引、有奖问答等牵引功能,让师生享受"量身定做式"信息服务体验的同时,提高管理效率、提升用户黏度、扩大服务覆盖面。

四、建立网络育人矩阵,必须形成长效机制

1. 优化网络育人矩阵内容策划,提高育人实效度

相较于其他平台来说,大学生对校园网络平台的使用频率不高,对校园信息的被动接受多于主动获取,作为青年一代,他们对以图文为基础的"叙事模式"更为愿意接受。因此,高校能否拥有与时俱进的媒介素养能力,培养符合成长成才需要的工作能力以及融合知识性、趣味性的内容软实力和网络技术硬实力的能力,考验着高校网络矩阵育人的专业性。因此,在网络育人过程中,高校要掌握大学生学习心理需求,把网络育人的内容潜移默化地、润物细无声地渗透于教育信息传播过程中,以高品位的优质内容引领大学生成长。

2. 创新网络育人矩阵平台,提高育人精准度

大学生作为"互联网原住民",是网络环境下的主要活跃受众,有些研究表明,一些大学生日均消耗校园网络时长不多,一些大学生信息获取和联络交往主要关注功能价值以及信息传播价值。高校网络育人矩阵的构筑不仅要注重校园媒体属性的宣传效应,还要强化育人载体的平台效应,不断提高大学生的主体地位,保障信息编辑发布渠道、搜集渠道、反馈渠道的通畅。此外,高校还应该建立具有本校、本部门特色的网络育人品牌,形成平台建设、产品输出的工作模式,提高网络育人能级。

3. 促进网络育人矩阵联动,优化主体协同度

网络育人矩阵可以划分为三个层面:一是核心层,主要包括高校的官方网络育人矩阵;二是紧密层,主要包括高校的各职能部门、各个学院、各专业系别的矩阵;三是外围层,主要包括网络课堂矩阵。高校要建立网络育人矩阵,必须完善合作机制,加强学校各个部门、平台之间的联系,形成网络育人的联合矩阵。

五、同频共振,唱响宣传舆论"最强音"

立根树魂,占领网络育人"主阵地"。高校网络育人矩阵的建设必须以习近平

总书记网络强国战略为根本遵循,组建微信公众号线上工作团队。通过微信公众号平台,实时研讨社会热点;开设学习"四史"专题,推出微课、精品课程、专家解读等,引导青年大学生知史爱党、知史爱国;从不同角度对话历史、展望未来,通过诵读红色经典、红色文化,讲好中国故事;结合微课学习,推荐经典著作、经典诵读,砥砺初心,践行使命;以音频形式讲述红色故事,汲取前进的力量,利用纪录片、电视节目进行赏析,以家乡红色基地寻访打卡、读书笔记等进行征集创作、散文、微视频、书法作品等,使青年大学生将爱国主义、爱社会主义教育高度统一,坚定理想信念,践行初心使命。

第八章

大规模在线育人

第一节　在线育人的概念

一、在线育人的背景

根据联合国教科文组织 2020 年 4 月公布的统计数据,受疫情影响,全世界有 15.9 亿学生无法返校就学,占世界学生总数的 91.3%。在这种特殊的情况下,我国大中小学校普遍采用了在线教学的方式,积极有效地开展了各类教学活动,满足了全国 2.8 亿学生多样化的学习需求,推进了教育教学方式的革命性变革,实现了教育部提出的"停课不停学"的目标。大规模在线教育有效抵御了疫情给教育系统带来的冲击,充分体现了中国特色社会主义教育发展道路的巨大优越性。开放大学(广播电视大学)体系作为国内较早开展大规模在线教育的高等院校,在线上教学、网络育人等方面进行了多年的尝试与探索。特别是在新冠肺炎疫情期间,全国的开放大学(广播电视大学)体系为当地在线教育提供了诸多教育资源、技术支持等,为抗击新冠疫情、维护教育公平、提升教育质量做出了努力与贡献。

二、在线育人的概念与特征

1. 在线育人的概念与内涵

大规模在线教育(Massive on-line education)的概念经常与远程教育的概念混淆。国内外的学者大多认为,在线教育源于远程教育,是远程教育的其中一种形式,包括我国教育部出台的一些文件中,也将现代远程教育称为网络教育,即通过电视以及互联网等传播媒体开展教学的一种模式。吕森林等人将"在线教育"定义为："在师生分离的情况下，借助互联网和信息技术，有效实施教学和学习活动的新型教育形式"[①]，这一界定得到了较为广泛的认可。就在线教育的规模而言，美国在线学习质量保证机构 Quality Matters(QM)和 EduVentures Research 在其联合发布的《美国在线教育发展全景报告》(The Changing Landscape of Online Education，CHLOE)中以在线学习学生数量为标准，将各类高等院校分为大规模(enterprise)院校、旗舰(flagship)院校、区域公立大学(regional public)、小规模(low enrollment)院校，完全或部分在线学习学生数超过 7 500 人的院校称为大规模院校。按照这一标准，在我国的高等教育体系中，开放大学(广播电视大学)体系的远程开放教育以及普通高校的网络教育都属于大规模在线教育。[②] 基于此，本章节中的大规模在线教育是指：开放大学(广播电视大学)体系或者普通高校网络教育办学单位基于网络开展的教育教学活动，包括完全的在线教育和线上、线下结合的教育活动。与传统教育方式相比，大规模在线教育不再是单一的教师授课，而是通过网络技术，将教学、学习、互动等各个环节进行在线实现，从而形成一种"在做中学"的新型学习模式，在人才培养目标、教育教学场景、教育教学方式、教育评价方式等方面，都对传统教育产生了变革。

2. 在线育人的特点

从在线教育的发展历程看，过去主要以知识传播为主，即主要是专业知识的教学，思政育人工作往往被忽略。在新时代立德树人的总体要求下，当大规模在线教育发展到一定程度，学习者可以在线自主学习时，除了学习专业知识，学习思政知识就显得更加重要了，这样培养出的人才质量才能得以保证。人才培养必然产生由"知识传播"到"立德树人"根本性的变革。在线教育的良性健康发展必须坚持"立德树人"根本任务，将育人贯穿到全过程和全环节。抗击疫情期间，开放大学体系的大规模在线教育将抗击疫情与爱国主义教育、生命教育、心理健康教育等相结合，在实践中开展了一系列的思政育人活动，取得了显著的成效。

（一）教育教学场景：从"线下教学"到"在线学习"

在传统高等教育中，教室是教学发生的主要甚至是唯一的场所，线下教育教学是最主要的形式，面对突如其来的新冠病毒疫情，这种教育教学形式被迫暂时停

① 吕森林、沈伟民.在线教育，最后的"互联网"盛宴[J]经理人，2014(09)：30-36.
② 张吉先，夏现伟，饶冠俊，胡智标，张少龙.规模在线教育育人场景构建研究：逻辑架构与实践形态[J].远程教育杂志，2021，39(3)：75-83.

止,大规模在线教育顺势而为,较顺利地完成了"线上教学"对"线下教学"的替代,尽管存在不足,但却为全国范围的"停课不停学"提供了支撑。随着"互联网＋教育"的不断推进,互联网正在成为传统教室以外的重要场所,虚拟教学场景已经成为教育的重要组成部分,线上学习将更加普及。随着人工智能、大数据等新技术在教育中的普及应用,大规模在线教育实现了线上教学与线下教学的融合发展,构建形成"线上学习＋线下学习"的教育教学新格局,打造形成"人人皆学、时时能学、处处可学"的学习新体系。

(二) 教育教学方式:从"被动接受"到"自主学习"

普通高校大学生的日常学习是由学校统一安排,学习的时间、过程与评价都有明确的安排,学生在被动中参与日常教学,师生关系倾向于上与下、施与受的关系,具有较高的权威性,而大规模在线教育的教学方式以线上教学为主、面授教学为辅,师生、生生见面与互动的机会很少,学生可以随时通过网络学习平台进行自主学习,学生的自主学习能力成为大规模在线教育的关键,师生关系是平等合作、相互影响,更是教学相长的关系,教师角色主要是学生自主学习的促进者角色。学习方式的转变,也引发师生关系的变革,从以教师为中心真正向以学习者为中心转变。所谓以学习者为中心,就是人们可以自由地在大规模在线教育平台上选择自己感兴趣的课程,选择适合自己的学习时间和学习计划,而不是像传统教育模式一样,学习者选择的余地狭窄,基本上只能被动接纳老师和学校的安排。从更深层次的意义上来说,大规模在线教育发展到相对成熟的阶段后,师生关系将从"教授知识"关系转变为"交流与评估"关系,从传统的单向选择转变为多向互动选择,教与学互相影响和促进。

(三) 教育评价方式:从"单一成绩"到"立体画像"

传统教育评价主要以测试为主,在形式上表现为"终结性评价",难以对学习过程进行评价。这种评价过于依赖成绩,评价相对片面,难以衡量学生的高级认知技能和非认知学习成果,对学生的非学业成绩无法进行合理评价,并在一定程度上助长了"唯分数"的倾向。大规模在线教育在数据采集、处理及丰富性上具有明显优势,可以跟踪学生的学习过程,描述学生成长的动态过程,除了标准化考试外,大规模在线教育要利用信息技术对学生的思想变化、心理健康、社会参与等进行多维度、全过程、立体式的考查,实现数据的全过程采集和结果的适时反馈,从而形成学生发展的"立体画像"。

第二节 大规模在线教育育人面临的问题

近年来,大规模在线教育作为现代信息技术同教育相结合的产物,引起了国内外社会的广泛关注。与传统教育方式相比,大规模在线教育不再是单一的教师授课,而是通过网络技术,将教学、学习、互动等各个环节进行在线实现,这种学习模式具有开放性、透明性和易得性等特点。但由于在线学习环境下,教师与学生、学生与学生之间在时间、空间和社会文化心理上处于准分离状态,其教育质量控制等方面面临诸多制约,又加上部分高校和机构的网络教育片面追求经济效益,使得在线教育的质量备受社会质疑。在线教育一直苦苦纠结于教学质量保证的问题,而对思想政治教育关注较少甚至认为没有必要,思政课的开设、思政教育和育人场景等相对欠缺。基于新时代高校立德树人的总要求,加强以育人为导向的思想政治教育已经成为衡量办学质量的核心指标,同时,基于基层社会治理体系和治理能力现代化发展需要,这些广泛分布于企业、乡村和街道社区等在职在线学习的学员,是基层社会治理的骨干,加强这些学员的思政教育对于基层治理现代化具有十分重要的意义。因此,在线教育质量的保障和提升,首先应该是以育人为导向的思想政治教育质量的保障和提升。当然,面对在线教育师生分离、学员在岗在职、价值观人生观已基本形成等特点,其育人工作面临诸多挑战与困难。

（一）育人主体单一、协同不足

大规模在线教育是我国高等教育的重要力量,大规模在线教育"思想政治工作是否有效,关系到党和国家的各项方针政策能否顺利贯彻落实"。[①] 目前,大规模在线教育育人工作主体主要包括思政教师、班主任以及专兼职辅导员,客观存在着教学方式传统、教学渠道单一、缺乏创新性等固有问题。同时,大规模在线教育育人主体关系单一,主要表现为自上而下的线性传达执行关系,非线性协同关系比较欠缺,其他教育工作主体的介入又明显不足,无法形成对教育方式及教育效果的补充,学生不能接受到全面及时的思想政治教育,因此会降低思政教育的效果。

---

① 徐岩,周旋.以主体协同提升高校思政工作实效[J].人民论坛,2019(09)：120-121.

(二) 育人方式单一、内容匮乏

教育方式和教育内容是影响大规模在线教育思想政治工作成效的主要因素。大规模在线教育大多采用线上教学形式,课堂教学本就缺乏实时的交流与互动,而思政育人工作并不是单向的"自导自演",而是一种双向的精神交流,具有主体交互性、互动性等特点,普通线上教育的"单向输出"势必影响育人的效果,此外思想政治理论课因为教学课时有限,教师在上课过程中只能讲解重点内容,而对于一些学习内容会有所简化或者跳过,学生在学习时可能会对衔接不连贯的地方有所疑惑,导致学生学习的思想政治知识不成体系,学生可能很难系统掌握思想政治教育内容,没有形成"听懂—理解—应用"的学习链,久而久之,学生对思想政治知识的理解呈现间断化、碎片化趋势。同时,很多课程内容的教学设计比较单一,以理论阐释为主,缺少结合学生生活实际相关的课程教育,"内容难以让人信服"和"与自己现实生活关系不大"等,成为影响育人效果的重要原因。

(三) 育人场景缺失、互动性不足

所谓场景一般是指人与周围景物的关系总和,其核心是场所与景物等硬要素,以及空间与氛围等软要素,软硬要素构成了特定的环境。"场景概念的提出正值移动互联网兴起之时,因而场景被认为是移动媒体的新入口和移动互联网时代的核心",①而大规模在线教育的实施主要以互联网与移动新媒体为载体开展线上教育教学活动,这也是场景理论应用于大规模在线教育的物理基础。换言之,移动互联网与新媒体的发展为大规模在线教育构建线上虚拟育人场景提供了技术保障以及载体支撑。借助5G的优势,能够连接的学习空间数量会越来越多,空间连接的速度越来越快,空间中可以运行的应用也会越来越杂,空间中的学习交互,尤其是体现创新思维的高阶交互越来越密,网络学习空间将成为大规模在线教育学生学习的新场景。

但是,一些高校与学习场景、学习空间相呼应的育人场景建设依然很少,这也导致育人工作互动性不足、反馈渠道单一,育人文化活动参与性不够。场景育人成效的实现,不是建设单一场景可以达成的,更不是一蹴而就的技术开发与更新可以促成的,它的实施与构建是互联网技术与线下真实场景的融合与互动,以学习为主体构建不同时间、空间与学习者的有效连接,既要构建基于互联网的线上育人场

---

① 郜书锴. 场景理论的内容框架与困境对策[J]. 当代传播,2015(04): 38 - 40.

景,又要构建基于校园、企业、社区或者社会的真实育人场景,开展线上线下相融合的教学、实践、服务等育人活动。这就要求研究者与实践者具备整体性与协同性治理的理念与思维,从全局与整体的角度去思考与规划。

（四）学生自我教育、自我管理能力欠缺

育人工作就是引导和帮助学生树立正确的世界观、人生观、价值观。大规模在线教育需要坚持"以人为本"的教育观念,使学生在教育活动中处于主体地位,发挥学生的主观能动性。大规模在线教育学生相较于全日制大学生有着明显不同的群体特征,他们的人生观、价值观和世界观已经形成,在年龄、认知、环境等方面差异性较大,他们存在较为突出的工学矛盾,参与学习和活动的积极性较低,对学校的认同感较弱,这些都是育人工作的障碍性因素,也对育人工作提出了更高的要求。因此,如何发挥学生的主体性与自我教育,就尤为重要。

主体性的发挥主要表现为自我教育、自我管理以及自我服务能力,大规模在线教育学生群体所在的年龄和环境决定了拥有自我教育的优势,但在实践中这一优势没有得到发挥。一方面与大规模在线教育的教育教学形式有关,在线学习的环境使得学生之间缺失经常性的沟通与联系,师生之间处于准分离状态,在这样长期的分离状态下,育人工作往往被忽略,学生本人可能也意识不到育人工作的重要性。另一方面,能够让学生开展自我教育管理的平台和载体相对狭窄,并没有拓宽学生自我教育管理的渠道,导致大规模在线教育学生群体的自我教育、自我管理和自我服务的功能进一步弱化。

第三节　浙江开放大学在线育人的新鲜经验

进入新时代,高校育人面临新的形势与任务,特别是全国全省高校思想政治工作会议以来,对高校育人工作提出了新的更高的要求。浙江开放大学是一所以开放教育为主体、以远程教育为主要手段的现代远程开放大学,其教育对象有远程开放教育学生,也有成人脱产学生,与普通高校全日制教育学生相比有着显著的差异,使得学生思政工作和育人实践必然不同于全日制教育的育人模式。近年来,浙江开放大学充分发挥系统办学优势和信息技术优势,针对远程开放教育学生、成人脱产学生的实际需求和特点,以网络育人为主抓手,深化推进"三全育人"综合改革,打造出省市县电大合力共建、各部门协同、线上与线下融合发展的网络育人工作格局,网络育人工作取得突出成效。

一、主要政策与措施

(一) 统筹谋划,构建网络育人工作体系

围绕立德树人这一根本目标,浙江开放大学在深入调研的基础上,研究制定了《关于推进"五个一"网络思想政治工作的实施方案》《以网络育人为抓手全面深化"三全育人"工作推进方案》等方案,明确网络育人的指导思想、总体目标、重点任务和方法举措等内容。在网络思政实施方案中,浙江开放大学实施"五个一"系统工程,即建立一套齐抓共管、全员参与、共建共享的网络思政工作机制,建设一个具有吸引力、影响力、感染力的网络思政平台,组建一支有聚力、有活力、有能力的网络思政工作队伍,构建一批有思想、有温度、有黏度的网络思政创新载体,培育一个主渠道有力、主阵地有声、新舞台有人的网络思政育人体系;在"三全育人"工作推进方案中,制定"一二三四"网络育人实施路径,即锚定一个育人目标(立德树人),构建育人"两大共同体"(线上、线下育人共同体),创新三项育人机制(深化多层级联动机制、完善多主体协同机制、健全多举措激励机制),深化四个方面融合(党建与思政相融合、虚拟与现实相融合、实践教学与创业教育相融合、开放教育与全日制教育相融合)。通过"五个一"系统工程和"一二三四"实施路径,逐步构建起目标明晰、机制健全、内容丰富、形式多样、运行科学、保障有力的开放大学网络育人工作体系。

(二) 突出实效,建立协同育人工作机制

多年来,浙江开放大学以系统联动、主体协同、激励保障为重点,创新探索出具有开放大学特色的育人机制。

1. 多层级联动机制

为了发挥系统办学优势,凝聚全省电大系统合力,省市县联动开展育人工作,浙江开放大学制定"三全育人"总体方案,明确指导思想和实施路径,各市县电大根据省电大的统筹部署,结合学校实际,具体实施,形成了从省电大到市县电大多级联动、各具特色、案例鲜活、成效明显的思政工作局面。2017年底,浙江开放大学组织开放教育学生开展十九大精神宣讲活动。丽水、湖州、萧山、长兴、平湖、瑞安等地电大积极响应,纷纷结合自身学校实际和学生特点,组织成立农民大学生宣讲

团,走乡入企、进村入社,用接地气的语言、老百姓喜闻乐见的方式开展宣讲。同学们在宣讲中既提升了能力,又升华了思想。活动得到当地党委政府和各级媒体的高度评价和认可,农民日报、丽水日报等媒体从多方位进行了深入报道。

2. 多主体协同机制

学生思政工作是一项极其复杂的系统性工作,要把这项工作落实、落细、做出特色、做出成效,需要多方协同。一是校地协同。围绕省委省政府和地方党委政府的中心工作,推动各级电大与党政机关、事业单位、企业、社会团体等多元主体,协同开展思政工作和学生主题活动,构建校地、校企协同育人机制。二是系统协同。发挥电大系统优势,省市县三级电大围绕共同目标,优势互补,形成育人合力。三是部门协同。推动各级电大由思政和学工部门牵头,各级党组织、群团组织、办学学院以及支持服务和后勤保障等部门联动,合力策划,组织开展育人工作。四是师生家校协同。围绕教学与服务工作,发挥师生、家校的协同作用,推动课程育人特色化、服务育人智慧化和资助育人精准化。

3. 多举措激励机制

浙江开放大学加强对思政育人工作的指导和督促,将思政工作纳入市县电大年度工作业务考核,并将其作为各级各类评优评先的重要参考依据。对于"三全育人"工作表现突出的单位,在市县电大年度业务考核、新闻宣传和思政工作先进单位等评选工作中予以倾斜;对于育人工作表现突出的教职员工,在育人奖、优秀辅导员、班主任和优秀教师等评选中予以优先推荐;对于参与育人工作表现突出的学生,在各类奖助学金、评优评先中予以优先考虑。在以上制度导向和政策的激励下,全省各级电大持续加大对思想政治工作的投入力度,设立思政工作专项经费,为"三全育人"工作创新发展提供了经费保障。

(三) 发挥优势,构筑网络育人"三朵云"

1. 搭建网络育人云平台

浙江开放大学实施"互联网＋党建＋思政"重点项目,研发"e路求真"党建思政一体化平台,建设以"班级社团"为基础的学生活动空间,融合理论学习、思政教学、主题活动、校园文化、学生服务等多种功能于一体,实现学生主题活动多层级、多样化开展,落实学生事务"最多跑一次"改革等,促进思政工作与现代信息技术的深度融合,增强思政育人工作的时代感和吸引力。在全省电大系统大力推进易班建设试点,目前,学校易班平台入驻用户8 000余人,创建易班公共群282 个,发布省电大及各办学单位重要事项或学生活动新闻报道120条。以易班平台为载体开发"电大管家"轻应用,内容涵盖学生迎新预报到、学习助手、毕业(实习离校)三个模块,做好新生入学、考风考纪、假期安全、毕业(实习离校)等方面的教育;利用易班平台和优课平台组织开展丰富多彩的学生活动,如国家安全教育日、劳动教育、大学生心理健康日、疫情防控知识问答、防疫朗诵作品征集等,发动学生的热情参与。

2. 打造网络育人云课堂

多年来,浙江开放大学根据成人教育特点,深化教学改革,通过改革思政课堂、融入专业课堂、创新翻转课堂、打造创业课堂、拓展社会课堂等五类课堂,牢牢把握课堂育人主渠道,取得较好育人成效。近年来,浙江电大发挥网络信息技术优势,创设网络育人云课堂,与线下课堂形成协同效应,进一步提升育人成效。一是开设直播课堂,实现优质师资共享。组建全省电大思政理论课教研中心组、思政名师工作室和思政课程网络教学团队,实施优质师资模块化协同授课;组织全省电大思政课骨干教师每月网上集中备课与研讨,不断深化思政课教学改革举措;持续推进"互联网+思政课"教学改革,运用云教室等网络课堂,面向全省电大直播学习新思想、开学第一课和思政专题课等,实现全省电大同上一堂课,促进线上课堂教学质量。二是开设专题课堂,提高育人时效性。结合国家时事和省委省政府中心工作,在学校门户网站和"e路求真"适时开设专题专栏,方便学生随时点播学习,如开设"学习新思想""六个浙江建设""乡村振兴""五水共治"等专栏,开发建设《真理的味道是甜的》等最美浙江人系列资源和一批网络宣传思想作品,方便学生点播学习。三是开设互动课堂,搭建教师与学生、学生与学生交流互动平台。开设网上"乡村振兴论坛""创业创新论坛""村官论坛"等,通过"云教室"系统促进教师与学生、学生与学生的交流与互动,共享创业实践成果和乡村治理经验。

3. 开展网络育人云服务

思政工作本质上是做人的工作,核心是做人的思想工作,尤其是开放教育学生是在职在岗的成人,平时与学校、教师处于准分离状态,线下服务有时难以做到及时有效。针对这一实际,浙江开放大学特别注重线上云服务,及时满足学生需求。首先是依托全省电大三级办学网络体系,以思政理论课教师、学生工作队伍、学生党员与学生干部为主体,组建云服务团队;其次是依托网络平台及时、精准做好各项服务,如通过在线课程平台和网络工具,及时开展辅导答疑;通过"e路求真"网络育人平台为学生提供信息查询、事务申请、评课评教、实践打卡、志愿服务等30余项日常服务,实现学生事务"最多跑一次",也能在线开展覆盖全省电大系统的政治理论学习、思政课程学习、各类学生竞赛和主题活动等,全方位满足学生学习、生活、活动等各方面需求。

4. 创新载体,打造网络育人金品牌

发挥信息技术优势,深化开展网络育人工作,浙江开放大学在全国电大系统首创远程开放教育学生思政工作崭新载体——网上党组织,发挥党员学生的先进性与示范性,引导广大开放教育学生线上抓实学习教育,线下开展校园文化和社会服务等活动,起到举旗帜、建核心、树榜样、发声音、促学风、提质量的作用,为解决开放教育学生思政工作难点问题找到了突破口;网上党组织建设采用分批试点、逐步推进的方式进行,目前全省电大试点覆盖率已达50%。试点两年来,网上党组织试点取得明显成效:一是发挥网上党组织的影响力和号召力,组织带领开放教育学生开展新思想学习,有力地促进了新思想入脑入心;二是发挥党员学生的学习带头作用,营造比学赶超的学习氛围,激发了远程自主学习的热情,促进了学风、考风建设;三是发挥网上党组织的纽带作用,团结学生会和学生社团等学生组织,发动广大开放教育学生对内策划开展各种校园文化和志愿服务活动,对外以"三服务"为抓手开展社会服务活动,提高了学生对学校的认同感和归属感,对社会的责任感和价值感。网上党组织工作特色鲜明、成效明显,得到了学生们的认可与喜爱和业内同行的高度评价,已成为学校学生思政工作的一张亮丽名片。

(四)搭建三大教学场景,推进教学改革

浙江开放大学发挥信息技术优势,以云教室为载体,通过搭建理论教学场景、实践(创业)教学场景和宣讲活动场景,并使场景之间相互关联、步步递进,实现从理论学习到实践创业再到主动宣讲、内化于心的思想升华,有效促进习近平新时代中国特色社会主义思想入脑入心。

1. 建立基于云端的理论教学场景

浙江开放大学根据远程开放教育学生特点和发展需求,利用覆盖全省电大的"云教室"系统建设云端课堂,在思政课程与专业课程教学中形成以直播课堂、专题课堂、互动课堂为主要形式的理论教学场景。运用云教室等网络课堂,面向全省电大直播学习新思想、开学第一课和思政专题课,实现全省电大同上一堂课,促进线上课堂教学质量(见图8-1)。

图 8-1 通过"云教室"系统直播"抗疫思政课"

　　运用"钉钉"和"雨课堂"软件将线上和线下学习的学习者联系起来,搭建一个"互联网＋思政课"的线上线下混合式教学课堂。"钉钉＋雨课堂"的课堂教学,可以有效利用钉钉作为即时通信软件的独特优势,将线上和线下学习的学习者集中到一个课堂教学群,便于教育过程中的教学交互且有利于及时统计反馈教学效果和各类信息,将线上线下学生集中到"雨课堂"统一授课(见图 8-2)。

　　2. 建立基于学生创业园地的实践教学场景

　　一是利用开放教育学生的创业基地,搭建实践(创业)教学场景。充分发挥开放教育学生在岗在职的优势,在学生创办的企业、种养的基地、担任村两委干部的乡村社区建立实践基地,开展实践教学和创业教育。如在学生项继忠的畜牧养殖基地建立乡村振兴实践教学基地,在学生马永江担任村主任的众联村建立乡村治理实践教学基地,让学生同辈的创业创新实践直接转化为育人实践教学资源。这

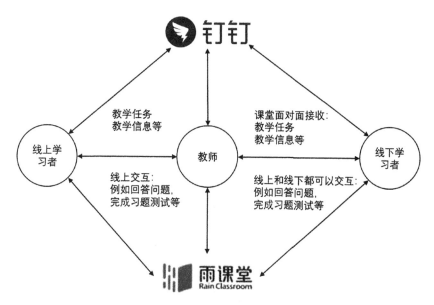

图 8-2　"钉钉＋雨课堂"教学模式

些实践教学场景的应用既让学生深切地感受到习近平新时代中国特色社会主义思想在浙江的实践成果,又大大激发了学生的创业热情。

二是创新实践教学形式,提升实践教学效果。为学生创业实践搭建路演场景,围绕新思想在学生创业创新中的实践,以主题分享形式谈体会、谈成长,翻转"实践课堂"教学。如 2018 年 5 月在平湖姚浜村文化礼堂举办"我的家乡我的梦"浙江电大助力乡村振兴论坛,五位来自不同基层电大的开放教育学生作主题宣讲,专家、领导和媒体点评指导,并一起研讨电大服务乡村振兴、提供人才支撑的发展思路和方向,既帮助学生创业创新成长,又提升了实践教学的效果。

三是利用浙江省"三个地"的政治优势,挖掘思政教学资源。在浙江开放大学本部建设思政教学实践基地"乐学港",在各市县建立思政实践教学基地和农民大学生实践基地,整合思政理论课实践教学、大学生暑期社会实践、实习实训等工作,推动思政小课堂和社会大课堂相结合。

3. 建立基于师生"翻转"的宣讲活动场景

浙江开放大学通过师生翻转、角色转换,促进了理论知识的转化与应用,既盘活了思政理论课的教学主体,又提升了学生的理论水平和能力才干。

一是以新思想宣讲促进学习成果转化与应用。发动各市县电大成立开放教育学生新思想宣讲团,组织宣讲团成员集中深入学习研讨习近平新时代中国特色社会主义思想,通过教师指导下的集体备课、集中研讨,形成宣讲的理论框架,并结合自身思想和工作实际,围绕服务基层治理、助力乡村振兴、开展创业创新及弘扬劳模精神、工匠精神等内容,面向教师、学生和广大基层党员干部,用接地气的语言讲述自己和身边的故事,进村入户开展十九大精神、十九届四中全会精神、"两山理念"等宣讲 200 余场。

二是开展全省电大系统主题活动,在主题活动中检验理论学习成果。统筹谋划、精心策划一系列具有较大影响力的系统性主题活动,如"剿灭劣 V 类水电大十万学子在行动""礼敬中华传统文化"系列活动,"国安教育进课堂、进支部、进社区"系列活动,"幸福是奋斗出来的"劳动教育系列活动,"讲抗疫故事做奋进青年"联学活动,"敬廉崇洁诚信乐学"清廉教育主题活动等,让学生们在社会大熔炉中得到实实在在的锻炼与成长。

(五) 创新育人载体打造"O2O"育人共同体

浙江开放大学根据远程开放教育主要基于互联网教学的特点,抓住互联网这一关键阵地,整合线上(Online)和线下(Offline)的优势,建立基于"O2O"的两大育人共同体,即建设开发"e 路求真"网络育人平台,并通过大数据分析精准了解学生学习行为与成长状态,结合线下(Offline)育人共同体来协同解决学生需求和成长困惑。

1. 创新线上育人共同体

运用新一代信息技术,强化平台整合建设,促进"互联网＋党建＋思政"有效融合,研发集理论学习、主题活动和师生服务等功能于一体的网络思政平台——"e 路求真"(见图 8-3、图 8-4),将"e 路求真"作为全省电大学生事务和思政教育的统一服务平台,整合原有"电大管家""PU 口袋""微电大"上的学生服务功能,建设能服务全省学生(成教、开放)的服务事项功能,使之成为服务全省电大"互联网＋思政"网络育人工作的平台。汇聚优质社会资源和全省电大系统力量,开发建设高质量网络宣传思想作品,培育优秀网络育人工作队伍,打造全省电大系统联动、优势互补、协同发声的线上育人共同体。

浙江开放大学"e 路求真"平台学生服务系统整合了"电大管家""PU 口袋""微电大"等多个平台的学生服务功能,解决了系统入口分散问题,向全省电大学生提供统一的服务平台,服务全省电大"互联网＋思政"网络育人的工作目标。基于电

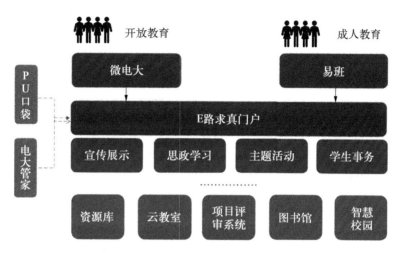

图 8-3 "e 路求真"系统结构

大分散融合的现状,"e 路求真"平台需采用云平台架构。"e 路求真"平台是全省电大统一架设的学工平台,由于电大采用了多种教学类型、同时学院遍布全省,所以系统需采用云平台的架构进行开发。每个市县电大教学点都是该平台的用户,无需独立部署平台,每个电大教学点同时可以独立管理自身业务,教学点之间具备物理隔离,互不影响。基于电大管理目标一致、管理手段各异的现状,"e 路求真"平台采取一个核心平台＋N 个应用模式开发。充分满足电大的通性、个性管理需求。系统采用应用多入口模式,不同的入口进入相同的应用,获取同质的服务。明确学生分类入口,成

- 通知公告
- 新闻动态
- 活动展示
- 理论学习
- 思政课堂
- 主题活动
- 电大管家

图 8-4 "e 路求真"主要功能

人教育学生通过易班平台进入,开放教育学生通过微电大进入。针对不同类型学生,提供个性化访问空间,为个性化育人奠定基础。通过统一后台统计、监管学生活动与服务情况。另外,融合学生办事服务与思政教育工作,突出不同组织形态的学生群体开展丰富多彩的活动,支持在全省范围内开展统一主题活动和省市县班多级联动,线上线下相结合,活跃全省学生活动氛围。

2. 做实线下育人共同体

浙江开放大学建立完善了基于电大系统和互联网的具有开放大学特色的马克思主义学院,以思政理论课教研中心组和思政名师工作室为核心优化思政理论课教学队伍,促进全省电大优质师资共享;出台相关文件建强配齐辅导员、班主任等学生工作队伍,明确开放教育按 1∶1 000 配备辅导员、1∶200 配备班主任,指导带领学生会等学生社团联合开展新思想宣讲、创业实践和志愿服务活动。形成了以思政理论课教师、学生工作队伍、学生党员与学生干部为主体,师生联动、示范协同的线下育人共同体。

创新思政工作载体,在全国电大系统首创开放教育学生网上党组织,组建了电大系统思政"云天团"。网上党组织不转变学生党组织关系,重点在于发挥网上党组织的战斗堡垒和党员学生的先进性与示范性作用,引领更多学生线上抓实学习教育,线下开展校园文化和社会服务等活动。网上党组织建设采用分批试点、逐步推进的方式进行,目前全省电大试点覆盖率已达 50%。试点两年来,网上党组织在举旗帜、建核心,促进新思想入脑入心;促学习、提质量,形成良好学风;树榜样、发声音,开展社会服务等方面成效显著,既得到上级主管部门、全国同行、社会各界和新闻媒体的广泛关注与一致肯定,也得到了学生们的认可与喜爱,已成为浙江电大学生思政工作的一张亮丽名片。

(六) 建立互联网＋开放思政工作坊

浙江开放大学台州分校建立了互联网＋开放思政工作坊,引领开放教育高质量发展。台州电大开放学院思政课程基础薄弱,困难较大,为了加强开放思政课程建设,学院于 2019 年 4 月正式成立思政课程教科研小组"开放思政工作坊",由院长王开义担任小组长,综合协调开放教育课程思政建设、教师培训及课程改革创新工作。开放思政工作坊成员由学校长期担任一线课程的领导和老师组成,承担开放思政课程和课程思政的线上线下教学,研讨和创新实践工作。

1. 组建学习引领"云天团"

网上学习是开放教育课程的重要学习途径,由于师生分离、生生分离,学习上很容易产生"孤独感",为提升网上课程学习的积极性与学习效果,学院组建了学习引领"云天团",团队成员由网上党组织成员、学生干部以及学习成绩优秀的学生组成,以小组形式每天在班级群内分享学习内容与学习体会,讨论学习困惑,与专业课老师线上互动。

2. 设立开放育人"星讲堂"

为进一步提升学生的综合素养,提升育人的实效,利用云教室系统开设了"星讲堂",邀请知名教授、专家学者、机关领导、企业经理等开展专题讲座、文化沙龙等线上活动。从学生成长需求出发,讲堂主要内容包括:一是以"服务台州大湾区建设"为宗旨的经济管理类讲座,如宏观经济分析、个人投资理财、创业指导、人际沟通及自我管理等;二是以"打造四个家"(做好家长、建好家庭、树好家风、传好家训)为宗旨的家庭教育类讲座,如婚姻家庭关系、子女教育问题、邻里关系、孝敬教育等;三是以"弘扬台州和合文化"为宗旨的中华优秀传统文化类讲座,如诗词鉴赏、经典诵读、琴棋书画、天文地理、台州地方文化研究等;四是以"发扬南湖精神及大陈岛垦荒精神"为宗旨的思政类讲座,如习近平新时代中国特色社会主义思想、革命传统教育、中国近现代史纲要、法律法规、重要会议精神学习等。

3. 推动社团文化"云展播"

浙江开放大学以社团建设为抓手,繁荣校园文化,组建了葫芦丝社、篮球社、创业社、朗读社、箫社、非洲鼓社、英语社、影视社、国学社、书法社、茶艺社等 11 个社团,注重挖掘社团特色、亮点,以"线上+线下"相融合的方式推动社团开展系列文化活动;开展社团文化"云展播"浙江开放大学微信公众号为载体,展示社团活动特色,提升文化育人的实效性。

(七) 打造线上"法空间"开辟网络育人新渠道

《国家中长期教育改革和发展规划纲要(2010—2020)》指出:"坚持德育为先。立德树人,把社会主义核心价值体系融入国民教育全过程。"大学生法治教育工作,是"立德树人"育人目标的内在规定和培养合格公民的现实要求,法治教育是实现"立德树人"教育任务的重要方式。浙江电大永嘉学院充分发挥"线上教学"优势,改革育人机制、创新育人载体,打造线上"法空间",对青年学生开展法治教育,开辟网络育人新渠道。线上"法空间"即利用信息技术手段线上开展法治教育的虚拟空间,包括"云直播厅""云法学馆"。

1. 云直播厅——学法始于心

利用钉钉平台开通了"云直播厅",组建普法宣讲团,对青年学生进行普法教育。宣讲团成员由县平安办、政法委、教育局、团县委、检察院、法院、司法局、普法办、禁毒办、律师事务所等单位的普法骨干组成,共计 48 人。宣讲团针对不同专业、行业的学生,于每周六晚分别开设钉钉线上法律讲座直播,如公司法、合同法、劳动法、民法典等,用通俗易懂的语言,鲜活生动的案例,将枯燥难懂的法律条文内化于心。

2. 云法学馆——用法践于行

在校园网上开辟了"云法学馆",包括"模拟法庭""法制展厅""法律知识测试""清廉嘉园"等栏目,"模拟法庭"栏目可以重新播放线下"模拟法庭"的庭审过程。"法制展厅"栏目展出法治文创优秀作品,如学生自编自导自演的《法治精神滋养学生成长》《蜕茧》《青春贷价》等16部普法微电影。"法律知识测试"栏目提供涵盖法治、心理、禁毒、消防等法治安全知识的《"平安嘉园"久安课程》试题库,供学生自我检测法律知识掌握情况。"清廉嘉园"栏目包括"身边的'星'""警钟长鸣"和"承诺台"。"身边的'星'"展示学院的先进典型、优秀校友和模范人物的事迹;"警钟长鸣"呈现了典型的违法贪腐等案例;"承诺台"可以让学生留下自己的学法感言和清廉承诺。

思政教育与法治教育如鸟之双翼,缺一不可。道德与法治在本质上是一致的,道德是内德,是存在于自己内心的法律;法律是外德,是外在的强制性道德。将道德与法治更紧密地结合在一起,让学生更清晰地知道什么该做什么不该做,什么是应当追求的,什么是做人做事的底线。浙江开放大学永嘉学院通过打造线上"法空间",开辟网络育人新渠道,让法律知识深入开放教育学生生活的每一处,架起了云上普法的桥梁。

二、主要育人成效

1. 促进了学风建设

浙江开放大学远程开放教育学生是成人在职学生,来自不同的单位,平时主要通过网络进行远程学习,学习的"孤独感"往往会在一定程度上影响学生的学习激情和效果。浙江开放大学通过深化"三全育人"综合改革与实践,特别是以开放教育学生网上党组织为载体,发挥党员学生模范带头作用,组织带领开放教育学生形成比学赶超的学习氛围,学员带着孩子、带着伤病坚持上课学习的事迹层出不穷,有的学员在汽车后备厢放置简易支架,随时随地搭制临时书桌开展学习。长兴、海盐等电大学生网上晒作业、晒笔记蔚然成风。校本部、丽水等电大党员学生考场带头亮身份,有效激发了远程自主学习的热情,促进了学风、考风建设。2016春金融本科专业学生郭桂霖,为表达对班主任李纯纯老师多年的督学、促学、助学的感恩,向她送上了一面饱含浓浓深情的锦旗——"几年岁月几多乐,一声教诲一生情"。

2. 培养了一批先进学生典型

浙江开放大学根据学生的实际和特点,通过开展有针对性的思政教育,有效促进了学生的成长成才,涌现出一批先进学生典型。如:通过开展新思想宣讲,丽水电大学生周宏伟自身能力得到明显提升,从一名普通的村干部成长为浙江省"千名好支书"、丽水乡村振兴年度十大贡献人物;萧山学院学生马永江,在电大老师的帮助下,打造了全省示范样板"五和众联"乡村治理模式;瑞安学院陈茂丰等宣讲学生,获评全省首批农村社区工作领军人才等。通过搭建学生创业平台,帮助一大批学生实现创业梦想,他们中有致力于探索"特色农业致富路"的女科技致富能手宋珠英,有坚信"绿水青山就是金山银山"的创业先锋林晓静,有致力于传承"乡村老手艺"的90后青年方敏,有评上了"高级畜牧师"的农民教授项继忠,等等。在这些同学的引领下,一批批优秀学生如雨后春笋般成长起来,活跃在社会的各行各业。特别是在此次防疫抗疫中,千余名开放成人学生积极响应学校号召,投身疫情防控一线,得到社会广泛赞誉,充分彰显了学校的思政育人成效。

3. 用人单位满意度普遍提高

2019年度,用人单位对浙江开放大学毕业生的工作态度、实践操作能力、问题解决能力、自主学习能力和综合素养等评价,满意率达99.1%,其中超过70%的毕业生在所在单位或部门内有过职称或非职称晋升,98.7%的毕业生用人单位认为学生整体表现达到或高于其他学校毕业生平均水平,学员服务基层社会治理与企事业发展的能力显著提升。社会认可度对学校招生工作产生积极影响,近三年来报读电大的学生持续回升,年招生人数稳定在4万人以上。

4. 理论与实践成果不断丰富

近年来,浙江开放大学主持承担的思政类省级哲社、教改课题、厅级课题等10余项,在国内外学术期刊发表学术论文、出版著作10余篇(部)。面向全省电大系统遴选思政活动优秀案例17个,汇编课程思政教学设计和课堂教学优秀案例76个,开发建设网络宣传思想作品30余项,其中《真理的味道是甜的》《小禹治水记》两项作品先后荣获全国高校网络教育优秀作品一等奖和三等奖,《中国特色社会主义进入新时代的理论逻辑、实践逻辑和历史逻辑》《十四个坚持之坚持新发展理念》视频课件录用为省党员远程教育课程。

5. 受到上级主管部门充分肯定和中央媒体关注

2018 年,浙江开放大学入选全省高校思想政治工作质量提升工程"易班"试点项目,2019 年入选全省高校"三全育人"综合改革重点支持高校。成为国家开放大学学生思想政治教育首选典型,近两年里浙江开放大学领导在全国性会议上做典型发言 5 次,央视新闻联播、中国教育电视台、光明日报、中国教育报、农民日报、中国大学生在线、全国高校思政网、浙江日报、浙江在线等媒体,分别从不同角度对学校思政育人成效进行了广泛而深入的报道。据统计,近五年来省级以上主流媒体就该校思政工作宣传报道 50 余次。

第四节　大规模在线育人的启示

青年大学生肩负时代赋予的使命与责任。网络育人通过教育载体的有效延伸,可以提高学生的主体参与度,强化思想政治教育话语的传播力,提升在线教育的亲和力。构建网络育人格局是思想政治教育创新的重要路径,是把互联网最大变量变成高等教育最大增量的关键一环。高校要与时俱进,与学生同行,实施有思想深度、时代热度、情感厚度、人文温度在线教育活动。疫情期间,青年学生对网络的黏性增加,他们的学习和生活都已与互联网深度融合,互联网打破了知识传播的时空局限,成为当代青年思想文化交流与传播的主要场所,渗透并影响着青年学生的观念和行为。在线教育要实现入脑入心,先要做到"入眼",必须用鲜活的载体与形式吸引大学生,形成注意力叠加。高校面对新对象、新形势,要回应挑战,认识网络育人的重要性,拓宽思政教育渠道,实现"线上线下"互补融合,形成立体化、多层次的网络育人格局。

一、在线教育必须实行线上线下融合,优势互补

网络思政并不是单纯地将思政工作从线下搬到线上,撇开线下另搞一套。发挥信息技术优势,开展网络育人,与线下育人相互补充、相互促进,形成线上线下"同心圆",是开展网络思政的目的所在。近年来,浙江开放大学坚持推动思政工作线下课堂与线上课堂、线下服务与线上服务、线下活动与线上活动等相融合,实现线上线下优势互补,取得较为理想的育人成效。线上、线下学习方式各有优势,也

各有劣势。只有发挥好线上、线下各自优势,实现线下赋能线上、线上支持线下的相互融合,才能更好地提高教育对象的学习效率和思维品质,才能更好地适应高等教育发展创新的大趋势。

线上、线下融合 OMO 即 Online-Merge-Offline。OMO 就是把面授学习与线上学习相融合,线下支持线上、线上赋能线下,二者优势互补、相辅相成。OMO 学习方式并不是线上、线下简单叠加,而是你中有我、我中有你,以融合的方式提升教与学的效果。OMO 学习方式将重塑教与学的方式,学生不再是知识接受者,而是主动的学习者;老师也不再是简单的知识传授者,而是引导者、组织者、授业解惑者。"学习为重"是 OMO 学习方式的核心理念,其重心在"学"而不是在"教"。"教"与"学"是教学过程中的两个问题。教得好并不意味着讲解多精彩,关键是不是以学生为中心,能不能让学生学到知识,提升思维品质;OMO 学习方式强调"自助式学习",在教学设计上保障了学生享有较多时间自由;同时,由于网络艺术的加持,教育双方都可以利用线上进行合作和探究性学习;OMO 学习方式注重以学定教,"教"服务于"学",服从于"学",促进学生自主学习、混合式学习,变"要我学"为"我要学",学习有兴趣、有责任。"疫"下教育表明,学生不在课堂也是可以学习的,只要老师设计好学习任务并提供学习资源,学生也可以涉猎广泛的线上资源。"学习为重"意味着角色定位的转变。在 OMO 过程中,"人机共教"成为一种教学常态,教育者的角色将会发生改变,教师承担学习任务的设计、激励以及与学生的交流等,教师不仅仅是知识的灌输者、引导者,也是学生的助手和朋友。

传统课堂要向线上线下融合转型。"线上线下混合教学代表着教育的未来,它将成为未来教育教学的基本模式",高校应利用大规模线上教学契机,推进传统课堂向 OMO 转型,形成 OMO"面"上的声势。推动线上教育需要逐步找到统一建设与百花齐放的界限。统一的部分要国家大力保障,百花齐放的部分需要应用驱动。要在教育信息化资源建设方面,找到统一规划与百花齐放的界限。高校可以从建设 OMO 学科教室对接国家和各级各地教育信息化平台,另一方面也可以体现学校的教学特色。OMO 学科教室是利用网络技术与教室创新,线上线下优势互补,它可以从教室内、校园内延伸至教室外、校园外,可以放大学科特性,实现学科育人目标;便于满足跨班级、便于小组讨论、促进教师专业成长、彰显学校特色和水准。

构建 OMO 学科教室可以从以下几个方面着手:对高校而言,需要对传统教室升级改造,满足该学科教与学的要求,建构适合某学科线上教与学的便利条件——硬件和软件条件；高校可以与互联网教学平台合作，收集与某学科相关的教与学的资料，供有不同需求学生使用；高校可以开发在线课程应用，建立"虚拟功能教室"。通过线上、线下实践，逐步开发体现本校课程、教学特色的微课程群，并建立"虚拟功能教室"，开展线下自主学习。

二、在线教育必须统筹谋划，制度先行

研究制定工作方案，做好顶层设计和统筹谋划，是各项工作取得实效的基础。为了推进网络育人工作，浙江开放大学制度先行，制定了"五个一"网络思想政治工作实施方案和"三全育人"工作推进方案等，并在实际工作中不断修订完善，制定详细推进计划，为网络育人取得实效提供了切实制度保障。高校在线育人必须以新时代中国特色社会主义思想为指引，必须落实高校思想政治工作精神，立足立德树人的根本任务，加强校园网络文化建设与管理。丰富网络内容，净化网络空间；建立一支专业化队伍，提升网络素养、网络思维、网络道德，构建科学化的育人体系，传播主旋律、弘扬正能量，守护好网络精神家园；构建学生舆情调研中心、思想政治教育研究中心、教育大数据中心、学生校园新媒体中心、易班发展中心，加强网络育人队伍建设、校园主题媒体建设；加强组织领导与条件保障，深化整改、巩固提高相关制度。

三、在线育人必须打造平台阵地，构建在线育人的新体系

随着网络平台活跃度增高，网络话语更加多元化。高校思想政治工作必须走出"智育化"的路径依赖，推动传统思想政治教育育人平台与网络之间的融合，建立涵育青年的网络育人体系。建立网络育人体系不但是从三尺讲台到"屏对屏"的转换，更要具有网络育人的人文属性和教育张力，对接青年需求，打造可信、可感的精神家园。一方面高校要合理布局网络育人的矩阵，加快融媒体建设，整合网络育人元素，通过深度内容文创，形成同频共振的网络育人平台矩阵，开拓思想政治教育的新阵地。另一方面，高校要运用好"网言网语"，从"权威范式"向"对话范式"转换，综合运用网络语言、政治语言、生活语言。尊重青年的话语表达偏好、主体意识和表达意愿，与之互动共识，从而完成网络育人体系的建构。

四、在线育人必须坚持内容创新，优化教育的供给

网络广泛连接、强劲渗透，使得它延展出多元的文化性。近年来，流行文化借

由互联网媒介不断传播,成为大众文化的一部分。因此,高校在线育人必须适应互联网生态,优化在线教育的供给,要注意结合"现实世界",既要吸引人,又要说服人,既要实现"理论教化",又要体现"观念内化"、价值认同,逐步实现显性教育和隐性教育的统一,增强思想政治教育的传播力。具体而言,教育内容一是结合中华优秀传统文化,使崇高叙事转换为人文叙事,引发青年大学生思想共鸣;二是融入国情国史的故事性、热点问题的说理性,使思想政治教育进入学生的认知结构中,实现价值认同;三是加入典型事迹作互动交流,讲好故事,触发学生情感体验,解决思想困惑,加强情感联结。在形式上,高校要结合"碎片化时代"学生偏好,兼顾个体差异化需求。高校在线教育必须采用图、影结合的模式,系统设计激发学生兴趣的教学内容,提供内容凝练、图文并茂的作品。

结 语

　　教育信息化是国家信息化发展整体战略的重要组成部分，是教育现代化的基本内涵和显著特征之一，也是"实现教育现代化2035"的重点内容和重要标志。

　　习近平总书记指出："做好高校思想政治工作，要因事而化、因时而进、因势而新。"这一辩证思维对以信息化管理手段做好学生工作具有尤为重要的指导意义。如果说工业化时代最为典型的特征是标准化、流程化和制式化，那么在正在到来的信息化时代，高校学生工作也正在不断凸显其高效化、精准化和智能化的价值追求。

　　当前，正在经历的疫情防控就是对高校学工信息化建设成效的实战检验。新冠疫情突然暴发，大规模学生群体的远程、分散管控与实现高效率、全覆盖、无死角的防控目标之间的现实矛盾，成为学校一线学生工作的主要压力。面对严峻的形势、巨大的压力，学校如果没有方法论层面上的谋定而后动，那么积极响应并不必然等同于切实执行，响应也并不必然意味着高效落实。这就要求我们在疫情防控的背景下，学生工作的开展必须以信息化管理为手段实现四个转变，即以概略供给向精准供给转变、以各自为战向整体协同转变、以先入为主向以生为本转变、以适时反应向主动营造转变。

一、疫情背景下网络育人的创新

（一）变概略供给为精准供给

1. 实时分析研判

　　在网络信息化形势下，高校应当把握时机，尽快建立数据库收集分析不同学生群体乃至个体的实时"网络响应"与"网络痕迹"，并据此对其信息偏好、认知特征及心理需求进行持续的、及时的研判，从而保障信息供给与需求之间的准确匹配。在以往的学生工作中,高校往往只能依据地域、阶层、家庭背景等学生群体认知特征,对目标学生群体的需求进行判断。利用大数据进行必要的学生疫情防控状态实时分析研判,有助于回归学生个体认知本身,从而为更精准地区分供给目标打下坚定的基础。

2. 实时准确推送

在信息化条件下及时满足学生差异化的防控信息需求并使其持续认同是在信息化条件下确立防控信息主导权的关键。在以叠加散布网状传播为特征的网络环境下,传统播报式的信息推送不仅无法与层出不穷的自媒体平台兼容,而且也无法及时准确指向并服务于学生防控需求。自上而下、单向推送、节点固定的传播方式仅是形式上保障了传播覆盖率,而无法保障学生的接受与认同。高校应当充分借助移动互联网与新媒体的优势,最大限度打破时空的限制,变播报式推送为投递式推送,从而真正将疫情防控的现实需求作为信息推送的必要指征。

3. 实时跟踪反馈

大数据云计算技术的日趋成熟为及时和准确掌握学生差异化、个性化的信息需求提供了必要的技术支撑,同时大数据也为精准化的信息供给提供了全新的方法与路径。学生对信息的接受度、认同度理所应当成为疫情防控信息传播效率评价的重要标准之一,而学生对信息的网络反响与反馈则应当成为长期跟踪收集的重要数据。实时跟踪反馈机制的建立不仅有利于掌握与评估信息传播的实效性,同时也有利于进一步掌握学生的认知状态、认知偏好与特征,从而精准校正防控信息的传播方向与传播策略。

(二) 变各自为战为整体协同

1. 协同布局谋划

在信息化格局完成整合并走向成熟之前,传统媒体与层出不穷的新媒体之间以及信息渠道之间,由于缺乏有效的协调布局与协同运作,往往存在功能重复、内容同质甚至相互掣肘的弊端,在疫情暴发的特殊时期,这种弊端极为明显。高校应当在疫情防控工作顶层设计层面做好全局的部署与谋划,整合新老媒体平台,充分协调各信息平台在渠道、信息、数据、模式等方面的资源,以实现优势互补、功能互补、信息互补。同时,高校还应统筹建立各平台间无缝对接、有机联动的工作机制,努力打通线上线下资源渠道,链接不同介质和终端,在策划、采访、编辑、发布等方面协同运作和彼此印证,构筑协调一致的立体防控信息网。

2. 协同整体发力

整合高校疫情防控信息平台资源的重点在于协调辐射力、传播力、影响力之间的不同功效，实现平台介质之间的高效聚合。电视、广播、报纸、网站、微博、公众号、抖音号等七大平台之间往往各自为战，各有侧重、各有所需，缺乏整体化的集中发力、持续发力，在一定程度上降低了防控信息的整体传播效率。高校应当打破现有各信息平台之间封闭经营、粗放管理的低效模式，把握不同媒介业态的特性与专长，明确各自的功能定位，搭建平台，统一规范，集中管理，形成合力，共同提升信息的传播影响力。

3. 协同资源配置

一些高校信息平台缺乏统筹的分散运营，造成了资源配置浪费与重复投入。防控信息优势的建立依赖于主导权的确立。在移动互联网环境下，防控信息主导权的生成依赖于信息平台集群的支撑，更依赖于各平台之间的深度融合。高校各个平台的发展过程不仅是融合发展的过程，从根本上来讲是网络技术平台和信息内容相互结合与发展的集成过程。这个融合过程关键在于各信息平台相互关联、功能优势互补，从而使业务范围趋于一体，网络互联互通盘活资源，以实现互相关联的疫情防控信息资源共享共用。

(三) 变先入为主为以生为本

1. 优化信息形式

在移动互联网环境下，信息的表现形式已经成为影响信息传播效果乃至学生认同度的主要因素。那些学生习以为常的具象化、生动化、鲜活化的信息表现形式正在成为网络信息的主流，传统的那些纯文字或图片等简单信息表现形式与新媒体平台力求生动、鲜活的表现需求之间存在严重的不匹配。高校应当认真研究学生所认可的沟通方式与信息表现形式，充分发挥网络平台多维融合的功能特性，广泛采用视频、语音、动画、数据和广播等多种技术手段，打造鲜活化、立体化的疫情防控信息样态。

2. 共享信息数据

打破新老媒体之间以及新媒体间条块分割的信息壁垒，实现各平台间的防控信息互通、防控数据共享是提高防控信息资源利用率，避免在信息采集、存贮和管理等方面重复投入、资源浪费，同时也是使全体学生共享信息化建设成果、提升疫情防控工作实效性的必由之路。在不同网络平台之间信息产品与数据资源的交流与共用,是移动互联网环境下信息平台科学发展的应有之义。防控数据资源的共享,不仅有利于防控成效的提升、有效节约社会成本,也有利于改善学生的体验。

3. 保障信息交互

广泛的参与性与互动性是移动互联网的主要优势之一,也是驱动新媒体不断推陈出新、代际更替的主要因素之一。在新媒体背景下,广大新媒体受众的参与性与互动性需求正凸显,特别是以 90 后、00 后为骨干的网络"原住民"群体正在成为网络文化的主导力量,这些群体乐于互动、善于参与、敢于表达的沟通习惯应当得到高校更为人性化的考量。高效新媒体平台的传播机制应当立足于坚持交互性建设为导向,不断提升学生的参与度、体验感与互动性,实现学生与学校之间的顺畅沟通,从而保障疫情防控教育渠道的畅通。

(四) 变适时反应为主动营造

1. 提升信息质量

信息质量是评价信息平台与渠道优劣强弱的关键指标,也是衡量学生工作网络平台发展潜力与空间的重要依据。不断提升信息质量是提升互联网治理能力和实现治理体系现代化的重要基石,也是巩固与提升新媒体受众忠实度的关键环节。高校应当建立学生防控信息质量评价机制,从影响力、公信力及利用率等多方面对学生疫情防控信息质量进行审核与评价,并不断完善以目标化、精细化、规范化为要点的信息管理措施,划定底线、矫正方向、提升质量,从信息源头上巩固与提升疫情防控工作的实效性。

2. 掌握信息先机

随着网络体系的日益膨胀、移动终端的全面普及,一个以信息和网络为先导、以大数据云计算技术为支撑的新时代已经到来。信息优势的确立即意味着远程分散、精准辅导与管控的模式成为可能。对于疫情防控时期的学生工作而言,网络信息优势的确立不仅依赖于成本低、传播快、覆盖广等诸多网络固有优势,更依赖于抢占并控制信息先机。掌握信息先机意味着对信息资源的全面掌握、率先掌握,意味着对学生需求及心理的准确掌握,意味着对疫情防控信息渠道及其传播样态的精准设计与把控,也意味着对防控信息的优先发布与权威解读。

3. 增强信息黏性

实践证明,在疫情暴发的特殊时期,那些与学生个人利益关联度更高的信息、具有更强延续性的信息以及满足学生防控需求的信息,往往对学生具有更强的黏性。较强黏性的信息不断汇集可以使信息平台的学生数量以及网络知名度获得积累型或指数型增长,从而获得长期稳固的认同度。不断增强信息对于学生的黏性,理所应当成为高校学生工作确立信息优势的必要步骤。对于防控信息的传播形式设计,高校也应当以符合高关联度、增强延续性以及满足学生差异化需求为标准。

二、高校思想政治工作必须因势而新

习近平总书记特别强调:"要运用新媒体新技术使工作活起来,推动思想政治工作传统优势同信息技术高度融合,增强时代感和吸引力"。[①] 教育部在 2017 年颁布的《高校思想政治工作质量提升工程实施纲要》中要求:大力推进网络教育,加强校园网络文化建设与管理,拓展网络平台,丰富网络内容,建强网络队伍,净化网络空间,优化成果评价,推动思想政治工作传统优势同信息技术高度融合,引导师生强化网络意识,树立网络思维,提升网络文明素养,创作网络文化产品,传播主旋律、弘扬正能量,守护好网络精神家园。这一系列重要论述为高校紧跟时代发展,真正将网络育人重视起来,把网络育人做活起来,切实发挥网络育人功效。上述理论为实现高校网络思想政治工作的持续发展提供了方向和思路。

近年来,杭州电子科技大学、浙江理工大学、中国计量大学、浙江中医药大学、嘉兴学院、台州学院、浙江开放大学、宁波卫生职业技术学院共 8 所"三全育人"网络育人试点高校,根据《浙江省全面深化高校"三全育人"综合改革实施方案》文件精神,坚持善谋、善建、善管、善用,着力打造具有浙江特色的网络思政体系,提升了高校思想政治工作时效性。

(一) 在制度设计上夯实顶层设计

在顶层设计方面,浙江省各高校着眼于顺应网络发展潮流,着力建设一张符合浙江高校需求,具有思想性、教育性、服务性和安全性的高校思想政治工作网络。

1. 突出思想引领

突出思想引领,以服务学生为宗旨,以易班校本化发展为路径,把顶层设计与各校探索紧密结合起来,整合要素,汇聚资源,构建全省思政体系。高校必须以工作机制搭建系统工程。应深化四个方面融合,即党建与思政相融合、虚拟与现实相

---

① 张烁. 习近平在全国高校思想政治工作会议上强调把思想政治工作贯穿教育教学全过程,开创我国高等教育发展新局面[N],人民日报,2016 - 12 - 9(1).

融合、实践教学与创业教育相融合、开放教育与全日制教育相融合,逐步构建起目标明晰、机制健全、内容丰富、形式多样、运行科学、保障有力的开放大学网络育人工作体系。

2. 突出工作示范

突出工作示范,高校必须以教育部高校思想政治工作精品项目建设为抓手,发挥高校先行示范引领作用,立足思想政治教育资源,着力建设具有浙江特色的大学生思想政治教育品牌栏目,如杭州电子科技大学通过建设教育部精品项目,以"最多跑一次"为切入点构建服务育人网络平台,强化学生事务的"最多跑一次"改革,以及精准思政大数据一体化平台建设,如浙江理工大学完善易班校本化特色应用"数字画像"和"E浙理"APP,通过"大数据"技术"全景式"掌握和分析学生学习、生活各方面情况,及时开展舆情研判、干预引导和管理服务,丰富了思想教育个性化发展,深化了网络思政育人主旨。

3. 突出保障机制

浙江各试点高校成立了易班建设工作领导小组、指导委员会、易班发展中心,并在高校各院系建立了易班工作站,形成纵向到底、横向到边的组织体系,各高校通过加大经费投入形成专项经费用于思政网建设,并将思政一张网建设情况纳入年底工作考核指标体系,为网络育人保障机制的构建提供了有益参考。

(二) 在可持续推进上突出网络思政工作黏力

高校必须着眼于丰富网络思想政治工作内容供给,强化思想引领、协同联动,不断增强校园网络正能量。

1. 丰富正能量内容供给

在网络内容供给上,高校必须以弘扬传播社会主义核心价值观为内容体系,建设具有良好示范性的思想政治教育栏目。首先,利用红色资源创新网络学习课堂,如嘉兴学院精品在线课程《红船精神与时代价值》,自2019年首次面向全国直播以来,截至2020年4月7日,已被130所高校、2.98万名学生作为选修课程。此外浙江理工大学结合易班优课开展"互联网＋思政教学",着力打造了红色文化育人、思政云课堂等系列思政课程。辅导员、思想政治理论课专任教师开设"轻博客",结合思想政治教育工作,定期撰写育人"微文",帮助学生了解政治、解读各类热点等,做好学生思想上的引路人。

一些高校坚持创新学习形式、精选学习内容、增强学习实效。一些活动逐渐成为研究生群体中有生命力、有影响力、有引领力的党建工作特色品牌,先后被中新网、"中国研究生"微信公众号等媒体平台专题报道。

2. 强化优势资源整合

在服务功能上,高校必须引入社会支持,如利用钉钉系统发挥在疫情防控战中的重要作用。浙江高校充分利用浙江的互联网优势,与钉钉等互联网公司加强合作,整合校内外资源优势,建设"最多跑一次服务网"和易班 APP 客户端,将师生平时学习、工作、生活中的实用信息进行整合,并实现校园卡消费流水、图书馆借阅信息、活动审批、业务办理等个人信息等方面的查询功能。一些高校建立了学生网上党组织,作为推进网络思政工作线上线下联动的有效载体,线上组织政治理论和思政课学习,开展"晒作业、提学风、共进步"等活动,线下积极参与三服务和社会文明实践活动,得到各地党委政府和社会的关注与好评,充分发挥了举旗帜、建核心、树榜样、发声音、促学风、提质量的作用。

3. 突出以服务赢得认同

在疫情防控期间,一些试点高校充分利用网络思政教育平台进行精准智控,积极部署疫情防控阻击战,维护校园安全稳定。一些高校还发挥疫情防控的信息化优势,通过开发学生返校报到系统、学生日常管理请假离校系统、"一报""一码""一图"等应用,形成了"智慧易班"校园生态圈,全面掌握师生健康状况和行动轨迹,努力做好疫情监测、排查、预警、教育疏导、管理服务等工作,为学校快速反应决策提供科学依据。

(三) 在强化统筹协调中激发网络思想政治工作活力

高校必须着眼于适应大学生网络需求,强化资源汇聚、各展所长,运用喜闻乐见的方式开展工作,不断增强活跃度。

1. 创新正面引导载体

一是加强正面引导,主动弘扬主旋律,传播正能量。例如以大陈岛垦荒精神作为浙江的红色资源是思想政治教育优质载体,高校可以网络展示播放"垦荒说""我身边的故事"等融媒体节目,产生良好的辐射和感染的效果。二是运用学习通网络教学平台、形势政策课,拓展课程时空和形式,综合运用融媒体和各类资源打造优质线上线下课堂,调动广大师生互动讨论的积极性。

2. 创新协同育人机制

高校必须充分发挥统筹协调职能,着力构建网络育人矩阵,形成网络文化建设的新机制,对各类信息化平台统一规划、统一建设、统一管理,不断提高信息化治理能力,将新闻性、互动性和服务性内容与思想性和教育性内容统筹安排,逐步建成学校、二级学院、学生社团三级全媒体矩阵系统。通过强化思政教育阵地属性,加大思想文化产品的生产,筑牢了马克思主义的深厚理论根基;创新网络育人载体,打造网络育人品牌活动,增强了网络平台的黏度和吸引力;发挥师生的主体作用,以共享共学互动为特点,打造了多平台联动的网络育人舆论场;发挥网络育人的集聚效应,完善网络育人管理机制,构建高质量网络育人体系,形成了"点—线—面"同频共振、各层次聚合传播、线上线下全覆盖的网络思想政治教育新局面。同时,高校举办了大型线上专场招聘会,如浙江开放大学也开展了空中招聘会、宣讲会10余场次,提供1 800多个岗位,吸引7 700余人次关注,通过网络育人工作由"条块分割"到"协同育人"转变,提升网络育人工作质量和育人成效。

3. 创新服务驱动引擎

高校必须将服务学生学习、生活的功能链接进网络,打造思政教育"成长超市",如在学生事务"最多跑一次"改革中,将新生入学、毕业离校、学生查课表、查成绩、图书馆借阅、网上报修、交水费、交电费、订餐订水、申请困难生认定、申请国家励志奖学金等事务全部在网上办理。在疫情防控期间,一些高校充分发挥网络服务毕业生就业工作的重要作用,开启大学生云就业模式。

(四) 在提质创新中突出网络思想政治工作实效

高校必须着眼于强化统筹协调,健全网络管理、运营维护、提质创新,提升网络思想政治工作质量。

1. 实施全员育人方略

在育人主体方面,一些高校以提升队伍专业素养为根本,不断优化队伍结构,构建一支网络技术水平扎实、思政工作水平先进的高水准育人队伍,集合了优秀思政课程教师、专业数据资源专家、资深学生工作队伍等为一体的网络思政队伍,打造集思政理论、专业技术、课程实践等为一体的网络育人平台;突出提升骨干队伍能力;增强开展网络思想政治工作的综合能力;实现全员育人方略,建立由网络宣传员、网络评论员、网络舆情员、网络志愿者构成的四级网络文化引领队伍;发挥团队贴近学生、了解学生需求的优势,增强易班在学生中的影响力。通过师生结合的团队,既保证了易班平台的正面导向、引领作用,又使得易班走进学生、吸引学生。

2. 实施精准思政系统工程

精准思政作为新时代思想政治教育工作创新发展的新样态,是大数据时代推进高校工作进一步落细落实的要求。以"精准发力"为指导思想,逐步推进思想政治教育精准施策,不断增强思想政治教育的实效性、针对性和亲和力,通过研发"精准思政大数据一体化平台",逐步构建起一套包括数据采集、数据处理、数据分析与应用服务为一体的"四精型"(精准教育、精细管理、精准服务、精准评价)网络育人模式;通过开发"学业跟踪系统""心理导航系统""奖助学金智慧评定系统""智慧资助系统"等,充分发挥精准思政在学生成绩排名预测、课程挂科预警、抑郁倾向研判、职业和学业规划、贫困等级认定等方面的积极作用。

参 考 文 献

［1］马克思,恩格斯.马克思恩格斯选集：第1卷［M］.北京：人民出版社,2012.

［2］列宁.列宁全集：第45卷［M］.北京：人民出版社,1990.

［3］上海师范大学教育系编.马克思恩格斯论教育［M］.北京：人民教育出版社,1979.

［4］上海师范大学教育系编.列宁论教育［M］.北京：人民教育出版社,1979.

［5］毛泽东.毛泽东选集：第1卷［M］.北京：人民出版社,2008.

［6］邓小平.邓小平文选：第3卷［M］.北京：人民出版社,2009.

［7］江泽民.江泽民文选：第3卷［M］.北京：人民出版社,2006.

［8］江泽民.论科学技术［M］.北京：中央文献出版社,2001.

［9］［苏］苏霍姆林斯基.给教师的建议［M］.周蕖、王义高等,译.武汉：长江文艺出版社,2018.

［10］［美］尼古拉·尼葛洛庞帝.数字化生存［M］.胡泳、范海燕,译.海口：海南出版社,1997.

［11］［美］曼纽尔·卡斯特.网络社会的崛起［M］.夏铸九等,译.北京：社会科学文献出版社,2003.

［12］［美］马克·波斯特.第二媒介时代［M］.范静哗,译.南京：南京大学出版社,2005.

［13］［美］约翰·布洛克曼.未来英雄［M］.汪仲等,译,海口：海南出版社,1998.

［14］本书编写组.十七大报告辅导读本［M］.北京：人民出版社,2007.

［15］习近平.在网络安全和信息化工作座谈会上的讲话［M］.北京：人民出版社.2016.

［16］习近平.习近平谈治国理政［M］.北京：外文出版社,2014.

[17] 中国共产党第十八届中央委员会第四次全体会议文件汇编[M].北京：人民出版社,2014.

[18] 聂欣.新媒体时代领导干部执政为官方略[M].北京：人民出版社,2014.

[19] 贺培育.制度学：走向文明与理性的必然审视[M].长沙：湖南人民出版社,2004.

[20] 袁本新,王丽荣.人本道德论[M].北京：人民出版社,2007.

[21] 周宏仁.中国信息化进程,下册[M].北京：人民出版社,2009.

[22] 尹韵公.中国新媒体发展报告[M].北京：社会科学文献出版社,2012.

[23] 喻国明.21世纪传媒业揭秘[M].北京：中国工人出版社,2001.

[24] 陈伟军.社会思潮传播与核心价值引领[M].北京：人民出版社,2015.

[25] 陈明,张永斌.网络概论[M].北京：北京理工大学出版社,2014.

[26] 敬菊华,张绍荣,张珂.网络环境下高校校园文化建设研究[M].成都：四川大学出版社,2009.

[27] 黄少华.网络空间的社会行为——青少年网络行为研究[M].北京：人民出版社,2008.

[28] 严耕,陆俊,孙伟平.网络伦理[M].北京：北京出版社,1998.

[29] 吴仁华.社会思潮十讲——青年师生读本[M].福州：福建教育出版社,2014.

[30] 李一.网络社会治理[M].北京：中国社会科学出版社,2014.

[31] 董炎.信息文化论——数字化生存冷思考[M].北京：北京图书馆出版社,2003.

[32] 李玉华,卢黎歌.网络世界与精神家园——网络心理现象透视[M].西安：西安交通大学出版社,2002.

[33] 马和民.网络社会与学校教育[M].上海：上海教育出版社,2002.

[34] 潘敏.高校网络思想政治教育创新与实践[M].北京：中国言实出版社,2007.

[35] 王晨,刘男.互联网＋教育：移动互联网时代的教育大变革[M].北京：中国经济出版社,2015.

[36] 宋元林.网络文化与大学生思想政治教育[M].长沙：湖南人民出版社,2006.

[37] 巫汉祥.寻找另类空间——网络与生存[M].厦门：厦门大学出版社,2000.

[38] 胡恒钊.人文关怀视域下高校网络思想政治教育实施方法研究[M].南昌：江西人民出版社,2015.

[39] 张雷,刘力锐.网民的力量:网络社会政治动员论析[M].沈阳:东北大学出版社,2012.

[40] 孙秀丽.青少年网络生活——空间、自我与行为研究[M].北京:中国政法大学出版社,2015.

[41] 漆小平,林莉,际鹏.解读网络[M].广州:中山大学出版社,2003.

[42] 马克思恩格斯选集(第1—4卷)[M].北京:人民出版社,2012.

[43] 马克思主义经典著作选读[M].北京:人民出版社,1999.

[44] 列宁选集(第1—4卷)[M]北京:人民出版社,2012.

[45] 毛泽东选集(第1—2卷)[M].北京:人民出版社,1991.

[46] 邓小平文选(第1—2卷)[M].北京:人民出版社,1994.

[47] 毛泽东、邓小平.江泽民论思想政治工作[M].北京:学习出版社,2000.

[48] 胡锦涛文选(第2卷)[M].北京:人民出版社,2016.

[49] 习近平谈治国理政(第一卷)[M].北京:外文出版社,2018.

[50] 习近平谈治国理政(第二卷)[M].北京:外文出版社,2017.

[51] 中共中央文献研究室.十八大以来重要文献选编(上)[M].北京:中央文献出版社,2014.

[52] 中共中央宣传部.习近平总书记系列重要讲话读本[M].北京:学习出版社,人民出版社,2016.

[53] 中共中央文献研究室.习近平关于社会主义文化建设论述摘编[M].北京:中央文献出版社,2017.

[54] 张耀灿.中国共产党思想政治教育史论[M].北京:高等教育出版社,2006.

[55] 骆郁廷,项久雨,李斌雄.思想政治教育原理与方法[M].北京:高等教育出版社,2010.

[56] 郑永廷主编.思想政治教育方法论(修订本)[M].北京:高等教育出版社,2010.

[57] 吴潜涛,徐柏才,阎占定.高校思想政治教育的理论与实践[M].北京:人民出版社,2012.

[58] 王树荫.思想政治教育理论与实践研究[M].北京:党建读物出版社,2003.

[59] 陈万柏.思想政治教育载体论[M].武汉:湖北人民出版社,2003.

[60] 沈壮海.思想政治教育有效性研究[M].武汉:武汉大学出版社,2001.

［61］张再兴.网络思想政治教育研究［M］.北京：经济科学出版社，2009.

［62］谢玉进.网络人机互动——网络实践的技术视野［M］.北京：人民出版社，2013.

［63］吴满意.网络人际互动——网络实践的社会视野［M］.北京：人民出版社，2015.

［64］谢玉进，胡树祥.网络自我互动——网络实践的主体内省［M］.北京：人民出版社，2017.

［65］高宇，胡树祥.互联网认知：网络时代人类生存的智识基础［M］.北京：人民出版社，2019.

［66］中共中央党校毛泽东思想研究室.思想政治工作文献选编［M］.北京：中共中央党校出版社，1999.

［67］教育部社会科学研究与思想政治工作司组.网络唱响主旋律——高等学校思想政治教育进网络工作经验汇编［M］.北京：高等教育出版社，2002.

［68］张锦高，丁振国.高校思想政治教育进网络的思考与实践［M］.武汉：中国地质大学出版社，2002.

［69］谢海光.互联网与思想政治工作实务［M］.上海：复旦大学出版社，2001.

［70］谢海光.互联网与思想政治工作案例［M］.上海：复旦大学出版社，2002.

［71］谢海光.思想政治工作网站创新［M］.上海：复旦大学出版社，2006.

［72］韦吉锋.网络思想政治教育研究［M］.北京：新华出版社，2005.

［73］冯刚.高校网络思想政治教育创新发展研究［M］.北京：中国人民大学出版社，2009.

［74］张瑜.高校网络思想政治教育发展与创新研究［M］.北京：人民出版社，2014.

［75］翟中杰.大学生网络思想政治教育过程导论［M］.北京：人民日报出版社，2017.

［76］宋元林.网络思想政治教育［M］.北京：人民出版社，2012.

［77］夏晓虹.高校网络思想政治教育［M］.济南：泰山出版社，2008.

［78］黄超.高校网络思想政治教育研究［M］.广州：世界图书出版广东有限公司，2013.

［79］郭同峰.网络时代思想政治教育研究［M］.北京：九州出版社，2018.

［80］中国网络空间研究院.中国互联网发展报 2019［M］.北京：电子工业出版

社,2019.

[81] 金岳霖.形式逻辑[M].北京：人民出版社,1979.

[82] 萧前,李秀林,汪永祥.辩证唯物主义原理[M].北京：北京师范大学出版社,2012.

[83] 萧前,李秀林,汪永祥.历史唯物主义原理[M].北京：北京师范大学出版社,2012.

[84] 曾令辉.虚拟社会人的发展研究[M].北京：人民出版社,2009.

[85] 人民日报社.融合元年——中国媒体融合发展年度报告(2014)[M].北京：人民日报出版社,2015.

[86] 罗建华.视界观论道网络新视听[M].北京：中国人民大学出版社,2017.

[87] 段永朝.互联网：碎片化生存[M].北京：中信出版社,2009.

[88] 洪涛.新媒体时代议程设置嵌入高校网络思想政治教育研究[M].北京：光明日报出版社,2016.

[89] 谭仁杰.网络时代的高校思想政治教育研究——地方院校德育研究(第六辑)[M].武汉：武汉大学出版社,2014.

[90] 宋元林.网络文化与人的发展[M].北京：人民出版社,2009.

[91] 余秀才.网络舆论：起因、流变与引导[M].北京：中国社会科学出版社,2012.

[92] 陈根.可穿戴设备：移动互联网新浪潮[M].北京：机械工业出版社,2014.

[93] 张燕.Web2.0时代的网络民意：表达与限制[M].上海：复旦大学出版社,2014.

[94] 高亮华.人文主义视野中的技术[M].北京：中国社会科学出版社,1996.

[95] 林德宏.人与机器：高科技的本质与人文精神的复兴[M].南京：江苏教育出版社,1999.

[96] 常晋芳.网络哲学引论——网络时代人类存在方式的变革[M].广州：广东人民出版社,2005.

[97] 胡泳.众声喧哗：网络时代的个人表达与公众讨论[M].桂林：广西师范大学出版社,2008.

[98] 徐立冰.腾云：云计算和大数据时代网络技术揭秘[M].北京：人民邮电出版社,2013.

[99] 王磊. 信息时代社会发展研究——互联网视角下的考察[M]. 北京：人民出版社，2014.

[100] 邓胜利. 新一代互联网环境下网络用户信息交互行为[M]. 北京：中国社会科学出版社，2014.

[101] 王建宙. 移动时代生存[M]. 北京：中信出版社，2014.

[102] 阿里研究院. 互联网＋：未来空间无限[M]. 北京：人民出版社，2015.

[103] 国务院发展研究中心课题组. 信息化促进中国经济转型升级[M]. 北京：中国发展出版社，2015.

[104] 中共中央宣传部. 习近平总书记系列重要讲话读本：2016 年版[M]. 北京：学习出版社：人民出版社，2016.

[105] 习近平. 习近平谈治国理政[M]. 北京：外文出版社，2017.

[106] 王玄武等. 思想政治教育方法论[M]. 武汉：武汉大学出版社，1985.

[107] 张耀灿，郑永廷等. 现代思想政治教育学[M]. 北京：人民出版社，2006.

[108] 骆郁廷. 当代大学生思想政治教育[M]. 北京：中国人民大学出版社，2010.

[109] 骆郁廷. 文化软实力：战略、结构与路径[M]. 北京：中国社会科学出版社，2012.

[110] 吴潜涛，刘建军. 新时期思想政治教育史论[M]. 合肥：安徽人民出版社，2004.

[111] 沈壮海. 文化强国之路[M]. 长沙：湖南教育出版社，2014.

[112] 冯刚. 高校思想政治教育创新发展研究[M]. 北京：中国人民大学出版社，2010.

[113] 石云霞. 新中国成立以来高校思想理论教育史研究[M]. 北京：人民教育出版社，2005.

[114] 王树荫，王炎. 新中国思想政治教育史纲(1949—2009)[M]. 北京：人民出版社，2010.

[115] 教育部思想政治工作司组编. 大学生思想政治教育研究方法[M]. 北京：高等教育出版社，2010.

[116] 项久雨. 思想政治教育价值论[M]. 北京：中国社会科学出版社，2003.

[117] 罗洪铁，周琪. 思想政治教育学理论的形成和发展研究[M]. 北京：中国文史出版社，2014.

[118] 戚如强. 思想政治教育社会整合论[M]. 上海：上海三联书店,2015.

[119] 朱景林. 思想政治教育物质载体论[M]. 北京：中国社会科学出版社,2016.

[120] 于乐. 落实立德树人根本任务探索网络育人新途径：电子科技大学网络文化建设理论与实践研究(2015 年度)[M]. 成都：电子科技大学出版社,2016.

[121] 邱观建. 校园微文化：微博文化育人模式的思考与实践[M]. 北京：中央文献出版社,2012.

[122] 蒋广学. 网络社会的崛起与大学使命的传承：北京大学网络育人工作的实践探索与理论思考[M]. 北京：北京大学出版社,2014.

[123] 郭治安等. 协同学入口[M]. 成都：四川人民出版社,1988.

[124] 颜泽贤. 耗散结构与系统演化[M]. 福州：福建人民出版社,1987.

[125] 沈小峰,吴彤,曾国屏. 自组织的哲学：一种新的自然观和科学观[M]. 北京：中共中央党校出版社,1993.

[126] 吴彤. 生长的旋律—自组织演化的科学[M]. 济南：山东教育出版社,1996.

[127] 湛垦华,沈小锋. 普里高津与耗散结构理论[M]. 西安：陕西科学技术出版社,1998.

[128] 蔡梓权. 新课程问题教学法实验与研究[M]. 南宁：广西教育出版社,2006.

[129] 苗东升. 系统科学精要[M]. 北京：中国人民大学出版社,2010.

[130] 宋元林. 网络时代大学生思想政治教育导论[M]. 长沙：湖南人民出版社,2002.

[131] 朱耀华,郝小芳. 高校网络思想政治教育理论与实践[M]. 武汉：湖北科学技术出版社,2013.

[132] 洪涛. 新媒体时代议程设置嵌入高校网络思想政治教育研究[M]. 北京：光明日报出版社,2016.

[133] 李才俊,唐文武. 网络视角下的思想政治教育方法新探[M]. 成都：西南交通大学出版社,2014.

[134] 唐亚阳. 网络思想政治教育学[M]. 北京：人民出版社,2016.

[135] 檀江林. 高校网络思想政治教育研究[M]. 合肥：合肥工业大学出版社,2007.

[136] 教育部思想工作司. 大学生网络思想政治教育[M]. 北京：高等教育出版社,2011.

[137] 赵惜群.网络思想政治教育理论与实践研究[M].长沙：湖南大学出版社,2012.

[138] [美]罗杰·菲德勒.媒介形态变化：认识新媒介[M].明安香,译.北京：华夏出版社,2000.

[139] 王海建.3G网络对高校思想政治教育的挑战及对策研究[J].思想政治教育研究,2011(02)：104-107.

[140] 张耀灿.当前形势下进一步加强改进思想政治工作的对策建议[J].思想政治工作研究,2011(7)25-27.

[141] 郑永廷,李雪如.大学生思想政治教育前沿难题研究[J].思想理论教育导论.2013(9)112-116.

[142] 骆郁廷,储著斌.大学生日常思想政治教育的力量整合[J].学校党建与思想教育,2010(28)：8-13.

[143] 骆郁廷,郭莉."立德树人"的实现路径及有效机制[J].思想教育研究,2013(7)：45-49.

[144] 孙晓峰.当代大学生思想困惑与高校立德树人路径探索[J].思想理论教育导刊,2017(10)：127-131.

[145] 冯刚.思想政治理论课与日常思想政治教育协同育人的理论思考[J].学校党建与思想教育,2017(21)：18-23.

[146] 龙静云.道德治理：国家治理的重要维度[J].华中师范大学学报(人文社会科学版),2015,54(03)：53-58.

[147] 孙建,周举坤.协同理论视域下的大学生思想政治教育创新研究[J].学校党建与思想教育,2015(13)：21-22.

[148] 朱小芳.当前高校思想政治教育工作协同机制研究[J].学校党建与思想教育,2018(03)：19-21.

[149] 杨果,唐亚阳.网上网下思想政治教育协同育人的三重维度[J].学校党建与思想教育,2017(21)：27-29,32.

[150] 蒋广学,张勇,徐鹏.高校网络育人工作的系统思考与实践探索[J].思想理论教育导刊,2014(3)：119-123.

[151] 沈小峰,郭治安.协同学与辩证法[J].大自然探索,1983(1)：118-127+186.

［152］孟昭华.关于协同学理论和方法的哲学依据与社会应用的探讨［J］.系统辩证学学报,1997(2)：32－35.

［153］王起友,张东洁,贾立平.协同理论视角下的大学生思想政治教育创新研究［J］.学校党建与思想教育,2013(23)：13－14.

［154］张元,洪晓楠.大数据时代网络文化育人的组织运行系统研究［J］.黑龙江高教研究,2018(05)：107－112.

［155］谢仁海,刘同君.基于协同理论视角的创新型人才培养机制研究［J］.黑龙江高教研究,2017(08)：11－13.

［156］张元.网络文化育人的生成机理与治理路径研究［J］.天津行政学院学报,2018(01)：43－48.

［157］谢玉进,胡树祥.网络人机矛盾与网络思想政治教育的新着力点［J］.思想教育研究,2010(6)：53－56.

［158］陈流汀,何江,徐强.依托"红岩网校"平台发挥网络育人功能［J］.中国高等教育,2012(7)：39－41.

［159］苏李.优化网络文化建设推动高校育人实践［J］.中国高等教育,2017(21)：56－58.

［160］杨立英.论网络思想政治教育的主客体关系特性与教育创新［J］.思想理论教育导刊,2005(11)：62－67.

［161］元林,李美清.思想政治教育网络传播过程管理的困境与破解研究［J］.思想理论教育导刊,2010(6)：80－84.

［162］孟宪平.网络虚拟社会管理问题及对策分析［J］.学习与实践,2011(8)：110－116.

［163］宋元林.网络文化培育与人的全面发展［J］.当代世界与社会主义,2008(5)：144－149.

［164］姬海鹏.关于网络环境下高校育人工作的几点思考［J］.理论导刊,2003(4)：62－63.

［165］徐惠忠,邓洁.提升高校网络思想政治教育实效性的探讨［J］.长江大学学报(社会科学版),2014(11)：132－134.

［166］胡树祥,谢玉进.大数据时代的网络思想政治教育［J］.思想教育研究,2013(6)：60－62,102.

[167] 吴海波. 网络育人与高校思想政治工作 567 体系[J]. 河北理工大学学报(社会科学版),2011(9):92 - 95.

[168] 张冠文. 关于高校学生网络化组织动员方式的思考[J]. 中共哈尔滨市委党校学报,2007(1):82 - 85.

[169] 朱平. 高校"三全育人"体系协同与长效机制的建构——以全员育人为中心的考察[J]. 思想理论教育,2019(02):96 - 101.

[170] 柯赟洁. 基于网络社交的高职院校圈层融合育人共同体构建研究[J]. 常州信息职业技术学院学报,2019,18(01):9 - 12.

[171] 杨名. 大学生公寓网络文化育人功能及优化路径[J]. 文教资料,2019(03):267 - 271.

[172] 张阿兰. 新时代高校思想政治工作的路径探索[J]. 党史博采(下),2019(01):63 - 65.

[173] 周如川,苏亚玲. 创新高校思想政治教育进社区新模式——以东莞理工学院知行学院为例[J]. 教育教学论坛,2019(04):21 - 23.

[174] 蒋依诺. 高职院校学生党员培养教育"网络育人"工程创新研究与实践[J]. 科教文汇(中旬刊),2019(01):13 - 15.

[175] 杜鹃. 高校思想政治教育网络育人的现实思考[J]. 才智,2019(02):41 - 43.

[176] 周敏. 网络热点事件融入新时代高校组织育人工作研究[J]. 内蒙古师范大学学报(教育科学版),2019(01):30 - 34.

[177] 蔡东志. 基于网络新媒体视角创新高校宿舍文化育人路径研究[J]. 宿州教育学院学报,2018,21(06):47 - 49.

[178] 蒋广学,张勇,周培京. 北京大学网络育人工作的系统思考与探索实践[J]. 北京教育(德育),2018(11):30 - 33.

[179] 莫秋树. 高校网络育人价值的生成机制与实现路径研究[J]. 才智,2018(33):162.

[180] 鲁良. 强化"互联网＋思政"充分发挥网络育人功能[N]. 湖南日报,2018(012).

[181] 莫秋树. 网络传播对大学育人环境的影响研究[J]. 教育现代化,2018,5(46):237 - 238.

[182] 许莹莹,蔡振春. 网络育人视角下的大学生网络角色自我呈现[J]. 江西电力

职业技术学院学报,2016,29(03)：32-33,36.

[183] 白海霞."网络育人"价值生成机制建构[J].人民论坛,2016(23)：130-132.

[184] 张鹏远,李庆华.网络德育的育人价值实现途径探析[J].思想政治教育研究,2016(03)：125-129.

[185] 杨建.高校网络育人工作的价值研判与路径创新[J].中共云南省委党校学报,2016,17(2)：36-39.

[186] 刘晓靖.新形势下高校网络育人实现路径探索[J].湖北经济学院学报(人文社会科学版),2016(3)：147-148.

[187] 田其真,陆华圣,刘忠慧,刘娜,孙启香.网络育人平台的搭建与应用研究[J].教育教学论坛,2016(10)：144-146.

[188] 蒋广学,张勇,周航,黄昳婧.立足校园网络文化建设创新网络思政教育模式——北京大学青年研究中心赴鄂粤高校调研报告[J].学校党建与思想教育,2013(7)：71-73.

[189] 张隽鹏.挖掘网络育人功能增强思想政治教育实效性[J].新课程研究(中旬刊),2012(4)：23-25.

[190] 胡恒钊.西方思想政治教育方法特点及其借鉴意义[J].人大复印报刊资料(思想政治教育),2010(9)：71-74.

[191] 韦吉锋.关于网络思想政治教育界定的科学审视[J].学校党建与思想教育,2003(2)：51-53.

[192] 才源源,崔丽娟,李昕.青少年网络游戏行为的心理需求研究[J].心理科学,2007(1)：169-172.

[193] 李水英,梁宁.传统社会与网络社会分层比较研究[J].青年记者,2008(12)：62-63.

[194] 马宁.大学生网络交往心理机制分析[J].广西社会科学,2005(1)：190-192.

[195] 李宏利,刘惠军.互联网与青少年思维发展[J].首都师范大学学报(社会科版),2004(6)：108-112.

[196] 赵伟.基于网络的当代社会分层与阶级结构初探[J].湖南工业大学学报(社会科学版),2013(2)：146-150.

[197] 陈红梅.网络环境下的传播方式与传播策略——国外相关研究概述[J].新

闻记者,2007(12).

[198] 马捷,孙梦瑶,尹爽,韩超. 微博信息生态链构成要素与形成机理[J]. 图书情报工作,2012(18):73-77.

[199] 丁凯,马涛. 校园新型网络交流模式对 90 后大学生思想政治教育的影响及对策——以"人人网"为例[J]. 思想理论教育导刊,2011(6):101-104.

[200] [美] David B. Whittier. 网络伦理教学与网络心理[J]. 周梦雅,译. 中国电化教育,2012(3):56-60.

[201] 蒋广学,周航. 网络社会的本质内涵及其视域下的青年社会化[J]. 中国青年研究,2013(2):102-107.

[202] 张瑜. 网络思想政治教育研究:发展历程、问题与方法[J]. 思想理论教育导刊,2016(10):131-135.

[203] 唐登芸,吴满意. 网络思想政治教育研究:历程、问题与转向[J]. 思想理论教育,2017(01):76-81.

[204] 陈赛金. 论高校网络思想政治教育的未来转向[J]. 中国青年社会科学,2018(03):80-87.

[205] 冯秀军. 现代学校德育环境的生态建构[J]. 教育研究,2013(05):104-111.

[206] 骆郁廷. 吸引、判断、选择:网络思想政治教育的关键词[J]. 马克思主义研究,2016(11):120-131.

[207] 卢黎歌,李英豪. 论增强网络空间意识形态凝聚力引领力机制建构[J]. 学术论坛,2018(06):73-78.

[208] 刘梅. 思想政治教育的现代方式——论网络思想政治教育建设[J]. 河南师范大学学报(哲学社会科学版),2000(02):103-106.

[209] 韦吉锋. 对网络思想政治教育界定的立体考察[J]. 扬州大学学报(高教研究版),2003(01):62-67.

[210] 吴满意,曹银忠. 关于高校网络思想政治教育学范畴体系的思考[J]. 思想政治教育研究,2007(03):13-15.

[211] 刘献君. 迎难而上推进思想政治教育进网络[J]. 中国高等教育,2001(Z1):34-35.

[212] 袁贵仁. 扎实推进高校思想政治教育进网络工作[J]. 中国高等教育,2002(12):3-7.

[213] 韦吉锋. 网络对思想政治教育者的影响及其对策[J]. 电子科技大学学报（社科版），2002(02)：14-17.

[214] 陈万柏. 网络——当代思想政治教育不可忽视的新载体[J]. 理论月刊，2003(05)：111-115.

[215] 曾令辉. 网络思想政治教育的提出及其特征探析[J]. 教育与职业，2004(15)：80-82.

[216] 韦吉锋. 数字化技术与人文精神的有机统一：网络思想政治教育管理的基本原则[J]. 学校党建与思想教育，2005(08)：43-45.

[217] 周如俊，王天琪. 网络舆情：现代思想政治教育的新领域[J]. 思想·理论·教育，2005(11)：12-15.

[218] 昝玉林. 网络群体：现代思想政治教育的新对象[J]. 思想·理论·教育，2005(11)：16-19.

[219] 李向阳. 增强网络思想政治教育的引导力[J]. 中国高等教育，2005(11)：18-19.

[220] 韦吉锋. 网络思想政治教育与现实思想政治教育关系辨析[J]. 理论月刊，2005(01)：133-136.

[221] 曾长秋，薄明华. 网络思想政治教育学：从问题意识走向理论建构[J]. 思想教育研究，2006(11)：7-11.

[222] 徐建军. 网络思想政治教育与现实思想政治教育[J]. 思想政治教育研究，2009(02)：1-3.

[223] 周德全，李朝鲜. 大学生网络思想政治教育模式特点研究[J]. 思想教育研究，2008(09)：34-37.

[224] 张瑜. 试析高校网络思想政治教育工作模式的演变[J]. 思想理论教育导刊，2007(12)：63-66.

[225] 盛婉玉，陈秀娟. 网络虚拟社区思想政治教育的 SWOT 分析及对策研究[J]. 科学社会主义，2010(02)：99-101.

[226] 杨直凡，胡树祥. 网络思想政治教育的互动过程及其本质特征[J]. 思想教育研究，2010(03)：33-36.

[227] 王虹，刘朋. 近十年来网络思想政治教育研究述评[J]. 教学与研究，2011(11)：75-82.

[228] 丁科. 对网络思想政治教育主体间性的思考[J]. 理论与改革, 2011(06)：123 - 126.

[229] 吴满意, 谢海蓉. 网络人际互动是网络思想政治教育研究的基本视域——何以需要、何以可能、何以可为[J]. 理论与改革, 2011(05)：129 - 131.

[230] 陈华栋. "易班"：Web2.0 时代网络思想政治教育的新探索[J]. 思想理论教育, 2011(13)：81 - 85.

[231] 冯刚. 创新网络思想政治教育的几点思考[J]. 学校党建与思想教育, 2014(05)：4 - 6.

[232] Cather Paul. Delivering E-Learning For Information Service In Higher Education[M]. London：Oxford University Publishing, 2006.

[233] Bernard M. Bass. Bass & Stogdill's Handbook of Leadership：Theory, Research, and Managerial Applications(Third Edition)[M]. New York：the Free Press, 1990.

[234] T. M. Amabile. The social psychology of creativity[M]. New York：Springer-Verlag, 1983.

[235] R. J. Sternberg, T. I. Lubart. Investing increativity[J]. American Psychologist, 1996(51).

[236] T. M. Egger. Purdue University's College of Agriculture Leadership Development Certificate Program [C]. West Lafayette：Leadership Educations Annual Conference, 2007.